王朝拐点系列

姜越◎编著

汉末三国大变局

辽宁人民出版社

© 姜越 2017

图书在版编目（CIP）数据

汉末三国大变局 / 姜越编著.—沈阳：辽宁人民
出版社，2018.1
（"王朝拐点"系列）
ISBN 978-7-205-09189-7

Ⅰ.①汉… Ⅱ.①姜… Ⅲ.①中国历史—东汉时代—通俗读
物②中国历史—三国时代—通俗读物 Ⅳ.①K234.209②K236.09

中国版本图书馆CIP数据核字（2017）第296229号

出版发行：辽宁人民出版社
　　　　地址：沈阳市和平区十一纬路25号　邮编：110003
　　　　电话：024-23284321（邮　购）　024-23284324（发行部）
　　　　传真：024-23284191（发行部）　024-23284304（办公室）
　　　　http://www.lnpph.com.cn
印　　刷：三河市航远印刷有限公司
幅面尺寸：170mm×240mm
印　　张：14.75
字　　数：206千字
出版时间：2018年1月第1版
印刷时间：2018年1月第1次印刷
责任编辑：赵维宁
封面设计：侯　泰
版式设计：姚　雪
责任校对：解炎武
书　　号：ISBN 978-7-205-09189-7
定　　价：43.80元

前言

在我国五千年风云变幻的历史长河中，有的帝王千古流芳，有的帝王臭名昭著。以"成康、文景"为代表的"升平盛世，政通人和"常被后人称誉，以"秦皇、汉武"为代表的"雄才大略，文功武德"常被史家赞美，而东汉末年的汉桓帝、汉灵帝，已经成了"昏庸淫侈，政局倾颓"的同义语。所以撰写《汉书》的班固提出，后代的人要想治国安邦，就应该"究其终始强弱之变，以明鉴戒焉"。

三国时期是中国历史上一个由大统一转为长期分裂，又由长期分裂转为短暂统一的历史转折时期。追述三国鼎立形成的原因要从东汉时期说起，正如历史上所有朝代的兴亡一样，一个王朝从建立之始就埋下了使其灭亡的种子，东汉王朝亦不例外。

东汉的历史，从建武元年（25）刘秀称帝算起，到黄初元年（220）曹丕代汉为止，总共196年。实际上，从汉灵帝中平六年（189）董卓率军进入洛阳开始，东汉皇帝便陷于诸雄的挟制之中，全国一统的局面也随之瓦解，所以东汉王朝的寿命实际只有165年。

公元25年，刘秀自立为帝，史称汉光武帝，东汉自此建立。汉光武帝本身是布衣出身，他所依靠的统治集团则是一个以南阳豪强为主的地主集团，他所封的功臣365人，其中外戚45人。东汉朝廷用人，主要从这个集团中选取，皇室宗室的男婚女嫁，也大体上不出这个集

团的范围。豪强占有大量土地人口，垄断官位，因此东汉统治集团从形成之始，其内部各豪强就具有严重的土地兼并性和地方割据性。光武帝曾想通过土地政策解决这一问题，但终以失败而告终。豪强势力是东汉建立的基础，同时也正是这一经济政治基础成为了导致东汉灭亡的一个重要原因。豪强势力在东汉刘氏统治时期不断膨胀，到东汉中后期与外戚相互利用。

外戚和宦官交替专权，是东汉政局的一大特征。当时的皇帝走马灯一样地换来换去，大多都是年少无知的孩子。多年以后，太后势力强大，娘家党羽众多，宦官身居宫中，自然也不甘落后。他们都以皇帝为筹码，在宫廷中明争暗斗，把持朝政大权，他们才是当时的真"皇帝"。

国家到了这步田地，神仙也回天乏力了。当时有一首民谣曰："发如韭，剪复生。头如鸡，割复鸣。吏不必可畏，小民从来不可轻。"这已经直言不讳地表达了天下苍生"与日同亡"的誓死决心。

在皇帝的昏庸和官吏的腐败下，人民终于无法忍受，聚众起义。巨鹿（今河北涿州）人张角兄弟三人以"苍天已死，黄天当立，岁在甲子，天下大吉"为名举行起义，史称"黄巾起义"。这次起义所向披靡，给病入膏肓的东汉王朝以沉重打击，虽然后来被镇压，但是影响极大，从此东汉政权名存实亡。

张角领导的黄巾大起义，从根本上动摇了东汉王朝的统治，同时在黄巾军的影响下，各地的农民武装起义此起彼伏。在镇压农民起义的过程中，各地方长官、豪强都趁机发展自己的武装，成为割据一方的诸侯。

随着曹操击败袁绍，统一了北方，曹操成为汉末实力最强者。赤壁之战后，天下逐渐形成三分之势，孙权、刘备借机壮大实力，后成为可以和曹操抗衡的南方势力。他们都建立了属于自己的千秋霸业，但是时光催人老，早年的艰难苦战，已使得他们在建立霸业之后很快就退出了历史舞台。随之而来的便是逐步的衰弱，其间虽不乏贤臣良将，但在君主日益骄奢、朝政日益腐败的现实下，他们也无力回天，终在新的势力崛起之时，不堪一击，亡国毁身。随之，便结束了三分天下之势，天下归一，这也正印证了那句"天下大势，分久必合，合久必分"。

本书主要记述了东汉末年到西晋建立这段纷纭历史，其中既有平实的叙述，也有精彩的描写，更有很多疑问的解答和分析。阅读此书，你既可以欣赏纵横捭阖的群舌之战，也可以细细品味其中的智谋。不管是喜好三国历史之人，还是闲暇之人，认真阅读此书，都将会使你的人生内涵随之丰富深刻。

第一章 小人乱政，败坏朝纲

外戚、宦官交替专权，是东汉统治集团专制制度的必然结果。专制制度使权力集中在皇帝手中，皇帝成为一切权力的化身，最靠近权力的外戚与宦官就有了可乘之机。外戚往往利用皇帝幼小而掌握朝政，宦官又利用消除外戚的机会掌权，东汉的统治就在这种腐败的政治中逐渐趋于瓦解。

第二章 苍天已死，黄天当立

汉灵帝中平元年 (184)，将矛头直指东汉政权的黄巾大起义爆发了。这次大起义是东汉晚期社会矛盾日趋激化的必然结果。风雨将至，大厦将倾，这时朝廷才派人镇压，黄巾军的主力被东汉政权镇压下去了。但是各地黄巾军仍然在不断战斗，沉重地打击东汉朝廷的统治。在黄巾军影响下，东汉政权走向了四分五裂。在镇压黄巾军的过程中，有些人着力培养自己的势力，为以后三国纷争打下了基础。

第三章 军阀割据，群雄并起

公元2世纪末，先是爆发了黄巾起义，后是董卓之乱，接着，在讨伐董卓的旗号下起兵的州郡牧守们相互厮杀，战祸迭起，接连不断。汉帝国的一统江山支离破碎，皇帝被玩弄于豪强们的股掌之间。由于战乱，昔日繁华的都市变为荒芜一片，肥沃的土地变为荒野，豪强们以桑葚或螺蚌充军饷，甚至腌制人肉做军粮。

第四章 曹操挟帝，统一北方

曹操从加入关东军讨伐董卓时起，就注定了他要成为雄霸一方的非凡人物。他平青州，夺兖州，大显军事才能。196年，曹操又强迫汉献帝迁都许昌，实行"挟天子以令诸侯"的政策，实际上架空了皇帝。同年，曹操以军事编制的形式，推行屯田。终于，曹操成功打败袁绍，统一了北方。

第五章 孙刘联合，赤壁抗曹

东汉末年，各地诸侯割据，天下四分五裂。后逐渐形成三股势力，曹操逐渐统一北方，成为北方霸主；孙策渡江奠定江东基业，在江南成为霸主；与此同时，刘备也在乱世中崛起。当时以北方曹操的实力为最大，江东次之，刘备居末。208 年，曹操大军南下，力图统一全国。孙、刘在这种形势下，结成同盟，联合抗曹。此间的精彩故事，令人回味无穷。

第六章 三国鼎立，争霸天下

孙刘联军赤壁之战大败曹操后，曹操撤回许昌。此时孙刘两家趁机扩张势力，刘备借得荆州实力大增，后取汉中，逐步建立政权，入蜀称帝。此时曹操、孙权也独霸一方，天下渐成三国鼎立之势。在后来的天下争霸中，风云变幻，世事难定。三国渐入衰败之势，谁将是三国最后的霸主呢？

第七章 司马崛起，一统天下

　　随着曹魏政权的衰弱，一支曹魏内部的势力司马氏集团迅速崛起。尽管一代枭雄曹操历经百战，建立曹魏政权，却也抵挡不了历史发展的脚步，终在三马食"曹"的进程中灭亡了。此后，司马氏建立了晋朝，经过多次的南征，打击并消灭了反抗势力，逐步灭了蜀国、吴国，最终天下归一。

第一章

小人乱政，败坏朝纲

外戚、宦官交替专权，是东汉统治集团专制制度的必然结果。专制制度使权力集中在皇帝手中，皇帝成为一切权力的化身，最靠近权力的外戚与宦官就有了可乘之机。外戚往往利用皇帝幼小而掌握朝政，宦官又利用消除外戚的机会掌权，东汉的统治就在这种腐败的政治中逐渐趋于瓦解。

幼主登基，外戚专政百姓苦

公元 25 年，刘秀自立为帝，史称汉光武帝，东汉自此建立。汉光武帝本身是布衣出身，但他所依靠的统治集团则是一个以南阳豪强为主的地主集团，他所封的功臣有 365 人，其中外戚 45 人。东汉朝廷用人，主要从这个集团中选取，皇室宗室的男婚女嫁，也大体上不出这个集团的范围。豪强占有大量土地人口，垄断官位，因此东汉统治集团从形成之始，其内部各豪强就具有严重的土地兼并性和地方割据性。光武帝曾想通过土地政策解决这一问题，但终以失败而告终。

刘秀像

不过在汉光武帝和他的继承人汉明帝在位时，他们惩治不法官吏比较严，赋税徭役比较轻，对外战争比较少，"天下安平，百姓殷富"，使国家在经王莽之乱后，政治稳定，得以休养生息，从而奠定了东汉 196 年的国家基石。明帝去世后，汉章帝改变了汉明帝的"严切"政治，人称他为"宽厚长者"。汉章帝死后，东汉政治便进入黑暗时期。在章帝以后，东汉的皇帝多为幼年继位，东汉的动荡也由此开始。

距皇权最近、得到优厚待遇的外戚与宦官有了可乘之机，先后掌权，围绕着皇权展开了一场场血腥斗争。所以说东汉的衰落与动荡始于章帝以后的和帝，其表现形式就是外戚与宦官的轮流专政。

东汉王朝在选妃上采用"采女制"，这也为外戚专权创造了条件。所谓东汉的"采女制"，简单地说就是帝王在选妃上为了能跟皇室门当户对，在每年的八月由中大夫、掖庭臣、相工到洛阳附近乡里巡视，按照标准察访德才兼备的良家童女。由于洛阳一带是名门大族和功臣列侯们的聚集地，这样就使得良家童女基本上全是从这些高门大族中选拔出来。而这些出身于高门大族中的某一位良家童女一旦成为皇后，其娘家势力会跟着更为雄厚，也自然成为她强大的靠山。所以，在东汉朝廷内，当皇帝有所作为、势力强大时，就是帝党、外戚和官僚三派协调掌控政权，而当皇帝的势力衰弱时，政权就落入了代表大官僚利益的外戚手中。

东汉第一位专权的外戚是大将军窦宪。章帝去世后，年仅10岁的和帝继位。皇帝年幼，自然就由太后辅政，于是太后窦氏临朝，重用其兄长窦宪，皇权就落到了窦氏一门的手中。说到这里，应该说明，在历史上从来就没有绝对的必然。尽管东汉朝廷以豪强势力为基础，"采女制"又使豪强与皇族紧密地联系到了一起，使外戚专政具备了客观条件，但这并不等于说就一定要出现外戚专政。在窦太后之前光武帝刘秀的郭皇后、阴皇后和汉明帝的马皇后，当然，由于郭皇后早废，而光武帝刘秀身为开国之君，地位不可动摇，所以光武帝统治时期外戚不会专政，郭皇后与阴皇后也就不在考虑范围内。尽管如此，就只以明帝马皇后与窦太后比较，也可看出外戚专政的出现与代表皇权、处于权力巅峰之人的人格特性是有着直接关系的。

马皇后是东汉伏波将军马援的小女儿。马援在率汉军征五溪蛮时，遇险受阻，因不适应暑气而导致士兵伤亡过重，60多岁的马援本人也于军中病逝。马援生前与外戚虎贲中郎将梁松有隙，马援一死，梁松即向光武帝进谗言陷害马援，马家宾客友人为此纷纷避嫌，由此马家随着马援的死而失势。在马皇后还不到10岁的时候，她的母亲又因她的兄长客卿的早亡，也悲伤过度地去世了。或许正是由于这样的家族变故，年幼的马皇后过早地成熟了起来，刚刚 10 岁，就"干理家事，敕制僮御，内外咨禀，事同成人"了。可不管她是一个多么懂事出众的孩子，自己身为女儿身这一事实是无法改变的。失去父母的庇护，身处败落的高门贵族，她的命运就无法由自己来把握了。在她 13 岁的时候，堂兄马严解除了马家与窦氏的婚约，将她同两个姐姐一起送入了宫中。从此，她从一个普通少女变成了皇家的女人，她的命运与刘氏的江山联系到了一起。应该说，她是幸运的，她被送入了太子的宫中，并以她的聪明乖巧、才貌双全，赢得了当时的皇后阴丽华的喜爱。在刘秀驾崩，显宗孝明皇帝刘庄即位后，她顺利地被册封为贵人，后又以"德冠后宫"的殊荣被立为皇后。

马皇后并无子嗣，恰巧她的姨表亲贾氏也被选入了宫，还生有一子，汉明帝就令马皇后抚养这个孩子，也就是后来的汉章帝，从这里，也可看出马皇后与汉明帝的感情很好。汉明帝去世后，章帝即位，马皇后变成了马太后。建初元年（76），章帝想要给他的三个舅舅封爵。东汉与西汉不同，西汉是"非刘氏不得封侯"，而东汉的建立多依赖于豪强，外戚正是出自于豪强之中。册封外戚，在东汉之始，便由刘秀开了先河，但马太后知道章帝的打算后并不同意。第二年夏天，出现了大旱，有些大臣就说这是不封外戚的缘故，应该依照旧典对马太后的三个兄长马廖、马防、马光给予封爵。在《汉书》中详细地记录了当时马太后对于此事的回答，她说："凡言事者皆欲媚朕以要福耳。昔王氏五侯同日俱封，其时黄雾四塞，不闻寸雨之应。又田蚡、窦婴，宠贵横恣，倾覆之祸，为世所传。故先帝防慎舅氏，不令在枢机之位。诸子之封，裁令半楚、淮阳诸国，常谓'我子不当与先帝子等'。今有司奈何欲以马氏比阴氏乎！"由此可见，马太后是一个一心守护刘氏江山的人。尽管在马太后死后，马廖、马防日渐跋扈，但由于马太后生前对马氏族人的限制，马氏的力量不足以对刘氏皇权造成威胁，马廖、马防兄弟的骄纵因此并没有升级到乱政的程度。

和帝继位时只有 10 岁。马太后去世后，窦太后辅政。窦太后与马太后的性格截然不同，如果说马太后是一个贤惠勤俭的人，那么窦太后则是一个极为热衷权力的人。窦太后与马太后一样没有生育，在窦太后还是皇后的时候，因她膝下无子，于是章帝立宋贵人之子刘庆为太子。窦皇后为此嫉恨宋贵人，用尽种种手段，迫使章帝废掉了刘庆。但她自己终究生不出孩子，恰在这时梁贵人生下了一个男孩，窦皇后就先把梁贵人诬陷致死，随后将梁贵人的男孩收为养子，这个孩子就是后来的汉和帝刘肇。和帝继位后，窦太后临朝，她的哥哥大将军窦宪权倾朝野。

但外戚毕竟不是江山的正统继承人，和帝年长以后，他在宦官郑众等人的帮助下诛杀了窦宪，肃清了窦氏一党。105 年，和帝崩，殇帝立。殇帝是一个还在襁褓中的婴儿，在位不到百天就死去了。邓太后临朝，迎立清河王的儿子刘祜，是为安帝。邓太后临朝 15 年，邓太后崩后，安帝亲政，任用阎皇后的哥哥阎显，又宠信宦官和乳母王圣，政治紊乱。阎皇后无子，后宫李氏生子刘保，被安帝立为太子。阎皇后于是潜杀李氏而后又进谗言，使安帝废了刘保。125 年，安帝在去宛城的路上驾崩。陪同安帝的阎皇后秘不发丧，迅速回到洛阳，迎立章帝之孙北乡侯刘懿为帝。刘懿在位的当年就驾崩了，阎皇后又想秘不发丧，挑选傀儡皇帝，以便把持朝政。但这次就没那么幸运了，宦官孙程等首先动手，将废太子刘保迎了回来，立为皇帝，是为顺帝。在这次宫廷政变后，孙程等 19 名宦官皆被封侯。顺帝并不信任宦官，他任用梁皇后的父亲梁商为大将军。梁商死后，顺帝又改用皇后的哥哥梁冀。

梁冀骄淫纵恣，他是东汉外戚专权的代表人物。144 年，顺帝崩，只有两岁的刘炳被立为帝。刘炳只在位半年就驾崩了，梁冀就在皇族中找了一个八岁的孩子接替，是为质帝。

质帝虽然年幼，却十分聪明。他知道梁冀居心叵测，对他的蛮横行为很看不惯。有一次，质帝在朝堂上当着文武百官的面对梁冀说："你可真是个跋扈的将军啊！"梁冀听后，顿时对质帝起了杀意，暗中令人毒死了小皇帝。质帝死后，朝中重臣李固、杜乔等人联名请求立清河王为帝。清河王为人严明，很有声望。梁太后和梁冀在宦官曹腾等人支持下，逼死清河王，拥立15岁的刘志为帝，是为桓帝。梁冀又迫使桓帝娶了自己的另一个妹妹为皇后，梁氏家族地位由此更加巩固。

梁冀把持朝政近20年，其为人可说是无法无天。梁冀的兄弟和儿子都被封为万户侯，他的妻子被封为襄城君，官吏升迁调动都要先到梁家谢恩，然后才敢到朝廷办手续。梁冀喜欢兔子，在河南城西造了一个兔苑，命令各地交兔子，并在兔子身上烙上记号，声明谁要是伤害他家兔苑里兔子，就是犯下了死罪。有个西域到洛阳来的商人不知道这个禁令，打死了一只兔子。为了此案，竟株连10多个人丢掉了性命。梁冀还把几千个良家女子以"自卖人"的身份抓来作为奴婢，其行径连土匪都为之不齿。

最后梁冀跟汉桓帝的矛盾终于激化到了不可收拾的地步。159年，桓帝的梁皇后去世，桓帝便和宦官单超、徐璜等5人合谋消灭梁冀。他们趁梁冀派亲信进朝监视的机会，说这些人私自入宫廷图谋不轨，然后发动羽林军1000多人包围了梁府，将梁家男女老少斩尽杀绝。正是多行不义必自毙，梁冀在这种情况下只好服毒自杀。桓帝没收了梁冀的大将军印，被抄的梁冀家财竟有30多亿钱，而因此案被牵连的人就更多了，朝廷高官几乎全被罢免。但汉朝的政治并没有因梁冀的死而好转，不久，宦官单超等5人于同一天被封侯，世称为"五侯"。正是"一将军死，五将军出"，从此宦官独揽大权，东汉政治进入了另一个黑暗的时期。

卖官鬻爵，宦官掌权自断路

与外戚相比，宦官可称得上是中国古代政坛上更为腐朽的力量，但汉代皇帝之所以宠信宦官，也是由复杂的原因造成的。事实上，宦官的崛起是东汉皇帝与外戚贵族权力斗争的产物。

东汉宦官干涉朝政开始于郑众。窦宪专权，和帝利用宦官郑众掌握的禁军力量，消灭了窦氏势力，成功地夺回了政权。郑众虽为阉人，但为人甚有气度，才谋兼备，处世不居功自傲。和帝因郑众之功而封他为侯，从此开创了东汉宦官封侯的先例。汉殇帝死后，只有13岁的安帝继位，邓太后临朝，邓骘辅政。邓太后从窦家的失败里取得了一些经验，她并用外戚和宦官，但在形式上依旧偏重于外戚。121年，邓太后死，汉安帝终于得到了实际的权力，他登基后立刻着手打击邓氏一党，与宦官一起捕杀邓家人。在这一次政权更替中，宦官取得了更多的实际利益，他们得势以后，引用失意官僚与下层豪强做官，作为自己的党徒，从而成为了下层豪强的靠山。

125年，汉安帝死，幼童北乡侯刘懿继位，阎太后临朝，阎显掌权。他们迅速诛杀驱逐汉安帝所宠信的宦官，以确立自家的地位。但阎家专权不过几个月而已，因为不久北乡侯就病死了。宦官孙程等19人于是开始了反扑，趁机杀死了阎显，拥立起了当时只有11岁的汉顺帝。跟着，孙程等19人都被封了侯，这样宦官势力就又大进了一步。从此，他们不再只做地方官，此时的宦官已能兼做朝官，传爵给养子，荐举他人做官了，于是"无功小人，皆有官爵"。宦官本代表着下层豪强的利益，这样下层豪强不合法的仕进形式就取得了合法地位。

144年，汉顺帝死。146年，由于当时的小皇帝口无遮拦，对外戚梁冀说了不敬之词，梁冀就毒死9岁的汉质帝刘缵。在这之后，由谁来做皇帝又成了一件事情，梁冀左右权衡，认为刘志是个合适的人选。刘志当时只有15岁，但已经承袭了他父亲的爵位。梁冀因刘缵一事的刺激，意识到年幼不是择帝的唯一标准，还要亲上加亲，而刘志是自己亲妹妹的丈夫，符合这个标准。于是，147年，在梁冀的拥戴下，刘志坐上了皇帝的宝座，即汉桓帝。刘志在没有坐上皇帝位置的时候，就对梁氏不满，虽然他是靠着梁家人的推崇才意外登上皇帝宝座的，但他即位后，依然想找机会消灭梁氏。

到桓帝时期，梁冀家族中，先后有七位侯爵，三位皇后，六位贵人，两位大将军，夫人妻女食邑称为君的有七人，娶了公主的三人，其他卿、将、尹、校57人。家中的财富达到30亿，几乎整个国家的财富都被聚敛到他的家族里。当时朝廷任命，全由梁冀做主，所有五品以上的官员被任命后，都要去他家进行拜访。这拜访当然不能空手而去，大量的金银珠宝必不可少，梁冀其实成了当时真正的"皇帝"。

汉桓帝延熹二年(159)，汉桓帝与单超、左悺、徐璜、具瑗、唐衡5个宦官密谋，用御林军铲除了梁氏家族和他的私党。

桓帝出于对宦官的感激，单超5人都官封万户侯，历史上称"五侯"，朝政也从此由外戚之手转到了宦官之手。五侯掌握大权后，削弱了外戚的势力，但他们在权力日益膨胀的情况下，变得更加腐朽。他们对百姓们明抢暗夺，弄得民不聊生，怨声载道。五位宦官中，单超生病早死，后来四侯变得凶暴，宦官势力迅速膨胀。人称左悺为"左回天"（权能回天），具瑗为"具独坐"（骄贵无比），徐璜为"徐卧虎"（无人敢碰），唐衡为"唐两堕"（流毒遍天下）。

汉桓帝在位时间21年，而前13年间，他势力单薄，只是一个傀儡皇帝，真正的朝政大权由外戚梁冀一手把持。在28岁亲政后，汉桓帝才在宦官势力的帮助下，获得了政权。

汉桓帝一生唯一能称得上政绩的，就是消灭了梁氏，但又导致宦官专权时代的到来。宦官为了更好地把持朝政，四处给他搜罗美女，分散他的注意力。据史料记载，他的后宫藏佳丽万千，以满足其奢侈荒淫的放纵生活。他为了获得更多的社会财富，在几个宦官的教唆下，公开"卖官鬻爵"，严重破坏了东汉的政治法规，败坏了社会风气，引起了激烈的社会矛盾和阶级矛盾，让有钱有势的人势力更加膨胀，有才能的人失去了为朝廷效力的机会，实际上加速了东汉王朝的覆灭。

这些人横行霸道，穷奢极侈，倒行逆施。他们本无参政议政的权力，但他们左右皇帝，控制朝中大臣，把东汉朝廷弄得乌烟瘴气。实际上很多具体事情，都是由他们决定的。他们不但在朝廷控制局面，还在地方上安排爪牙，把从中央到地方的各级政务，都牢牢控制在自己的手里，甚至还强抢民女，霸占民田民宅，大兴土木。宦官让这些人继承自己的爵位，出入都非常有排场。他们卖官鬻爵，给一定的官职标明价格，有钱的人就可以去做官。这些官吏大多都是无能、贪婪、暴虐之徒，鱼肉乡里。

不但宦官本人虐遍天下，他们的义子、同宗及姻亲也被派到地方任大小官职，贪赃勒索，犹如盗贼。如宦官侯览，他本人霸占百姓住宅达381所，良田万亩，仿照皇宫修建16座府邸。他的哥哥侯参任益州刺史，专门诬陷富人入狱致死，没收其财产中饱私囊。徐璜的侄儿徐宣，求婚下邳李家不允，便设法出任下邳县令，率吏卒入李宅抢走其姑娘，糟蹋之后用箭活活射死，埋在官衙之内。

不巧徐宣的上司黄浮是个清官，接到诉状，马上将徐宣收监。他深知徐家权势熏天，不顾僚属劝阻，毅然说道："徐宣这样的国贼，非杀不可！即使我因此而死，也心甘情愿！"随即以法处死了徐宣。宦官徐璜岂肯甘休，找到桓帝大泄私愤。桓帝只听信宦官的话，下令将黄浮革职判刑。这哪里还有是非和公理？在桓帝的纵容下，宦官的气焰更加嚣张了。

汉桓帝虽然36岁而终，但身后并无子嗣，年轻的窦皇后（桓帝死后被尊为太后）及其父亲窦武，把继承人的年龄设定在少年段。刘宏是汉章帝玄孙，刘宏的曾祖父是河间王刘开，父亲解渎亭侯刘苌与桓帝刘志是堂兄弟。刘宏是桓帝的亲堂侄，当时只有 12 岁。

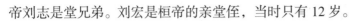

刘宏能登上皇帝位，既是幸运的又是不幸的。汉桓帝留下的是一个千疮百孔的社会，外戚跃跃欲试地准备摄理朝政，宦官虎视眈眈地觊觎着皇权，士人的不平之鸣，遍野的饥民之声，合奏成一曲悲哀的末世之歌。

汉桓帝永康元年（167），刘儵以光禄大夫身份与中常侍曹节带领中黄门、虎贲、羽林军 1000 多人，前往河间迎接刘宏。建宁元年（168）正月二十日，刘宏来到夏门亭，窦武亲自持节用青盖车把他迎入殿内。第二天，登基称帝，改元为"建宁"。史称"汉灵帝"。

汉灵帝是历史上出了名的昏君，他的荒淫无耻，可以说是罄竹难书。随着窦武、陈蕃诛杀宦官的失败，他的生命就完全被宦官所控制。也许，正是因为经历了那场宫廷政变，他才明白了自己所处的地位——要想保全性命与地位，就必须要取悦宦官。

所以，在以后的日子中，他的态度是明朗的，是积极维护宦官的，因为宦官希望他这么做，他不这么做也没有反抗的能力。这是他对宦官势力屈服所作的明确表态，也正是这种明确的态度，令宦官们十分满意。宦官们是无根之人，不能篡国称帝，他们所希望的正是有汉灵帝这样一个听话的"主子"。或许正是这些原因，灵帝才能平安地长大，没有像质帝那样早早地死去。

随着年龄的增长，汉灵帝在生活上更加腐化堕落。《后汉书》中对汉灵帝的荒淫是有明确记述的："列肆于后宫，使诸采女贩卖，更相盗窃争斗。帝着商估服，饮宴为乐。又于西园弄狗，著进贤冠，带绶。又驾四驴，帝躬自操辔，驱驰周旋。"而且，这时的卖官鬻爵已经呈现出扩大化、持续化和制度化的特点。公开卖官从汉灵帝光和元年（178）一直持续到中平六年（189），卖官所得钱款都流入了灵帝和宦官的钱袋。

当时，卖官的规定是：地方官比朝官价格高一倍，县官则价格不一，官吏的升迁也必须按价纳钱。求官的人可以估价投标，出价最高的人就可中标上任。除固定的价格外，还根据求官人的身价和拥有的

财产随时增减。一般来说，官位的标价是以官吏的年俸计算的，如年俸两千石的官位标价是两千万钱，年俸四百石的官位标价是四百万钱，也就是说官位的价格是官吏年收入的一万倍。段颎、张温等人虽然功劳很大，声望也很高，却也都是先交足了钱，才登上公位的。及至后来更变本加厉，以后官吏的调迁、晋升或新官上任都必须支付三分之一或四分之一的官位标价。也就是说，官员上任要先支付相当于他25年以上的合法收入，许多官吏都因无法缴纳如此高额的"做官费"而吓得弃官而走。

卖官的"国策"后来发展到官员调动、秀才授职，都得到西邸讲价交钱后，才能走马上任。有些正直清廉的，请求不再当官，却被强迫派遣。新任巨鹿郡太守司马直，因清廉有名，特别减价300万。接到诏书后，司马直愤然说："当官是为民做主，现在反而要盘剥百姓以满足上司的私欲，于心何忍？"他请病假，不准。上任途中他写了一篇批评时政的奏章，然后服毒自杀。

在西园内，有着一套完备的官爵买卖手续。因地方官可以搜刮百姓，所以地方官一般比朝官价贵一倍。而且各县经济状况不等，让求官人估价投标，出价较高的人才能得标上任。通过此法获得官位的人，都是贪财好利之人，走马上任之时，也自然是一方百姓遭殃之日。但在定价以外，西园内卖官也是见人下菜碟，宦官们会看求官人身份及财产而随时加减价格。如宦官曹腾的养子曹嵩家财万贯，买太尉出钱一万万，比定价贵十倍。宦官为优待主顾，扩充营业，还允许先挂赊欠账，到任后再限期加倍还欠。同时又为了能尽快周转，以广招财源，一个官上任不久，就会另派一个新官去上任，州郡官一月内甚至会替换好几次。如此一来，买官的人即使本怀善意，想当造福一方的好官也难了。买官的人为防亏本，几乎都是一到任就开始搜刮，本利兼收，刻不容缓，以至于普通百姓"寒不敢衣，饥不敢食"，贱价卖出自己仅有的一点谷物，好让新官一到就得钱，以免一家人性命不保。

"崔烈买官"的例子更能发人深省。崔烈出身于北方的名门望族，历任郡守及朝廷卿职。汉灵帝中平二年（185）三月，崔烈想当司徒，便通过关系，花了500万钱买了个司徒。到册拜之日，宫廷举行隆重的封拜仪式，灵帝亲临殿前，百官肃立阶下。望着崔烈春风得意的样子，灵帝突然觉得崔烈的司徒一职来得太便宜了，忍不住满怀惋惜地对随从亲信说："悔不少靳，可至千万！"旁边的中常侍插嘴说："他能出500万，已经很不错了。像崔公这样的冀州名士，岂肯轻易买官？陛下您不知道我从中做了多少工作！"事后，崔烈的儿子对崔烈说："大人实在不该当这个三公了，外面议论纷纷，都嫌这个官有铜臭味。"

"铜臭"这个典故就是从这儿产生的。卖官已卖到朝廷的最高官职——三公，堂堂皇帝竟然贪婪得像买卖货物那样讨论着三公的价格，让人一方面感受到灵帝的贪婪，另一方面也看出当时政治的黑暗。

皇帝都是如此，那些贪官酷吏更是变本加厉地搜刮、盘剥百姓，榨取更多的"礼金"来给灵帝送礼，博取更大的官职然后利用手中更大的权力来捞取更多的财富。灵帝曾在西园游乐场与一班无赖子弟玩狗，并给狗戴上了进贤冠和绶带。东汉的进贤冠为文官所用，前高7寸，后高8寸，长8寸。给狗戴上文官的帽子，实际上是对官吏的一种侮辱。而当时有些官吏欺压百姓，无恶不作，简直像恶狗一样凶残。

桓帝和灵帝的卖官鬻爵无疑是自己断送了自己的未来，同时也将东汉王朝推向死亡的深渊。

党锢之祸，摧折士流

中国历史发展到春秋战国时期，"士"这一阶层已经壮大起来，他们凭借其文化知识积极参与政治，到处游说。各国诸侯对之多加宾礼，或予以重用。有些士人出将入相，纵横捭阖，诸子百家，变法争

鸣。所谓"得士者强，失士者亡"，充分说明了士人在政治舞台上举足轻重的地位。

东汉统治者除了积极表彰士节以外，还大力提倡学习儒家经典，给士人开辟广阔的利禄之途，从而扩大忠于王朝的依靠力量。刘秀时已经恢复太学，明帝崇尚儒学，命令皇太子及王公大臣子弟都读经书，连卫士都要读《孝经》。其他如掌朝政多年的和帝邓后、顺帝梁后，也有类似的劝学措施。在统治者的大力提倡下，太学迅速扩充，太学生多至 3 万余人，那时攻读儒家经典更成为士人做官发迹的敲门砖。读儒家的书，自然要受儒家思想的影响，到东汉后期，忠、孝、节、义等封建道德更进一步浸透于士人的头脑。

东汉时期，由于太学弟子日益增多，公私讲学之风大开，以及进入太学、郡国学能够得到免除徭役等特权，因而使属于中小地主阶层的士人队伍日益扩大，他们的经济力量和社会政治地位也与日俱增。例如陈寔和郭泰原来都出身寒素，后来都享有很高的名望，当郭泰从京师洛阳返回故里时，"衣冠诸儒送至河上，车数千辆。"陈寔老死于家，"海内赴者三万余人，制衰麻者以百数。"说明到东汉后期，士人阶层已不只是达官贵人的攀附者，而俨然成为一支具有广泛社会基础的政治力量了。

东汉后期宦官的害政祸民，不仅激化了日益尖锐的阶级矛盾，并且也严重堵塞了士人阶层的仕进之路，因而引起了他们的抗争。

宦官的残暴统治，加深了东汉社会的政治危机，东汉政权犹如坐在一触即发的火山口上。在士人和宦官两个敌对力量中，前一集团除了一般地主阶级出身的士人和太学生以外，还包括许多中央和地方大小官吏，因为这些官吏原来也是士人，彼此之间有着千丝万缕的联系。在东汉所崇尚的名节中，其中最重要的是忠和义。那时的忠义行为已不只是忠于皇帝，因为士人求得仕进，并非容易，所以士人对选用自己的官吏，常怀知遇之恩，因而有报恩和尽忠的道德上的义务。例如名士荀爽被司空袁逢举为有道，他虽然并未应召，但袁逢死后，荀爽仍为他服丧三年。而州郡长官察举孝廉，也多取年少能够报恩的人。

至于僚属与长官的关系，自然更是如此，这样，便增添了士人与官僚在政治上结合的因素。太学生与朝中大官往来，既然是为了求仕，而大官亦愿诸生为他效力，乐于和太学生交结，如外戚窦武把两宫赏赐全部分赐给太学生。当时太学生标榜的士人领袖，最高的是"三君"，即以大官僚窦武、陈蕃、刘淑当之，这说明有些官僚已经和士人结合起来了。在东汉尚名节和激浊扬清的风气影响下，太学生、名士和有声望的官吏的言论，常常能够影响和指导各地士人的行动，使他们向往并参加这一结合，形成了广阔的士大夫集团，而与宦官相敌对，于是导致了所谓"党锢之祸"。所谓"党锢"，就是操纵政柄的宦官把对他们进行抗争的士大夫指为党人而剥夺其政治权利。

延熹六年 (163)，大臣陈蕃在给桓帝的上疏中，忧心忡忡地指出："当今之世，有三空之厄：田野空、朝廷空、仓库空。""三空"形象地概括了宦官暴政的严重恶果和政治危机。面对这一危急的形势，以杨秉、陈蕃和李膺为代表的部分正直官吏积极抗争，愤怒揭露宦官集团的罪恶。他们的斗争，得到了广大太学生的拥护和支持。李膺是正直官吏中反宦官的健将，郭泰是太学生的领袖，他们结识后，"遂相友善，于是名震京师"。李膺、范滂等经常往来太学，给太学生以积极的影响"，他们"激扬名声，互相题拂，品核公卿，裁量执政"。这种议政活动，使拥有 3 万多名学生的太学，变成了抨击宦官集团的强大舆论阵地。太学生的议政活动和正直官吏翦除宦官的斗争此呼彼应，使作恶多端的宦官集团恨之入骨，必欲除之而后快。

165 年，代表士大夫利益的耿直正派官僚陈蕃做了太尉，名士李膺做了司隶校尉。不久，有人向李膺告发宦官张让的兄弟、县令张朔贪污勒索，李膺于是下令查办张朔。张朔听到消息后逃到洛阳，躲进了张让家里。李膺知道后亲自带领公差到张让家搜查，在张家的夹墙里搜出张朔，把他逮捕。张让此时还不想把事情闹大，他立刻托人去求情，可不承想李膺已经雷厉风行地把张朔杀了。张让向汉桓帝哭诉此事，桓帝知李膺的矛头虽然指向宦官，但张朔也确实有罪，也就对此事不闻不问了。而李膺的名气则因此迅速提升，在当时读书人都以受

到李膺的接见为荣，时称"登龙门"。可这样一来，宦官与士大夫之间的冲突就闹到了不可收拾的地步。

第二年，有一个叫张成的方士，他和宦官来往密切。从宦官侯览那里，张成得知朝廷马上要颁布大赦令，就纵容儿子杀人，打算事后装神弄鬼，假装做出预测，以让更多的人相信他的神仙方术。李膺得知后马上把张成的儿子逮捕起来，准备法办。第二天，大赦令下来了，李膺知道张成是故意纵子杀人，所以还是把张成的儿子砍了头。张成没料到李膺竟然不顾皇帝的特赦，就找到宦官侯览、张让，求他们替他报仇。三人商量后，向汉桓帝诬告李膺和太学生、名士结成一党，诽谤朝廷，败坏风俗。汉桓帝本就祖护宦官，于是听取了诬告之词，下令逮捕党人，一场宦官针对官僚士大夫的清洗由此开始。除李膺之外，还有杜密、陈寔和范滂等200多人，都被以党人的罪名抓捕。

被捕的党人在监狱里被宦官施以残酷的折磨，他们的头颈、手、脚都戴上了沉重的刑具，然后一个挨一个地被蒙住头拷打。一年多后，颍川人贾彪，到洛阳替党人申冤。汉桓帝皇后窦氏的父亲槐里侯窦武为城门校尉，他名列三君，同情东汉士人，于次年（167）上书求情。同时，负责审理此案的宦官王甫等人也为党人的言辞所感动，取消了对他们的酷刑。而李膺在狱中也采取以攻为守的办法，他故意招出了好些结交士人的宦官子弟，说他们也是党人。宦官们害怕受到牵连，没有办法，同时也觉得再进一步让形势恶化下去会无法控制，于是劝说汉桓帝，说到了大赦天下的时候了。于是同年六月庚申日，改元永康，大赦天下，把200多名党人全部释放了。但这些党人都被遣归故里，禁锢终身，不准入朝为官，这就是第一次党锢事件。李膺等人获释之后，声望更高了。

167年，汉桓帝去世，12岁的刘宏被推上了皇位，就是汉灵帝。灵帝即位，窦太后临朝，大将军窦武掌权。不久，又出现太白金星经房宿，由上将星入太微垣的天象，当时的人认为这是不祥之兆，象征皇帝身边有奸佞，大将军有灾难。窦武等人准备动手除去宦官曹节王甫一党。他立刻联合耿直派官僚太傅陈蕃与被禁锢的党人，企图一举消灭宦官势力。但宦官曹节等先发制人，发动宫廷政变，劫持窦太后，挟制灵帝。陈蕃闻讯，率太尉府僚及太学生数十人拔刀剑冲入承明门，到尚书门因寡不敌众被擒，当日遇害。窦武驰入步兵营起兵对抗，名将、护匈奴中郎将张奂此前率军出征，此刻刚回到京师，尚未了解局势，宦官等人假传诏令骗过了他。张奂误以为窦氏叛乱，遂与少府周靖率五营士兵与王甫所率领的千余虎贲军、羽林军一起进攻窦武。窦武被重重围困，无奈自杀，公卿百官中陈、窦两派的官僚全部被免官禁锢。宦官们因为这次事件而心慌意乱，于是又兴起株连更广的第二次党锢之祸。

汉灵帝建宁二年 (169)，士大夫张俭揭发宦官的爪牙为非作歹，宦官反倒打一耙，并趁机大兴党狱，李膺等 100 多人遭牵连被捕，死于狱中。八年之后的熹平五年 (176) 闰五月，永昌太守曹鸾上书为“党人”鸣冤，要求解除禁锢，灵帝不但不听，反而收捕并处死曹鸾。接着，灵帝又下诏书重申党禁，命令抓捕一切与党人有关之人，太学生被捕 1000 余人，禁锢六七百人，党人五服之内亲属以及门生故吏中凡有官职的人全部被免官禁锢。更为严重的后果是，自此以后，那些和别人有怨隙的，便相互陷害，有时为了点小事也诬陷对方为党人，从而使得人人自危，整个社会陷入混乱状态。

两次党锢，把反对宦官集团的正直官吏和太学生几乎摧残殆尽，东汉宦官势力至此达到巅峰。汉桓、灵二帝之前，宦官、外戚虽然专权，但有名臣陈蕃等人主持朝政大局，士大夫、豪强等心向朝廷，局势尚未到不可收拾的境地，即《后汉书》中所说的“汉世乱而不亡，百余年间，数公之力也”。但两次党锢之祸后，清正的官员不是被害就是被禁锢，宦官更加为所欲为，残害百姓，因而激起民变，酿成黄巾起义。

引狼入室，灭宦官董卓入京

　　"十常侍"只是一种习惯上的称呼，实际上应该是十二常侍才对。汉灵帝时，张让、赵忠、夏恽、郭胜、孙璋、毕岚、栗嵩、段珪、高望、张恭、韩悝、宋典等十二人，都为中常侍，故世称"十常侍"。在"十常侍之乱"中，其罪魁当是张让。

　　张让，颍川人，其出生时间不详，死的年份却十分明确，是189年。那一年发生了一场影响中国历史走向的宫廷政变，张让少时在宫中做事，那时他结识了赵忠，从此两人成为生死相随的遗臭万年之交。桓帝时，张让为小黄门，赵忠则因参与诛杀梁冀一事，被封为都乡侯，不久黜为关内侯。也许是赵忠的关系，此后张让的名字也开始频繁地出现于历史文集之中。到灵帝时，张让、赵忠并升为中常侍，封列侯，此时的两人已经与大宦官曹节、王甫等相为表里。曹节死后，赵忠领大长秋。

　　"十常侍"封侯贵宠，灵帝甚至曾在众人面前说："张常侍是我父，赵常侍是我母。"而且，汉灵帝时期又是我国历史上宦官专权最为严重的时期，所以"十常侍"在当时可以一手遮天，不仅自己横征暴敛，卖官鬻爵，他们的父兄子弟也遍布天下，横行乡里，祸害百姓，无人敢管。人民不堪剥削、压迫，纷纷起来反抗。当时一些比较清醒的官吏，已看出宦官集团的黑暗腐败导致大规模农民起义的形势。黄巾起义爆发后，灵帝重新起用官僚士大夫。获得参与朝政权力的士大夫们立刻开始对宦官进行攻击，郎中张钧上书说："张角所以能兴兵作乱，万人所以乐附之者，其源皆由十常侍多放父兄、子弟、婚宗、宾客典据州郡，辜榷财利，侵掠百姓，百姓之怨无所告诉，故谋议不轨，聚为盗贼。"这就是历史上所称的"十常侍之乱"。

其实在东汉末年，无论是宦官，还是皇帝、外戚以及其他豪强地主，无一不对底层百姓进行剥削，张钧的上书只是指出了导致黄巾之乱的一个原因而已。张钧在上书中最后建议斩"十常侍"，布告天下，以平息民怨。

农民起义早在安帝时期就不断爆发，这是东汉豪强势力发展的必然结果，只是杀几个宦官又怎么可能解决根本问题呢？张钧上书的本质实际是想趁黄巾之乱、汉灵帝需要依靠豪强力量的时刻，借机除去宦官而已，这里有着几分要挟的成分，而事实上豪强要远比宦官对皇权更具有威胁。宦官毕竟是无根之人，又多出身卑贱，他们无论如何恶性发展，都只能借皇帝的手来指挥一切，不可能取代皇帝。这其中的一个最简单的道理就是皇帝是天子，天子可以不论出身，却绝对不可能是不男不女之人。

汉印

灵帝看过奏章后，转给张让等人，张让等人见到后无一不为之变色。要是平时，这种奏章并不是什么大问题，灵帝也不会太多过问，但此时黄巾军已把东汉政权弄乱了，把宦官们所掌握的政权弄乱了，这一时刻如果出现问题就会相当麻烦了。张让知道，灵帝在乎的不是张钧的上书，而是黄巾军。于是张让以愿出家财以助军费为条件乞求恕罪，灵帝听后，果然诏令"十常侍"照常办事，反过来却怒问张钧："难道'十常侍'中竟无一个好人？"仔细分析一下，这句问话本身就有问题，言外之意就是只要"十常侍"中有一个好人就可以原谅所有人，反过来说就是汉灵帝本人多少也知道"十常侍"中有人做不法之事。至于真实情况，则是汉灵帝与宦官是同流合污的。张钧毕竟是一个文人，不懂得见好就收，他受到皇帝的批示后跟着又再次上书，坚持己见。而这一次，奏章直接被宦官扣下，无法上报。恰在这时汉灵帝诏令，追查张角道者，张让等人就乘机唆使御史诬奏张钧，说他正在学练黄巾道，将他逮捕拷打，致使其死于狱中。

说起"十常侍"那就不得不说何进。何进本来是个屠夫出身，因其妹嫁入宫中被封为贵人，又为灵帝生下皇子刘辩，被立为皇后。何进因此受到重用，官拜大将军，手握兵权。

当时"十常侍"要立陈留王刘协也就是后来的汉献帝为帝，并且得到了后宫董太后的同意，而何进主张立何皇后之子也就是少帝刘辩为帝，所以两派的矛盾很激烈，双方都想置对方于死地。后来何进直接在灵帝的灵堂上立了何皇后之子刘辩为帝，何进本想趁机将"十常侍"一网打尽，但迫于何皇后的压力一直没能下手，直到后来何进想借外军之手消灭"十常侍"，于是就有了董卓进京。

中平六年即189年，灵帝死，年14岁的皇子刘辩继位，这就是汉少帝。刘辩即位后，何皇后临朝，何进被封为大将军。此时黄巾军主力早已经被消灭，在黄巾起义中壮大起来的外戚势力与官僚士大夫势力再一次结合，开始共同对付宦官，外戚与宦官终究是不能两立的。大将军何进本为屠户，出身卑微，何皇后全靠宦官势力才得以为后，可以说何家的势力能否稳定与宦官有着密切关系。但在利益面前，本来就没有多少智谋的何进听了袁绍的劝说，有了诛杀宦官的计划。可是，计谋败露，张让、赵忠等先下手杀了何进，而何进的部下袁绍等人听说何进被杀后，则立刻率兵杀进皇宫，杀了赵忠等很多宦官。张让等数十人只好挟持少帝出走，最后因被迫无奈，皆投黄河而死。然而，又有谁会想到，随着这群祸国殃民的宦官的死，东汉王朝也走到了尽头。

原来，起初中军校尉袁绍建议何进杀宦官的时候，何进十分犹豫，他跑去跟何太后商量。何太后一来收了宦官的财物，二来她也清楚地认识到了自己和宦官的关系，所以无论何进说什么她也不答应让何进对宦官下手。于是袁绍又替何进出谋划策，劝何进秘密召集各地的兵马进京，迫使太后同意诛杀宦官。何进听后，觉得这是个好办法，但何进的主簿陈琳听后，看出了其中的问题，他阻拦说："将军手里兵马充足，要杀几个宦官就像炉火上烧几根毛发那样容易，可如果召外兵进京就好比把杀人的刀交给了别人，到时候就不是我们自己能完全控制的了。"何进根本没有听陈琳的劝告，派人给拥兵并州的董卓送了一封信，要他迅速带兵进洛阳，以诛杀宦官。

诛杀宦官本来是应该秘密进行的事，可何进却向百里以外的豪强求援，事情怎么会不泄露！结果宦官得到消息后先杀死了何进，而袁绍又杀宦官。在这场血雨腥风中，宦官与外戚两败俱伤，而何进召来的董卓却已带兵到了洛阳，掌握了大权。

董卓，今甘肃岷县人，其父曾为颍川郡轮氏县尉。董卓所居住的地方，羌人与汉族杂居，他在少年时期就常与羌人往来，结交西北地区的豪强。董卓膂力过人，能左右驰射，因而在年轻时，董卓以"健侠知名"，并因此被任命为凉州兵马掾。东汉后期，由于汉族豪强对羌人的压迫，使羌人屡次起兵反汉，董卓便率六郡良家子弟参加了镇压羌人的战争，后累积功勋，被封为并州刺史、河东太守。黄巾起义后，任命董卓为东中郎将，代替卢植与张角作战，却被黄巾军击败，其官位也被免除。

当年冬天，凉州又发生了以北宫伯玉、李文侯、边章、韩遂为首的羌汉各族的反汉起义，于是东汉政府重新起用董卓，派他协同皇甫嵩、张温等，往凉州作战。此时的董卓已经看出东汉朝廷腐朽无能，因此逐渐骄傲放纵，不服从指挥。当时孙坚劝身为统帅的张温、皇甫嵩以军法斩杀董卓，但两人都觉得只有董卓才比较了解西北地区的情况，所以没有同意。朝廷也看到董卓跋扈难制的一面，曾试图调他回朝为少府，解除他的兵权，而董卓以部下不让他离开为借口，上书拒命，软弱的朝廷对他也无可奈何。189 年，东汉朝廷调董卓为并州牧，

令他把部队交皇甫嵩，结果又被他拒绝。何进欲召董卓入京协诛宦官时，何进的部下郑泰就曾说："董卓强忍寡义，志欲无厌，若借之朝政，授以大事，将恣凶欲，必危朝廷。"可惜何进未能采纳，反而引狼入室，终铸成大祸。

结果，事实真被言中。董卓入京后，凭着自己强大的军事势力，专擅朝政。他废黜少帝刘辩，改立其弟刘协，是为汉献帝，史称"废少立献"。董卓扶植献帝不久，便逼杀太后，以相国之职，独揽大权。

董卓是改变汉末政治格局的一个关键人物，在他进京、专制朝政之前，东汉朝廷虽然已从骨子里腐败不堪，但总还能硬撑着，使门面不倒；而经董卓之变，国家终于分崩离析，天下成为群雄角逐的战场。皇帝只徒存名义，成为权臣、豪强们掌中的玩偶而已。

董卓出生于殷富的地方豪强家庭。他自小养尊处优，少年时期便形成了一种放纵任性、粗野凶狠的性格。陈寿评曰："董卓狼戾贼忍，暴虐不仁，自书契已来，殆未之有也。"董卓"少好侠，尝游羌中"，"性粗猛有谋"。董卓不仅能识文字，体魄健壮，力气过人，还通晓武艺，能在奔驰的骏马上左右驰射，当地人对他都忌惮三分。董卓年轻的时候就常常到羌人居住的地方游玩，倚仗地主豪强的出身和富足的资产，广泛结交豪侠义士，在羌人中培植和收罗亲信。羌人一方面畏服董卓的凶悍，一方面感于董卓的"豪爽"，所以都归附他，愿意听他调遣。同时，董卓还收罗大批失意、落魄的无赖之徒，他们为董卓的义气所感动，后来都一直死心塌地地跟随他。

董卓发迹很早，在本州做过"兵马掾"，主管武器与马匹，在中央当过"羽林郎"（羽林营中的军官）。不久，他被派在中郎将张奂下面当"军司马"，对汉阳郡的羌人作战，立了微功，升为"郎中"，慢慢地又由郎中升为"西域戊己校尉"。

汉朝校尉的军阶不低，不是今日的校官尉官可比。校尉仅次于将军，而将军的人数极少。最高的一位校尉，是"司隶校尉"，所辖的地域是京城及其外围各郡，等于一个州，称为"司隶校尉部"，他的职权，很像是首都警备司令兼全省保安司令。

西域是新疆天山以南各地。"戊己校尉"没有"部"，西域便是他的"部"。"戊己"两个字让人很费解，原来，这两个字代表东西南北以外的地域（甲乙是东，丙丁是南，庚辛是西，壬癸是北），用在此处，意思是"带兵巡回各地，没有固定的辖区"。

董卓在新疆住了不久，便丢了官。他很有办法，很快就东山再起，做了并州刺史，又升为河东太守。刺史管一州，职位低，年俸只有（名义上的）六百石粮食。太守管一郡，地位高，权大，兼管民政军政，有权指挥本郡的都尉，年俸有（名义上的）两千石粮食。

改立献帝之后，董卓将自己升迁为太尉，成为三公之一，掌管全国军事和前将军事务，后又自封郡侯，拜国相，跃居三公之首，掌宰相权。董卓虽然名为"一人之下，万人之上"的国相，但实际上却远远超越皇帝，享有"赞拜不名，入朝不趋，剑履上殿"等特权。一人得道，鸡犬升天。自己加官晋爵后，董卓还利用手中的特权，大肆加封董氏家族成员。他首先封自己的母亲为池阳君，越礼配备家令和家臣，地位与皇家公主相当。同时，董卓又拜弟弟董旻为左将军，封鄠侯，另外还封自己年幼的孙女为渭阳君。更有甚者，"卓侍妾怀抱中子，皆封侯，弄以金紫。"为了更有效地控制皇帝，董卓不顾朝臣反对，胁迫献帝将都城从洛阳西迁长安。董卓还无视礼制和皇权，在自己的封地修筑了与长安城墙规模相当的坞堡，高达七丈，明目张胆地用"万岁坞"命名；并规定，任何官员经过他的封地时，都必须下马，恭恭敬敬地对他行大礼。董卓的残暴本性与政治野心相结合，便直接导致了他对东汉政权和社会的巨大破坏。用董卓自己的话就是"事成，雄踞天下；不成，守此足以毕老"。

董卓虽是个粗鲁的武夫，但他也明白撇开士大夫是难以维持自己的统治的，所以在他掌权后不久，就征用了才学与名望俱高、屡遭阉党陷害的蔡邕。蔡邕到京后，"甚见敬重，举高第，补侍御史，又转侍书御史，迁尚书，三日之间，周历三台。"除蔡邕外，董卓还重用名士尚书周毖、城门校尉伍琼、尚书郑泰、长史何颙等士人。尽管如此，也掩盖不了董卓的残暴面目。

有史称："卓既率精兵来，适值帝室大乱，得专废立，据有武库甲兵、国家珍宝，威震天下。卓性残忍不仁，遂以严刑胁众，睚眦之隙必报，人不自保。尝遣军到阳城。所以，尽管董卓对士大夫十分优待，而士大夫们却是绝对无法和一个强盗真诚合作的。董卓专政后，袁绍、袁术、曹操等都先后从洛阳逃出，开始了积极的反董活动。

董卓率军初次进兵洛阳时，见城中富足，贵族府邸连绵，家家殷实，金帛财产无数，便放纵手下士兵，实行所谓"收牢"运动。这些士兵到处杀人放火，奸淫妇女，劫掠物资，把整个洛阳城闹得鸡犬不宁，怨声载道。控制中央政权后，董卓残忍不仁的恶性更加膨胀，经常派遣手下士兵四处劫掠，残暴百姓。

一次，朝中许多官员被董卓邀请去赴宴。官员们都莫名其妙，不知董卓葫芦里到底装的什么药。宴会上，董卓兴致极高，招呼大家不要顾忌，畅怀痛饮。酒过三巡，董卓突然起身，神秘地对在场的人说："为了给大家助酒兴，我将为各位献上一个精彩的节目，请欣赏!"说完，击掌示意，狂笑不已。董卓把诱降俘虏的几百名北方反叛者押到会场正中央，先命令士兵剪掉他们的舌头，然后有的人被斩断手脚，有的人被挖掉眼睛，顿时，整个宴席变成了肃杀的刑场。其手段之残忍，令所有在场官员和士兵惨不忍睹，许多宾客手中的筷子都被吓得抖落在地。董卓却若无其事，仍然狂饮自如，脸上还流露出得意的神色。还有一次，董卓把俘虏来的数百名起义士兵先用布条缠绑全身，头朝下倒立，然后浇上油膏，点火活活将他们烧死，可谓残忍至极。

迁都长安时，为了防止官员和人民逃回故都洛阳，董卓将整个洛阳城以及附近200里内的宫殿、宗庙、府库等大批建筑物全部放火烧毁。昔日兴盛繁华的洛阳城，瞬间变成一片废墟，凄凉惨景令人顿足痛惜。为了攫取财富，董卓还派吕布洗劫皇家陵墓和公卿坟冢，尽收珍宝。整个洛阳城在董卓肆意践踏破坏下，千疮百孔，满目疮痍。天下老百姓对董卓非常痛恨，当时，京都到处传唱着《千里草》的童谣："千里草，何青青，十日卜，不得生。""千里草"即董，"十日卜"

即卓，"青青"是说董卓权势暴盛，"不得生"是说他很快就会家破人亡。

遗憾的是，从古到今，危险永远隐藏在安逸之中。董卓自以为自己很安全了，残忍嗜杀的习性至此也充分地暴露了出来。当时，大臣讲话稍不合董卓之意，即被董卓杀害。对战争中的俘虏，他更是以惨不忍睹的方式加以折磨与屠戮。这样一来，董卓专政没多久，就弄得人心惶惶、众叛亲离了。

其实，献帝的悲剧在于他本人并不是一个低能儿，有时还颇具政治智慧。如194年天大旱，长安城内谷一斛值钱50万，人相食。献帝令侍御史侯汶开仓济民，饿死者如旧，献帝怀疑侯汶作弊，于是亲自检验，用米、豆各五升于殿熬粥，竟有两大盆之多，轻而易举地弄清了侯汶的假公济私，结果是"乃杖汶五十，于是悉得全济"。

胡三省是这样评价汉献帝的：汉献帝并不是一个昏庸无能之辈，之所以在他手里终结东汉一朝，是因为他只不过是一个空头皇帝而已。如前所述，汉献帝并不昏庸，如195年，他在董承等护卫下东行，李催引兵追杀，身边大臣如邓渊、田芬等皆死于战乱之中。李进劝说献帝快骑马脱离险境，但献帝却说不可舍百官而去。胡三省认为："观帝此言，发于难危之时，岂可以亡国之君待之哉，特为强臣所制耳。"

综观东汉一朝的权臣，没有人比董卓的机会好。而他偏要把局面弄糟，而且糟到不可收拾。董卓以伊尹、霍光自居，而给人的印象是"又出一个王莽"。他做了不必要的废立，杀害无辜的何太后与少帝，引起全中国有识之士的不平，也给了反对他的袁绍等人以有力的借口。

第二章

苍天已死，黄天当立

汉灵帝中平元年(184)，将矛头直指东汉政权的黄巾大起义爆发了。这次大起义是东汉晚期社会矛盾日趋激化的必然结果。风雨将至，大厦将倾，这时朝廷才派人镇压，黄巾军的主力被东汉政权镇压下去了。但是各地黄巾军仍然在不断战斗，沉重地打击东汉朝廷的统治。在黄巾军影响下，东汉政权走向了四分五裂。在镇压黄巾军的过程中，有些人着力培养自己的势力，为以后三国纷争打下了基础。

风雨将至，大厦将倾

　　皇帝荒淫无道，宦官独断专行，官场黑暗，天灾流行，各种类型的地主包括贵族、世家大族、地方豪强、富商等，无不广占田地，敲诈勒索，奢侈逾制。广大人民群众处于饥寒交迫之境，纷纷破产逃亡，既已求生无路，他们也就只好铤而走险，起来进行反压迫斗争了。从汉安帝时开始，生活在社会底层的农民就开始不断发动武装起义。这些起义因为力量太小和组织不善等原因，差不多全部被统治者镇压了下去。

　　在黄巾军起义以前，各地发生民变可以统计的就有67次之多。在东汉末年最先起义的是会稽人许生，许生起兵的地点在今浙江慈溪。许生起兵后，攻打县城，杀了官吏。没有几天工夫，他的队伍就聚集了一万多人。汉灵帝于是下令扬州刺史和丹阳太守发兵围剿，结果反被起义的农民打败。许生的声势由此越来越大，并自称为"阳明皇帝"。

　　反过来，这也说明了许生思想的局限性，他如此大张旗鼓，却又没有明确的政治目的，既无法推翻东汉政权，也无力割据一方。刚刚聚众，就迅速称帝，缺少高瞻远瞩，失败也就是早晚的事了。174年，吴郡司马招募人马，联合州郡官兵打败了许生，许生的起义军就这样被镇压下去了。许生的起义之火虽被扑灭，但自此以后，农民起义不断发生，而且规模越来越大，次数越来越多，于是一场更大规模的农民运动在动荡的社会局势中逐渐酝酿成形——这就是发生于184年由张角领导的黄巾起义。

经过几十次农民起义的失败教训，农民起义者们也在前人的鲜血中总结出了一些经验，这就是要联络各地农民共同起义，统一思想、严密组织、充分准备，否则最后注定要失败，实行这种联络工作的是巨鹿人张角和他的兄弟张宝、张梁。

汉光武帝刘秀在建立东汉王朝后，以今文经学为基础，大力提倡妖妄的谶纬之学，借以证明自己是受天命的真命天子，所以在东汉，妖术盛行。东汉后期，佛教逐渐流行，通过文化的相互碰撞，也促进了东汉方士妖术的发展，使神仙方术有了一种宗教性质。方士们把神仙术与《老子》书中如"谷神不死""玄牝之门"等玄而又玄的话结合起来，这样就产生了道教的基本雏形，方士也改称为道士，而哲学家的老子则被奉为道教之主。由于东汉皇帝推崇老庄哲学，所以在东汉，尊奉老子的神仙方术也是为统治者服务，能得到统治阶级认可的。

张角看到了这一点，于是，他就开始准备了。张角清楚地知道农民起义的指导思想不能是儒家学说，因为其基本思想是君尊民卑、教民安服，与农民起义的宗旨格格不入，但在汉灵帝的专横统治之下，如果创立一种新的学说发动起义，就会过早地暴露自己。张角经过考察，选择了黄老道教。太平道教是道教的一个旁支，奉黄帝、老子为教主，信奉《太平经》。《太平经》又叫《太平清领书》，最早可能就是甘忠献给成帝的《天官历色元太平经》，东汉时由干吉（或作于吉）修订为《太平清领书》，首先由其弟子宫崇献给顺帝，被朝廷认为是"妖妄不经"而收了起来；后来又由另一个弟子襄楷献给桓帝，也以"不合明听"而弃置一旁，张角就是在宫崇献书后得到这部书的。

《太平经》是一部以天人感应、阴阳五行学说为主要内容的书籍。这本现存100余卷的巨著中，既有辟谷食气、鬼魂邪怪、符诀神咒、求神成仙之类的迷信思想，也有一些改造社会的主张和太平社会的美好理想。在这些改造社会的主张中，有要求财富平均的，有反对统治者使用严刑酷法的。书中理想的太平社会是无刑而自治，天下人共有财富，人无贵贱皆天所生。这种反对剥削、压迫的思想，适应了当时广大农民的要求和愿望，所以张角利用《太平经》创立了"太平道

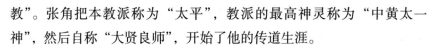

教"。张角把本教派称为"太平"，教派的最高神灵称为"中黄太一神"，然后自称"大贤良师"，开始了他的传道生涯。

当时，社会上疾病流行，人民非常痛苦，张角就以治病为途径，使太平道教很快为广大人民所接受。张角治病的方法纯粹是简单的神教，他先让跪拜在中黄太一神前的病人忏悔自己的过错，然后让徒弟们给病人念咒语、洒符水，可能是精神作用，有许多病人经过他的治疗竟然痊愈了。人们一传十、十传百地宣传着太平道教的神奇威力，挣扎在苦难中的人们好像看到了希望的救星，越来越多的人开始相信太平道教，向往太平道教，千里迢迢地来加入太平道教。

张角认为这时正是大力发展壮大太平道教的大好时机，于是派出手下八弟子出访四方，大力宣传自己，广收门徒。张角和弟子们在传教的过程中，以《太平经》作为本教派的主要经典，宣传的重点是揭露社会的黑暗和体现未来社会的光明。他们说，现在社会有的人霸占着大量良田美业，聚集了天底下的金银财物，自己用不完，就是让其腐烂也不惜给穷人，难道这些人不是仓库中的大老鼠吗？他们描写的未来太平社会非常诱人：没有天灾，没有人祸，阴阳协调；没有帝王，没有盗贼，百姓安居乐业。张角等人对当时社会黑暗的揭露，增加了老百姓对统治者的愤恨；而对未来美好社会的展示，又极大地鼓起了老百姓斗争的勇气。在太平道教的教导下，很多老百姓已经清醒，明白只有推翻汉灵帝的统治，太平盛世才会到来。青州、徐州、幽州、冀州、荆州、扬州、兖州、豫州等八州的农民约有几十万人聚集在张角太平道教的旗帜之下。

有人变卖家产，去投奔张角，有的甚至还没有走到就已死去，这样的人竟多达几万。郡、县的官员不清楚张角的真实目的，反而以为张角引导人民向善。

太尉杨赐当时正担任司徒，他上书说："张角为人狡诈，百姓为他所蒙骗。虽然他已受到赦令免除罪责，但仍没有丝毫悔过之意，他的势力反而逐渐蔓延扩张。如今，要是命州、郡进行征讨，恐怕会使得局势更加混乱，他会提早叛乱。应当命令刺史、郡守清查流民，处死他们，或分别护送回本郡，先削弱张角党徒的力量，然后再诛杀那些首领。只有这样，才可以不费吹灰之力，一举平息事端。"杨赐上书没多久就被去职，他的奏章被搁置了起来，没能实施。司徒掾刘陶再一次上书，重新提起杨赐的这项建议，说："张角等人正在加快策划阴谋，其在各地的党徒暗地里遥相呼应。那些州郡的官员担心如实启奏皇上将受指责，于是干脆不上奏皇上，只是在暗中互通消息，而不采用正式公文的形式来传达。所以，建议陛下公开颁发诏书，重赏捉拿张角等人。官员中如果有人因害怕而逃避，就与张角等人同罪论处。"灵帝对此却毫不在意，反而下诏命令刘陶整理《春秋条例》。

为了方便组织管理，张角把信徒分成36方部，大方万余人，小方六七千人，设将帅统率各方，而且他还收买一些宦官作为他起义的内应，皇宫卫士也多有响应的。可见，张角借用宗教以达到起义目的的策略是成功的。

为了发动全部的道众和广大的农民群众，张角提出了"苍天已死，黄天当立，岁在甲子，天下大吉"的口号，简称为"黄天泰平"。所谓"苍天"是指东汉的统治；"黄天"是太平道的至上神，也称之为黄神，"甲子"年就184年（汉灵帝中平元年）。之所以张角要选定甲子年起事，是由于甲子是天干地支的第一位，意指从甲子年起，换了天地，天下从此开始进入大吉的时代。张角的这一口号，经过十几年的宣传，慢慢地深入人心。为了进一步宣传太平道的口号，张角命人用白土在洛阳的官署和各州郡官府的大门上书上"甲子"二字。

就这样，一场将要改朝换代的暴风雨马上就要到来了。

黄巾起义，动摇天下

　　起义口号既出，时间也已经基本确定，张角便开始紧张有序的起义准备工作。

　　张角本打算让大方首领马元义等先集结荆、扬二州的信徒，在邺城（今河北临漳）会师后起事，力求在京师教徒的接应配合下，一举攻占京师。为达到这一目的，马元义往返于洛阳、邺城之间，拉拢了中常侍徐奉、封谓等，让徐、封二人在内接应，并把最终起义的时间确定为184年的3月5日。

　　没想到，就在起事前一个月，张角的弟子、济南人唐周突然叛变，向官府告密，使起义计划完全暴露。马元义被朝廷逮捕，车裂于泾阳。朝廷内外，不论官员、禁军将士还是普通百姓，只要是太平教的信徒，全部被捕入狱，1000多人被处死，全国范围内的镇压行动开始了。

　　鉴于当时形势危急，张角果断下令各方立刻发动起义。起义虽然十分仓促，但由于有着十余年的长期准备，所以"七州二十八郡，同时俱发"，几天之内，得到天下响应。起义军头裹黄巾，所以被称为"黄巾军"。

　　起义开始后，张角自称"天公将军"，其弟张宝为"地公将军"，张梁为"人公将军"，以冀州地区为中心展开活动。张曼成带领南方义军，以南阳为中心进行活动。颍川、汝南一线，是由波才、彭脱领导东方的主力。各地起义军从北、南、东三个方向向洛阳进逼，形成重重包围的趋势。

　　黄巾军起兵后，其战斗精神尽管十分高涨，烧官府，杀官吏，攻破州郡坞壁，州郡长官纷纷败逃。一时之间，各地的黄巾军像风暴一样气势凶猛，东汉统治者为之震动。但黄巾军还是不足以推翻腐朽的东汉王朝，因为东汉政权的上层统治并没有从根本上被破坏。

为了对付黄巾军的进攻，灵帝任命何进为大将军，统率左右羽林军以及屯骑、越骑、步兵、长水、射声等五营将士，驻扎于都亭，守卫洛阳。在洛阳附近，设置了函谷关（今河南新安东）、太谷关（今河南洛阳东南大谷口）、广成关（今河南临汝西）、伊阙关（今河南洛阳南）、辕辕关（今河南偃师东南）、旋门关（今河南巩县东）、孟津关（今河南孟津西北）、小平津关（河南孟津东北）等八关都尉，分别统率自己的兵马，驻守一方，保卫洛阳。

汉灵帝召集群臣商讨应对之策。北地郡太守皇甫嵩提出应把禁止党人做官的禁令解除，从而团结扩大自己的力量，并将皇帝私人所有的中藏府钱财以及西园厩中的良马，赏赐给出征的将士。

灵帝又问中常侍吕强应该怎么办，吕强说："对党人的禁令已经很久了，人们一直不满，如果不将党人赦免，他们将很容易和张角联合起来，叛乱之势便会更趋扩大，到那时，后悔也来不及了。如今，皇上应首先处死那些贪赃枉法的官员，并且释放所有的党人，还要对各地刺史、郡守的能力进行全面的考察。要是这样做，叛乱就能平息了。"出于对黄巾军强大势力的惧怕，灵帝不得不接受了吕强所提出的建议。于是大赦天下党人，已经被流放到边疆地区的党人及其家属都可以重返故乡。与此同时，集合全国各地的精兵，派遣北中郎将卢植讨伐张角，左中郎将皇甫嵩、右中郎将朱儁讨伐颍川地区的黄巾军。

波才领导的颍川起义军，彭脱领导的汝南起义军和陈地（今河南淮阳）的黄巾军在洛阳东南的豫州地区活动特别活跃。波才起兵攻占颍川郡以后，下一步目标直指京城洛阳，对东汉统治阶级构成了非常大的威胁。汉灵帝紧急调动左中郎将皇甫嵩、右中郎将朱儁率领4万人马，兵分两路，杀奔而来。朱儁先与波才交锋，被波才打得大败。波才率军继续追击，又将皇甫嵩所部包围于长社（今河南长葛东北）城中。按说黄巾军兵多将广，作战英勇，长社小城不日即可攻下。可是，由于波才的军事经验不足，犯了兵家依草结营之大忌，反被皇甫嵩纵火焚烧了大营，结果，起义军反胜为败。随后朱儁率部重整旗鼓，汉灵帝又派来了曹操部队增援，起义军受到内外夹攻，数万战士战死疆场，最后失败。波才突围而出，撤到阳翟（今河南禹县境）后，被追杀。过了不久，陈国、汝南、东郡的起义军也遭到了朝廷的残酷镇压。

张角领导黄巾军在巨鹿誓师起义后战果累累，他与张宝、张梁兄弟三人各自率领人马向官军发起了猛烈进攻，不久，冀州的大部分地区便被占领了，大有南下、西进攻取洛阳之势。汉灵帝对此十分害怕，在将皇甫嵩、朱儁派往颍川的同时，把北中郎将卢植派往冀州，征讨张角领导的黄巾起义军。卢植接连打了胜仗，杀死了一万多黄巾起义军。张角改变了方针，率起义军固守广宗（今河北威县东），以便凭借坚城寻找时机。卢植让士兵垒筑围墙、开挖壕沟，制作云梯，准备攻城，张角十分被动。恰在此时，卢植与宦官发生内讧，宦官们陷害卢植不全力进攻只知静候观望，汉灵帝也对卢植久久不能战胜张角而十分恼怒，将卢植用囚车押回京师问罪。

中平元年（184 年）六月，皇甫嵩镇压了颍川、汝南等地的起义军之后，汉灵帝急令他前往冀州镇压起义军。这时，黄巾军首领张角因病去世，冀州起义军一分为二，一支由张梁率领驻扎于广宗，一支由张宝率领驻扎于下曲阳（今河北晋州市东）。皇甫嵩领兵浩浩荡荡扑来，首先遇到了张梁领导的广宗起义军。皇甫嵩屯兵坚城之下，一时没有办法破城。他与起义军交战经验丰富，眼见强攻不行，马上命令休兵一天，以寻找机会。起义军战斗多日，疲劳过度，再加上看到敌军一日没有进攻，便放松了警惕。皇甫嵩趁着天黑之际将其部队调遣到广宗城下，天刚一亮就向起义军发起猛攻。沉睡中的起义军慌乱应战，虽然奋起抵抗，可由于事起突然，始终未能扭转被动的局面。激战至早饭时，3 万多黄巾战士英勇战死，主帅张梁也战死沙场。余下的 5 万多黄巾战士宁死不屈，毅然跳下水流湍急的清河，被流水卷走，广宗的黄巾战士就这样失败了。打了胜仗的皇甫嵩大施淫威，他将天公将军张角从坟墓中掘出，开棺戮尸之后又残忍地将其头颅割了下来，派人送往京师请功。由于广宗起义军失利，下曲阳地区的黄巾军就处于孤军奋战的局面了。十一月，皇甫嵩率领官军气势汹汹地杀奔下曲阳。张宝率领起义军与官军展开了一场血战，最后张宝战死，很多起义军惨遭屠杀。皇甫嵩乘胜追击，消灭了下曲阳的起义军。

在东汉末年的黄巾起义中，南阳地区张曼成领导的起义军也是非常有战斗力的一支。张曼成自称神上使，率领数万战士与南阳太守的军队进行激战，在中平元年（184）三月的一次战斗中将太守褚贡都杀死，取得了重大胜利。在这之后，张曼成将宛城作为根据地到处攻击东汉军队，在100多天的时间里南征北战，战果辉煌。新任南阳太守秦颉在六月突然袭击宛城，张曼成没有防备，壮烈牺牲。起义军在新帅赵弘的率领下坚持战斗，并迅速发展到10多万人，又占领宛城。当时，朱儁已经将颍川、汝南地区的起义军全部清剿又被派往南阳地区。六月，朱儁联合了荆州刺史徐璆及南阳太守秦颉的1.8万精兵包围了宛城。由于起义军英勇不屈的反击，朱儁连攻两个月，都没有攻下宛城。焦躁不安的汉灵帝对朱儁越来越不满，心中产生了换将的想法，如果不是司空张温说临战换将乃兵家之大忌的话，朱儁也会落得卢植的下场。朱儁在前方也听到了一些朝中的消息，为了保住自己的官职，急忙督促军队加紧进攻。十月，宛城终于被朱儁攻破，黄巾军首领赵弘也被他们杀死。

朱儁心中扬扬自得，做起了加官晋爵的美梦。出乎意料的是，他刚离开宛城，黄巾战士便以韩忠为帅，在宛城再次起义。朱儁非常恼怒，中途折回重新杀向宛城，又将宛城包围起来。朱儁让一部分官军在宛城西南修建土山假装进攻西南方向，他则乘起义军主力奔救西南之机率精兵5000突袭宛城东北角，攻破宛城的第一道城墙。

韩忠被逼无奈，只得退守小城，向敌请求投降了。众位将领都愿意接受，可朱儁说："在军事上，本来就有形式相同而实质不同的情况。从前秦末项羽争霸的时候，由于君主还没确定，只有依靠奖励那些归附者，才能引来更多的人前来归顺。现在天下统一，只有黄巾军起来造反，如果接受了他们的投降，就不能鼓励那些守法的百姓；只有严厉镇压，才能惩罚罪犯。要是现在就接受他们投降的建议，就会助长叛军的气焰。他们在有利时起兵进攻，不利时则请求投降。接受他们投降就是怂恿敌人的做法，不是上策。"

朱儁接连发动猛攻，没有攻克。他登上土山，观察黄巾军的情况，回头对司马张超说："原因我已经明白了。眼下叛军被严密包围，内部形势危急，他们既无退路，又不能求降，只有拼死一战才能有一线生机。万众一心，已是无法阻挡，更何况 10 万人一心呢! 倒不如撤除包围圈，全力攻城。韩忠看到包围解除了，自己出来求生，如果出城的话，必然会各寻生路、斗志全无，这是打败敌人的最好办法。"于是朱儁解除包围。韩忠果然上当，出城迎战，朱儁乘机大举进攻，大败黄巾军，杀死一万余人。

韩忠被杀以后，孙夏又被推举为残余黄巾军的领袖，又一次把宛城给占领了。朱儁发起猛攻，司马孙坚带领部下率先登上城墙，宛城被攻取。孙夏望风而逃，朱儁一直追至西鄂县的精山，又一次大破黄巾军，斩杀一万余人。黄巾军兵败如山倒，别的州、郡杀死的黄巾余众，每郡都有数千人。

声势浩大的黄巾大起义，坚持了 9 个月之久，终因敌我实力悬殊而失败了，可是东汉王朝统治的根基也在张角领导的这场大起义中动摇了。同时，在黄巾军的影响下，各地的农民武装仍没有放弃斗争，前后坚持达 20 余年。

黄巾起义的暴风骤雨，并不能使统治者有所收敛，他们反而变本加厉地向人民搜刮。《后汉书·贾琮传》中记载："时黄巾新破，兵凶之后，郡县重敛，因缘生奸。"《后汉书·皇甫嵩朱儁传》也说："嵩既破黄巾，威震天下，而朝政日乱，海内虚困。"统治者的倒行逆施，所招致的后果只能是农民的不断反抗。《后汉书·皇甫嵩朱儁传》记载："自黄巾贼后，复有黑山、黄龙、白波、左校、郭大贤、于氐根、青牛角、张白骑、刘石、左髭丈八、平汉、大计、司隶、掾哉、雷公、浮云、飞燕、白雀、杨凤、于毒、五鹿、李大目、白绕、眭固、苦晒之徒，并起山谷间，不可胜数。其大声者称雷公，骑白马者为张白骑，

轻便者言飞燕，多髭者号于氐根，大眼者为大目，如此称号，各有所因。大者二三万，小者六七千。"

黄巾起义使东汉朝廷疲于应付，这样，便不得不加强各州刺史的职权，使其兼管军政财赋。有的地方更设置州牧，使朝廷重臣出任其职，以便让他们更有力地联络地主武装，随时镇压农民起义，这样也增加了地方的独立性，形成了内轻外重、诸侯割据的局面，这直接为曹操、刘备等军阀的崛起创造了条件。

韬光养晦，终杀董卓

中平六年（189），汉灵帝崩，刘协为陈留王。刘协随刘辩在袁绍等人诛杀宦官时，被宦官张让和段圭绑架，遇到了董卓。

刘辩是灵帝长子，何皇后生；刘协是灵帝次子，王美人生。王美人与何皇后均有宠于灵帝，何皇后妒忌王美人，王美人生下刘协后，即被何皇后鸩杀，刘协便由灵帝生母董太后抚养长大。灵帝死，何皇后与董太后争权，何皇后逼死董太后。灵帝在世时已看出刘辩懦弱，欲立刘协为太子，但碍于何皇后及何进，犹豫未决。灵帝死后，何进辅政，帝位自然是刘辩的了。董卓进京后，曾同少帝刘辩谈话，那时刘辩已14岁，对朝中事说不清楚。陈留王刘协虽只有9岁，讲话却有条理，董卓认为刘协比少帝刘辩聪明，认为刘协贤能，且为董太后所养，又自以为与董太后同族，遂有废立之意。

其后，董卓掌握实权，但他完全就是一个强盗坏子，他虽然掌握朝政，却实在没有安定天下的大志。他西归长安前，就自封为太师，位居诸王之上。到了长安，公卿迎拜，董卓也不还礼，俨然自己就是皇帝，而他所乘的车子则与天子御驾一样华丽。

许多公卿大臣也想除掉董卓。卫尉张温曾谋划诛杀董卓，但事情败露，张温被杀。越骑校尉伍孚非常憎恨董卓，决心去刺杀他，为天下除害。他暗藏佩刀去见董卓，谈话结束后董卓起身送他时，伍孚突然拔出刀刺向董卓，没能刺中，董卓拼命抵抗，左右亲信围上来将伍孚砍倒在地。伍孚忍着剧痛，大声喊道："我恨不得将你这奸贼斩成数段，以谢天下！"说完气绝身亡。

之后，司徒王允、司隶校尉黄琬、尚书仆射孙瑞、尚书杨瓒等人又密谋诛杀董卓。

王允，字子师，太原祁（今山西祁县）人，出身官宦世家。他年轻时有为国立功的志向，时常诵读经传，早晚学骑马射箭。三公都征召他，让他做了侍御史。中平元年（184），黄巾军起义，王允被特选任豫州刺史。他任命荀爽、孔融等人为从事，上书解除党禁，镇压黄巾军，大获全胜，与左中郎将皇甫嵩、右中郎将朱儁等受降黄巾军几十万人。其间，王允曾告发中常侍张让。张让怀恨在心，后借故中伤诬陷王允，将其逮捕入狱。

后遇大赦，王允官复原职，但仅仅10天，王允又因他罪被捕。王允的品行很受司徒杨赐赏识，杨赐不想让他经受痛苦侮辱，于是派宾客告诉他说："皇上因张让的事，一月再次征召，凶祸难测，你当深思熟虑。"从事流着眼泪给王允送去毒药，让他自杀免受其辱。王允厉声说："我为臣子冒犯了皇上，本应服极刑以谢天下，怎么可以饮药求死呢？"朝中大臣没有不为其惋惜的。大将军何进、太尉袁隗、司徒杨赐联合上书说："人君内视反听，有自知之明，忠臣就竭力侍奉皇上；对贤者不计较其小的失误，奖励他的才能，义士就会更加严格要求自己。所以孝文皇帝采纳冯唐的意见，晋悼公原谅了魏绛的罪过。王允是被破格任用的，杀戮叛逆，抚慰归顺，不及一个月，州境扫清。正想列举他的功勋，上奏朝廷加爵赏赐，却因稍有过错，就要处以极刑。责斥轻，处罚重，有失众望。我们的确认为王允应蒙三槐之听讼，以明忠贞之心。"奏上皇帝，王允得以减死论罪。这年冬天大赦，王允却不在赦免之列，三公又再次为他求情。到第二年，王允才得以获释。这时宦官横暴，官员因为一些无关紧要的小事也要遭到他们的加害。王允为了免遭宦官陷害，于是改名换姓，流浪河内、陈留间。

汉献帝继承皇位后，王允任太仆，再调署理尚书令。初平元年（190 年），王允代杨彪为司徒，同时任署理尚书令。董卓迁都关中，王允将全部兰台、石室图书秘纬中重要的东西收集起来带到关中，到了长安根据其内容分类保存，又收集汉朝旧事应当施用的，都一一奏上，经籍得以保全，王允功不可没。董卓当时还留在洛阳，无论大小朝政，都托王允一人处理。王允假情曲意，唯命是从，董卓对王允很放心，所以王允能够勉力扶持危乱之中的王室。

其实，王允也对董卓的倒行逆施极为不满，但他知道自己是一介文官，势单力孤，假如明里和董卓对着干，无疑是自寻死路，所以他是在韬光养晦，等待机会。果然，通过对董卓的阿谀奉承，王允渐渐得到了董卓的信任，而他诛董的准备也越来越充分。但是王允清楚，董卓不是无能之辈，身边随从众多，防卫严密，他自己更是武艺高强，如果不谨慎从事，一不小心便有家破人亡之祸。所以，王允打算在董卓集团的内部找一名内应，里应外合，如此才能使董卓猝不及防，这个人就是吕布。

吕布善骑射，膂力过人，号称"飞将"，初为并州刺史丁原手下。董卓初进京后想要掌握朝政，于是用计诱吕布杀死了丁原，将其军队也全部收编。董卓十分宠信吕布，两人誓为父子。董卓知道很多人痛恨他，出行之时总让吕布紧随左右担任护卫。但是董卓脾气暴躁，有一次，吕布因一件小事不合董卓心意，董卓拿起手戟就向吕布投去，吕布幸亏躲闪及时，才未被刺中。吕布又连忙给董卓道歉，才平息此事。从此，吕布对董卓怀恨在心。吕布还同董卓的一名侍女貂蝉私通，所以总是担心被董卓发觉，日夜不安。有一天，吕布把董卓向他掷手戟的事向同乡王允说了，恰好此时王允正在谋诛董卓，于是设计离间吕布与董卓之间的关系，要吕布除董卓，为汉朝建立奇功。吕布听了王允的话也动了心思，可还是摇头说："但我们毕竟是父子啊！"王允认真地说："你姓吕，与他本不是骨肉，现在担心被杀都顾不上，还谈什么父子？他掷戟的时候，可有想过父子之情吗？"吕布于是下了诛杀董卓的决心。

初平三年（192），夏四月，时献帝有疾初愈，群臣都去未央殿朝贺。董卓也乘车入朝，一路上步骑夹道，戒备森严，但董卓却不知道危机已经隐藏在了他的周围。此时，吕布早已让他的亲信李肃率勇士10余人，伪装成卫士，埋伏在了董卓入宫的必经之路——北掖门内。董卓乘车行入北掖门后，李肃立即挺戟刺向董卓，董卓在朝服内穿有重甲，结果李肃只是刺伤了董卓的一只手臂。董卓受惊后从车上掉了下去，他抱住被刺伤的手臂高喊："吕布在哪里？"吕布听到董卓的呼喊后立即冲上前说："有诏命我讨杀贼臣!"

董卓一见此情形，立刻就明白是发生了什么事。他气得大骂说："你这狗崽子，竟然敢做这种大逆不道的事！"话音刚落，吕布已用长矛制住了董卓，随后令士兵砍下了董卓的头。一世枭雄也好，一世暴徒也罢，总之董卓就这么被他的养子吕布杀死了。

董卓被杀的当天，满朝文武和所有士兵都高呼万岁！长安老百姓高兴得在大街小巷载歌载舞，共同庆祝奸贼被诛。据说董卓死后，被暴尸东市，守尸吏把点燃的捻子插入董卓的肚脐眼中，点起天灯。因为董卓肥胖脂厚，"光明达曙，如是积日"。

董卓一生粗暴，满怀私欲和野心，从陇西发迹到率军进京操纵中央政权，他不择手段玩弄权术，践踏法律，破坏经济，残害人民。他的种种倒行逆施，造成了东汉末年政局的极度混乱，给国家和社会的稳定带来了巨大的破坏。董卓最终被诛杀，暴尸东市，是应有的报应。正如宋人苏轼所说："衣中甲厚行何惧，坞里金多退足凭。毕竟英雄谁得似，脐脂自照不须灯。"董卓擅权之时，废少帝立献帝。虽然汉献帝刘协并不昏庸，却先后成为董卓等权臣的傀儡。特别是曹操挟天子以令诸侯的局面出现后，汉献帝更失去人身和政治自由，最后只能亲手把政权交给了曹魏，成为汉朝政权的葬送者。

郭李反目，互不相容

虽然跋扈骄横的董卓于汉献帝初平三年（192）被王允、吕布诛杀了，但是，国家并没有因此安定，动乱仍在持续。这时的东汉皇帝有名无权，成为权臣手中的傀儡，而各地的州牧郡守、豪强大族纷纷拥兵自重，割据称雄，并相互征战，扩大势力范围。

关中地区，自董卓死后，王允、吕布把持朝政。最初王允想赦免董卓的部属，吕布屡次劝阻王允，但王允还在犹豫这件事。他对吕布说："这些人无罪，只是跟着董卓罢了。现在如果认为他们有罪而不赦免他们，那正好使他们自己疑惑起来，这不是使他们安定不动的办法。"吕布想把董卓的财物赏赐公卿、将校，王允又不同意。平日里，王允看不起吕布，只是把他当成一个武将，而吕布认为自己有功，自吹自擂，好不得意，渐渐与王允产生了矛盾。

王允性情刚烈，疾恶如仇。他开始时害怕董卓，拼命压抑着自己，等待时机。董卓被诛杀后，王允认为再没有什么患难了，在公共场合，总是一脸严肃，主持正道，不用权宜之计，因此部下群臣渐渐疏远他。

董卓的将校及在职的多为凉州人，王允打算把原来董卓的部队撤销。有人对王允说："凉州人一向怕袁氏而畏关东，如果现在遣散董卓的军队，关中必然人人自危。可以让皇甫义真为将军，带领这支部队入陕地，安抚他们，静观其变。"王允说："不行，关东举义兵的都是我的人，如果现在驻兵陕地，虽可安抚凉州，但使关东发生疑心，这是不可取的。"

这时，民间又盛传王允要杀死所有的凉州人，董卓的部下因此惶

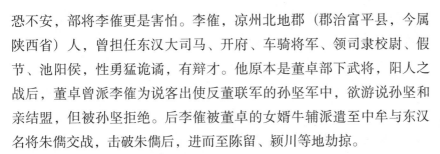

恐不安，部将李傕更是害怕。李傕，凉州北地郡（郡治富平县，今属陕西省）人，曾担任东汉大司马、开府、车骑将军、领司隶校尉、假节、池阳侯，性勇猛诡谲，有辩才。他原本是董卓部下武将，阳人之战后，董卓曾派李傕为说客出使反董联军的孙坚军中，欲游说孙坚和亲结盟，但被孙坚拒绝。后李傕被董卓的女婿牛辅派遣至中牟与东汉名将朱儁交战，击破朱儁后，进而至陈留、颍川等地劫掠。

李傕想遣散自己的部下，逃回家乡。讨武校尉贾诩劝他说："如果你放弃军队，只身逃命，小小一个亭长就可以将你捉到。不如齐心合力，攻打长安，给董卓报仇。事情一旦成功，可拥戴皇帝匡正天下；若不成功，再逃也不迟。"李傕采纳了他的建议，于是率数千士兵向长安进发。一路上招兵买马，到达长安时，军队已达 10 余万。他与董卓的旧部郭汜、樊稠、李蒙等会合，向长安发动进攻。

李傕、郭汜是董卓麾下最重要的两名青年将领，虽然当时地位还在牛辅、段煨、董越三中郎将之下，只是担任校尉，但其能力已被认为西凉军数一数二。据《九州春秋》等书记载，当时董卓军中将领以职位论则董越、牛辅、段煨较高，按名气说则李傕、郭汜较大，时人（侍中刘艾）有"（孙）坚虽时见计，故自不如李傕、郭汜"之说，其次则胡轸、杨定——"胡文才、杨整修皆凉州大人"。在孙坚击败胡轸、吕布，斩杀华雄之后，董卓感慨说关东诸侯不堪一击，但孙坚很不好对付，而侍中刘艾却不以为意，他说："孙坚虽时见计，故自不如李傕、郭汜。"

此时，两人联起手来围攻长安，吕布一人又怎能招架得住？后来，在攻城到第八天时，吕布的部下叛变，打开城门引李傕军入城，吕布抵挡不住，带领数百名骑兵突围逃走。王允被抓住并杀害，李傕等人控制了汉献帝。李傕任车骑将军兼司隶校尉，郭汜任后将军，樊稠任右将军，贾诩也因功被李傕提升为左冯翊。没多久，李傕又要封贾诩为侯，被贾诩拒绝："此救命之计，何功之有？"事实上，贾诩明白进攻长安于理不合，加官晋爵无疑会加重自己的罪孽，如今政局不稳，世事多变，还是低调为人，给自己留一条后路为好。因此，当李傕又

想让贾诩出任尚书仆射时，贾诩再次婉拒，最后只做了个尚书，负责起草诏书、人事调动之类的事情。

李傕、郭汜等人都和三公一样开设幕府，设置僚属。他们三人与原先的三公合称六府，都参与官吏的推荐和选举。李傕等人利用手中的权力争相提拔自己的亲信做官，一遇有不顺心之事，就大发雷霆。朝廷只好按照李傕第一、郭汜次之、樊稠再次的顺序任用他们推荐的人选，三公所推荐的不予任用。李傕、郭汜、樊稠之间互相猜忌，各怀异志，都想独揽大权。他们之间曾几次差点发生武力冲突，经别人劝阻，才平息下来，但最终矛盾还是爆发了。

兴平二年（195）春，李傕借与樊稠商议军情之机，暗中派人杀死樊稠。李傕除去樊稠后，又想除掉郭汜，他时常请郭汜吃饭，郭汜夜里还经常留宿在李傕家里。郭汜的妻子担心郭汜上当，也怕他与李傕家的侍女有染，便想了一个离间他和李傕关系的办法。一次，李傕派人给郭汜送来一些食物，郭汜的妻子说："外面来的东西，恐怕有问题，我先看看。"说着从食物中挑出些豆豉，对郭汜说："这些东西是毒药，不能吃！"她又说："一群鸡中容不得两只公鸡，我实在不明白您为什么对李傕这样放心。"听了妻子的话，郭汜恍然大悟，对李傕开始有所提防。一天，李傕又请郭汜吃饭，郭汜喝得大醉，他怀疑酒中有毒，急忙喝粪汁将酒饭呕吐出来。从此，李傕、郭汜闹翻，派兵相互攻击。尽管献帝派侍中、尚书从中调和，但无济于事。三月，李傕派兵包围皇宫，劫持献帝到自己军营中，郭汜则扣压朝廷大臣。在以后数月当中，双方不停地攻打，死伤无数。

六月，部将杨奉想找机会除掉李傕，不料计划泄露，杨奉便率部下背叛李傕。李傕的势力被分化，逐渐衰落。不久，镇东将军张济从陕县来到长安，调解李傕与郭汜之间的矛盾，并迎献帝前往弘农（今河南灵宝北）。经过多次调解，他们之间的矛盾有所缓和，并互相交换女儿做人质。于是封张济为骠骑将军，郭汜为车骑将军。

经董卓之乱和李傕、郭汜的火并，关中地区遭到很大的破坏。董卓刚死时，三辅地区的百姓还有数十万户，由于战乱和饥荒，身体强壮者四处逃命，老幼病弱者无法生活，有的自相残杀，靠吃人肉度日。两三年间，关中地区人迹断绝，四野荒芜。

在李傕、郭汜互相攻击的时候，东方的局势也发生了较大的变化。

第三章

军阀割据，群雄并起

公元 2 世纪末，先是爆发了黄巾起义，后是董卓之乱，接着，在讨伐董卓的旗号下起兵的州郡牧守们相互厮杀，战祸迭起，接连不断。汉帝国的一统江山支离破碎，皇帝被玩弄于豪强们的股掌之间。由于战乱，昔日繁华的都市变为荒芜一片，肥沃的土地变为荒野，豪强们以桑葚或螺蚌充军饷，甚至腌制人肉做军粮。

孙坚起兵，彰显将才

在群雄割据北方、逐鹿中原之时，在江东崛起了一支军事力量，这就是使南方稳定发展的孙氏集团，其代表人物是孙坚及其子孙策、孙权。

孙坚，字文台，吴都富春 (今浙江富阳) 人，据说是春秋著名军事家孙武的后代。他 17 岁那年，与父亲一同坐船到钱塘，正好碰上海盗胡玉等人从匏里上岸抢劫商人钱物后明目张胆地分赃，来往行人船只都不敢前行。孙坚对其父说："我可以拿下这群强盗，请让我去吧。"他的父亲说："这种事不是你能管得了的。"孙坚不听，当即拿起刀上了岸，指指画画，就像派出几股队伍去包围强盗的模样。那些海盗见到这种情形，以为有官兵来捕捉他们，吓得赶忙扔掉赃物四散而逃。孙坚紧追不舍，砍下一个强盗的脑袋提回来，他的父亲十分吃惊。自此孙坚名声大震，州府召他为校尉。汉灵帝熹平元年 (172)，会稽郡贼人许昌在句章自封阳明皇帝，与他的儿子许韶煽动起周围各县，召集几万人，孙坚以郡司马的身份招募精兵千余人联合其他州郡讨伐并平定了这次叛乱。刺史臧旻奏明孙坚的功绩，皇帝下诏任命孙坚为盐渎丞，后改为盱眙县丞，接着又改任下邳县丞。

汉灵帝中平元年 (184)，黄巾军首领张角在魏郡发动起义，假托神明，向青、徐、幽、冀、荆、扬、兖、豫八州宣扬太平道，教化民众，并在各州串通起义。三月初五，起义爆发，起义军焚烧郡县，斩杀官吏。汉朝廷派遣车骑将军皇甫嵩、中郎将朱儶率兵镇压。朱儶任孙坚为佐军司马，孙坚家乡及下邳的青年都愿跟他从军战斗。孙坚又招募各路商人及淮河、泗水一带的精壮青年 1000 多名，与朱儁协力奋战，所向披靡。汝、颍一带的起义军战斗失利，逃回宛城坚守。孙坚身先士卒，登上城墙，众兵卒蜂拥而至，击败起义军。朱儁将孙坚的功劳上奏朝廷，诏命孙坚升任别部司马。中平三年 (186)，车骑将军张温上表请派孙坚参与军事，屯守长安，孙坚随同张温至凉州平定了地方势力边章、韩遂的叛乱。

一次，张温以诏书召见了董卓，过了好久董卓才来。张温斥责董卓，董卓很不客气地予以反驳。孙坚也在场，向前悄悄对张温说："董卓不害怕自己有罪反而口出狂言，应以不按时应召之罪，按军法处治。"张温说："董卓在陇蜀很有威名，现在杀掉他，西进的依靠就没有了。"孙坚说："您亲领皇家军队，威震四海，为什么还依赖董卓？看今天的情形，他并不听从您的，轻上无礼，是第一条罪状。边章、韩遂胡作非为已一年有余，应及时讨伐，而董卓却说不可，挫败军心，愚弄将士，是第二条罪状。董卓接受重任而毫无战功，召其前来又滞缓不前，反倒狂妄自傲，是第三条罪状。古代名将带兵临阵，无不严惩违纪者，以严明军纪，故此有了穰苴斩庄贾、魏绛杀杨干的事。现在您对董卓留情，会使军威亏损。"张温不忍执行军法，就说："你暂时回营，免得董卓起疑心。"于是孙坚起身离去。边章、韩遂听说大兵压境，其军队涣散，不战自降。军队班师后，朝廷论事大臣认为军队并未与敌作战，不能论功行赏，然而当听说孙坚指出董卓三大罪状，劝张温除掉他时，无不感到叹息，孙坚被任为议郎。当时长沙区星自封将军，聚万余人，围攻长沙城邑，于是朝廷派孙坚出任长沙太守。孙坚到长沙后与将士商议拟订作战计划，不到一个月，就将区星击败。周朝、郭石也率领徒众在零陵、桂阳等地作乱，与区星遥相呼应。于是孙坚越境讨伐并平定了叛乱，三郡得以安定。东汉朝廷因孙坚立了大功，封他为乌程侯。

汉灵帝死后，董卓专权，横行天下，各州郡纷纷起兵讨伐，孙坚也率兵北上，大军到达南阳，队伍扩充到几万人。南阳太守张咨听说孙坚来到，镇定自若。孙坚以牛、酒向张咨献礼，次日张咨也回访孙坚。饮酒正酣，长沙主簿对孙坚说："前日有文书传给南阳太守，让其准备好迎接大军，但至今道路还未修整，军用粮饷也未备足，请逮捕他交付主簿问清缘由。"

张咨打算逃走，但四周被兵士把守住无法出走。一会儿工夫，长沙主簿又来告知孙坚："南阳太守故意拖延义兵伐寇，请以军法处置。"于是孙坚将张咨斩首。南阳郡城万分震惊，义兵的要求都得到了解决。孙坚进至鲁阳，与袁术相见。袁术上表推荐孙坚为破虏将军，兼豫州刺史。

孙坚善战有谋略。汉献帝初平元年 (190) 冬天，孙坚与部下在鲁阳会合，突然发现董卓的军队逼近，情况十分危急。孙坚却镇定自若，命军队原地待命。后来，董卓的骑兵越来越多，孙坚才慢慢起身，率军队入城。将领们问他缘由，他说："我之所以刚才不立即起身，是怕引起部队慌乱，相互拥挤，使大家都无法入城。"董卓的骑兵见孙坚军队严整，秩序井然，不敢进攻，遂撤退。初平二年 (191) 二月，孙坚率军屯驻在梁县 (今河南临汝西) 以东，受到董卓军队的猛烈攻击，孙坚与几十个骑兵突出重围，让副将祖茂戴上自己常戴的红头巾。董卓的骑兵看见红头巾争着追击祖茂，孙坚从小路逃脱。祖茂被逼得走投无路，于是下马把头巾放在坟墓的烧柱上，自己藏起来。董卓骑兵看到后，重重包围了那烧柱，等到走近看时，才发现中计了。孙坚收集自己的残部，在阳人与董卓军队再战，重挫董卓军队，并将其都督华雄等斩杀。孙坚在军事上不断获胜，使他的名声威震四海。这时有人对袁术说："假如孙坚占领洛阳，你就难以控制他了，这好比除狼而得虎。"袁术听了这话感到疑虑，不再供应孙坚军粮。孙坚闻讯后，连夜去见袁术，他对袁术说："我这样奋不顾身，上为国家讨伐逆贼，下为您报家门私仇，您为什么听信旁人的挑拨猜疑我？"袁术被问得哑口无言，深感惭愧，遂下令恢复调拨军粮。

孙坚返回驻地。董卓忌惮孙坚勇猛强壮，于是派李傕将军等请孙坚前来和亲，并用高官厚禄引诱他。孙坚说："董卓大逆不道，颠覆汉室，如今不诛其三族，示众全国，我死不瞑目，难道还能与他和亲?"再次率兵进攻大谷关，直打到洛阳城郊。董卓立即迁都往西入函谷关，焚毁了洛邑。孙坚前进到雒地，修复汉室皇陵，将董卓所挖掘的坟墓填埋。完事后，引军返回鲁阳。

初平二年 (191)，袁术与刘表争夺荆州，命孙坚为先锋，刘表则派部将黄祖迎战。双方在樊、邓之间展开激战。三月，孙坚打败黄祖，黄祖渡过汉水，退守襄阳。孙坚穷追不舍，将襄阳包围。不料，孙坚被黄祖的士兵暗箭射死，年仅 37 岁。

子承父业，孙策雄踞江东

孙坚死后，他的儿子孙策继起。孙策，字伯符。当初孙坚兴义兵时，孙策与母亲迁住舒县，与周瑜交情甚好，招纳会聚了许多上流社会人士，江、淮一带的人都纷纷投奔他。孙坚死后，孙策将他埋葬于曲阿，自己则住在江都。

徐州牧陶谦忌恨孙策，孙策便与吕范、孙河一起投靠在丹阳任太守的舅父吴景，并依靠吴景召集了数百人。汉献帝兴平元年 (194)，孙策投奔袁术处。孙策说："我父亲从长沙出发与您在南阳相会，共伐董卓，结好同盟，现在不幸遇难，功业未成，我愿意继续为您效力！"袁术虽然器重孙策，但不肯将孙坚旧部交给他。袁术说："我已任用你的舅父为丹阳太守，你的堂兄孙贲为都尉。丹阳是出精兵之地，你可以去那里招募人马。"孙策将母亲接到曲阿，依靠舅父在当地招募数百人。不久，孙策前往寿春，再次见袁术，袁术才还给孙坚旧部千余人，并推荐孙策为怀义校尉。有一次，孙策部下有个骑兵犯了罪，逃进了袁术的马厩中，孙策派人前去把他杀掉。过后，他向袁术赔礼请罪。袁术说："兵叛则惩，何罪之有？"从此军中更加敬畏孙策。袁术曾答应孙策，让他任九江太守，结果改用陈纪。后来袁术准备攻打徐州，向庐江太守求派军粮，遭到拒绝，袁术大怒，派孙策去攻打陆康。他对孙策说："以前我错用陈纪，现在感到懊悔。如果这次你能战胜陆康，庐江郡就归你。"孙策相信了袁术，向陆康发动进攻，打败陈纪，占领庐江郡。但是袁术出尔反尔，任部下刘勋为太守，使孙策对他更加失望。

这时，曾在孙坚手下担任校尉的丹阳人朱治见袁术德政不立，力劝孙策返回故乡，占据江东谋求发展。当时吴景正与樊能、张英等人交战，历时一年多，未能取胜。孙策便乘此机会向袁术说："我愿随舅父征战，取胜之后，就回家乡招募人马，可以征集3万军队，然后我再来辅佐您。"袁术上表任命孙策为折冲校尉，代理殄寇将军，只给他配备1000多士卒，几十匹战马和相应的军需，但宾客中有几百人愿意跟随他。到达历阳，孙策的队伍已达五六千人。当时，周瑜的叔父周尚任丹阳太守，周瑜率兵前来迎接孙策，并援助他军饷粮草，孙策很高兴，并很快攻克了横江、当利，樊能、张英败走。孙策仪表堂堂，善于谈笑，性格豁达开朗，善于纳谏，又善于用人，所以兵士和百姓愿意为他效力。

这时，江东割据势力很多，如扬州刺史刘繇、吴郡太守许贡、会稽太守王朗等，孙策要占领江东必须消灭他们。刘繇，字延礼，伯父刘宠曾任太尉，哥哥刘岱任兖州刺史。刘繇虽任扬州刺史，但扬州为袁术所占，刘繇只好渡江到曲阿（今江苏丹阳），赶走丹阳太守吴景，沿江把守。孙策欲占据江东，首先要打败刘繇。于是，他先攻克了牛渚，缴获大量粮食武器。

当时，彭城相薛礼、下邳相笮融都拥戴刘繇为盟主，薛礼盘踞秣陵城，笮融屯驻秣陵县南。刘繇在梅陵的军队被孙策打败，孙策又攻下了湖熟、江乘，最后在曲阿与刘繇展开决战。当时刘繇的同郡人太史慈前来看望刘繇，太史慈有勇有谋，正赶上孙策进攻曲阿，有人建议任用太史慈，刘繇不答应，只让太史慈去侦察巡逻。有一次，太史慈只带一名骑兵外出巡查，与孙策在神亭遭遇。当时，孙策身边有十几名骑士。太史慈策马上前，迎面便刺，孙策急忙闪过，一个回马枪，正中太史慈的坐骑。在两骑相错时，孙策夺下太史慈的手戟，而太史慈也抢到孙策的头盔。这时，双方的援兵赶到，对峙了一阵子，各自撤退。不久，刘繇与孙策交战失利逃往丹徒。

打败刘繇后，孙策一方面犒赏将士，一方面发布宽大命令，通知各县，"凡是刘繇、笮融部下前来投降的既往不咎，愿意从军的，免除家庭徭役，不愿从军的不勉强。"这一政策深得人心，仅10天左右，应募者从四面八方赶来，迅速募到2万余名战士，1000余匹战马。从此，孙策威震江东。

袁术见孙策势力日益壮大，又想笼络他。汉献帝兴平二年（195）冬，袁术上表举荐孙策代理殄寇将军。孙策的部将吕范对他说："将军的事业百废俱兴，兵马越来越多，不过军纪还不严整，我愿意暂时担任都督，协助将军治理。"孙策说："你早已成为名士，手下统率千军万马，又立有战功，怎能让您屈居低职，管理这等小事呢?!"吕范说："将军此话差矣。我离开家乡投奔于您，不是为了妻子儿女，是想为国家尽力。这就如同共乘一舟漂洋过海，任何地方出了故障，都可能葬身大海。我这样做，不仅为了将军您，也是为了我自己呀!"吕范回家后，换上武将服，来孙策处报到，孙策留下了他。从此，孙策军中纪律严明，法令整齐。

孙策任用张纮做正议校尉、张昭为长史。孙策对他们二人很信任，经常让他们一人驻守后方，一人随自己出征。

张纮，字子纲，广陵人士。曾经游学京都，后回到家乡，被荐举为秀才，官府多次召他做官，他一概拒绝。后来到江东逃避战乱时，孙策正创建基业，张纮便投靠了孙策。孙策上表任命他为正议校尉，后跟随孙策征伐丹阳。孙策亲自披挂上阵，张纮劝谏说："主将是统筹规划的角色，三军命运全寄托于您，不可草率出动，亲自与区区小寇对阵相斗。希望您好好把握上天赋予您的才干，体恤天下苍生，不让全国上下为您的安危而担惊受怕。"汉献帝建安四年（199），孙策派

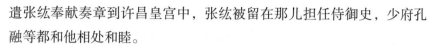

遣张纮奉献奏章到许昌皇宫中，张纮被留在那儿担任侍御史，少府孔融等都和他相处和睦。

孙策十分敬重张昭，以师友之礼待他，文武之事皆由张昭决断。张昭，字子布，彭城人。年少好学，尤其擅长隶书，跟随白侯子安学习《左氏春秋》，博览群书，与琅琊人赵昱、东海人王朗同时闻名于世，又互为好友。年长后被举荐过孝廉，但他拒绝了。曾与王朗一起讨论以往君王避讳之事，州里的才士陈琳等对他颇为赞赏。刺史陶谦推荐他为茂才（即秀才，汉氏因避刘秀之讳而称茂才），他不应召，陶谦认为张昭目中无人，于是将他抓起来。赵昱全力以赴地搭救他，才使他得以脱身。汉末天下大乱，徐州一带士民大都到扬州地区避难，张昭也随之南渡长江。孙策创建东吴基业后，任命张昭为长史、抚军中郎将。张昭每次得到北方士大夫的来信，他们都将功劳归于张昭一人。张昭本想偷偷留下，又唯恐有私情之嫌，呈报上去恐其不妥，进退两难，内心十分不安。孙策听说后，高兴地笑着说："古代管仲为齐国的国相，人家开口仲父、闭口仲父，而齐桓公则称霸诸侯为天下所尊崇。如今子布如此贤德，我能重用，他的功名难道不为我所有吗？"

刘繇败于孙策后，从丹徒逃到会稽，派豫章太守朱皓进攻袁术的部将诸葛玄，诸葛玄退守西城。刘繇沿江而上驻军彭泽，又派笮融助朱皓攻打诸葛玄，笮融设下圈套害死了朱皓，刘繇领兵讨伐笮融，笮融战败，逃入深山，被当地百姓杀死。

汉献帝建安元年（196）春天，袁术打算自称皇帝。孙策听到消息之后，写信责备袁术不该如此。袁术自以为孙策一定会拥戴他称帝，没想到竟然遭到反对，他很生气，置孙策劝阻于不顾，执意称帝，从此孙策便与之断绝了关系。

孙策继续在南方扩充势力，他准备攻打会稽郡。会稽守将严白虎等人各率一万多人的队伍，严守各处要道。吴景等想先击破严白虎，然后再到会稽。孙策说："严白虎等盗贼，胸无大志，凭此就可将其擒获。"于是领兵渡过浙江（今富春江），攻取会稽，与郡太守王朗在固陵一带交战，终无法取胜。他的叔父孙静对孙策说："王朗凭借城池坚固，难以短时间将其攻克。此地以南几十里的查渎防守薄弱，应从那里突破，进入王朗的后方，攻其不备，出其不意。"孙策采纳了这个建议。夜里，他让士兵到处点燃火把，派疑兵迷惑敌人，同时又派出一支轻兵进发查渎，袭击王朗的后方。王朗闻讯后，惊恐万状，忙派前丹阳太守周昕率兵迎战。孙策战败周昕，并将其杀死，王朗仓皇逃窜。孙策紧追不舍，王朗见大势已去，只好向孙策投降。孙策将原任官吏全部更换，自己兼任会稽太守，又任命吴景为丹阳太守，让孙贲为豫章太守，分豫章另置庐陵郡，任孙贲的弟弟孙辅为庐陵太守，任丹阳人朱治为吴郡太守。

建安二年（197）夏天，曹操派人携带诏书，任命孙策为骑都尉，袭爵乌程侯，命令孙策与吕布、吴郡太守陈瑀一同讨伐袁术。孙策率兵出发，行军到钱塘时，吴郡太守陈瑀暗中勾结祖郎、严白虎等，想要袭击孙策。孙策察觉后，立即派遣部将吕范、徐逸进攻陈瑀。陈瑀战败，单枪匹马投奔了袁绍。孙策在南方声名益盛，于是曹操想拉拢孙策，便上表推荐孙策为讨逆将军，封吴侯。

袁术与孙策绝交后，怕孙策与其作对，于是就联合力量限制孙策。他任命周瑜为居巢县长，临淮人鲁肃为东城县长。周瑜与鲁肃都认为袁术目光短浅，难成大事，推辞而没就任，并渡江投奔孙策。孙策非常高兴，任周瑜为建威中郎将，鲁肃将全家搬迁到曲阿。袁术见周瑜、鲁肃弃他而去，火冒三丈，派人秘密联络丹阳豪强祖郎等人，让他们鼓动山越人同孙策作对。孙策得知后，立刻率军征讨祖郎，将他活捉。孙策对祖郎说："你以前袭击我，曾砍中我的马鞍，而今我正建功立业，想抛弃旧怨，唯才是用，希望你不要害怕。"祖郎连忙谢罪，孙策亲自为祖郎松绑，将他封为门下贼曹。接着孙策又举兵到勇里攻打太史慈，也将其生擒。孙策亲自为太史慈松绑，对太史慈说："早就听说你性格刚正不阿，是天下的智士，只是你所依附的刘繇不是明主，你我应共同对付刘繇，共创大业！"太史慈表示愿为孙策效力，于是被任命为门下督。

这时，扬州牧刘繇死在豫章，他部下有万余人，继续坚守，孙策打算吞并豫章。

袁术死后，袁术部下大将张勋、长史杨弘等人想率领自己的部队投奔孙策，庐江太守刘勋在半路上截击，并将他们全部俘获，收缴了他们所带的财物。孙策听说之后，假意与刘勋结为盟友。豫章上缭的宗民有一万多户在江东，孙策劝刘勋前去攻打。刘勋出兵之后，孙策率领少数轻骑袭击，一夜之间占有了庐江，刘勋的军队全部投降，刘勋只带着几百个部下归降曹操。孙策打败刘勋后，收编了刘勋的军队，俘获千余艘船只，扩充了军事力量，实力更为雄厚。

绍瓒不立，冀州争霸

中原地区是各方割据势力争夺的中心。董卓迁都之后，关东同盟军随之解体，为争夺地盘和势力范围，各路军阀展开了征战。汉献帝初平二年 (191) 七月，袁绍夺取了冀州。

袁绍，字本初，汝南汝阳 (今河南商水西南) 人，出身于东汉末期一个权倾天下的世家。从他的高祖父袁安起，四世之中有五人官拜三公。父亲袁逢，官拜司空。叔父袁隗，官拜司徒。伯父袁成，官拜左中郎将，但不幸很早就死去了。袁绍原为庶出，过继于袁成一房。

袁绍生得英俊威武，甚得袁逢、袁隗喜爱。凭借世家资本，袁绍少年为郎，未满 20 岁已出任濮阳县令。不久，因为母亲去世服丧，接着又补服父丧，前后 6 年。礼毕，他拒绝征召，隐居于洛阳。

这时东汉的统治越来越趋于黑暗，宦官专政愈演愈烈，残酷迫害以官僚士大夫和太学生为代表的"党人"。袁绍假意隐居，暗地里却一直在拉拢党人和侠义之士，如张邈、何颙、许攸等人。张邈在"党人"中的名声很大，是"八厨"之一。何颙亦是"党人"，与"党人"领袖陈蕃、李膺交往密切，在党锢之祸中，经常一年之中几次私入洛阳，与袁绍共商大计，帮助"党人"避难，许攸同样是反对宦官斗争的积极参与者。袁绍的密友之中，还有曹操，他们结成了一个政治集团，以反宦官专政为目的。袁绍的活动引起了宦官的注意，中常侍赵忠怒气冲天，对党人发出了警告："袁本初抬高身价，无视朝廷辟召，专养亡命徒，他到底想干什么？"袁隗听到风声，斥责袁绍说："小心我们袁家被你败坏了！"

汉灵帝中平元年 (184)，黄巾起义爆发后，东汉朝廷被迫取消党禁，大赦天下"党人"，袁绍这才应大将军何进辟召为掾。

刘辩登基后，何皇后以皇太后的身份临朝称制，太傅袁隗与大将军何进辅政，同录尚书事，这是外戚与官僚士大夫对宦官的一次胜利。这时，袁绍通过何进的宾客张津对何进说："黄门、常侍这些宦官执掌大权已经时日很久，相互勾结，将军应该另择贤良，除掉这些对国家有害的人，整顿朝政。这样不但大臣们高兴，百姓也会拥护。"何进也是这样认为，于是任命袁绍为司隶校尉、何鲅为北军中侯、许攸为黄门侍郎、郑泰为尚书。同时受到提拔的还有 20 余人，这些人都成为何进的心腹。

后来，何进被宦官杀死。董卓执政时，曾傲慢地对袁绍说："天下之主，应该选择贤明的人。刘协还可以，我想立他为帝。如果不行的话，刘氏的后裔也没必要留下了。"袁绍听了此话非常生气，但慑于董卓威势，只有默不作声。

袁绍不敢在洛阳久留，他把朝廷所颁符节挂在东门上，逃亡冀州。董卓打算派人去抓袁绍，有人劝他说："一般人是不能理解废立大事的。袁绍不识大体，因此才害怕逃跑，并非有其他意思。如果现在通缉他太急，肯定会引起激变。袁氏四代显贵，门生故吏遍布天下，许多人都得到过袁氏的恩惠。如果袁绍召集这些人，拉起队伍，群雄都会乘机而起，那时，恐怕关东就不是明公所能控制得了的。不如索性

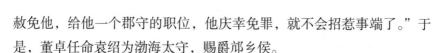

赦免他，给他一个郡守的职位，他庆幸免罪，就不会招惹事端了。"于是，董卓任命袁绍为渤海太守，赐爵邟乡侯。

董卓擅行废立和诸种暴行，引起了官僚士大夫的不满与愤怒，就连他亲自任命的关东牧守也反对他，各地讨伐董卓的呼声异常高涨。讨伐董卓，最有号召力的人物乃是袁绍，这不仅因为他的家世地位，还因他有诛灭宦官之功和不与董卓合作的行动。本来，冀州牧韩馥恐怕袁绍起兵，派遣几个人驻渤海郡，监视袁绍的行动。这时，东郡太守桥瑁冒充三公给州郡写信，历数董卓种种罪状，称："受董卓逼迫以来，无以自救，期盼正义之士，拯救国家危难。"韩馥接到信件后，召集部属商议，他问大家："如今应当助袁氏呢，还是助董氏？"治中从事刘子惠正色说："兴兵是为国家社稷，说什么袁氏、董氏呢！"韩馥一言不发，很是惭愧。不过，从韩馥的话中，可知袁绍在当时人们心目中的地位。在这种形势之下，韩馥未敢再阻拦袁绍，他写信给袁绍，表示支持他起兵讨伐董卓。

关东州郡于汉献帝初平元年（190）正月起兵，推举袁绍为盟主。袁绍自号车骑将军，与河内太守王匡屯河内，韩馥留邺供应军粮。豫州刺史孔仙屯颍川，兖州刺史刘岱、陈留太守张邈、广陵太守张超、东郡太守桥瑁、山阳太守袁遗、济北相鲍信与曹操屯酸枣，后将军袁术屯鲁阳，各自统领着数万人马。董卓见关东盟军声势浩大，于是挟持献帝，驱赶洛阳百姓迁都长安。

最初众人对袁绍寄予厚望，但很快人们便对他失望了。作为盟主，他既不率先杀敌，也无力指挥这支数十万的大军。各州郡长官各怀异心，拖延时日，保存实力。驻军酸枣的将领每日大摆酒宴，谁也不肯与董卓的军队交锋，甚至还纵兵抢掠，百姓死伤无数。酸枣粮草用尽，诸军纷纷散去，一场讨伐不了了之。

在讨伐董卓的时候，冀州牧韩馥负责供应粮草，他见各地军事力量纷纷投奔袁绍，心中十分嫉妒，暗中减少对袁绍的粮草供应，想离散他的军队，袁绍对此十分不满。在联兵征讨董卓时，袁绍曾问曹操："如果大事不能顺利达成，何地可以据守呢？"曹操反问道："您的意思怎样呢?"袁绍答道:"我南据黄河,北守燕、代,兼有乌丸、鲜卑之众,进而向南发兵争夺天下,也许这是良策吧!"袁绍所谓南据黄河,北守燕、代,其中间广大地区正是物产丰富、人口众多的冀州。这时,韩馥的部将麹义叛变,韩馥率兵征伐,反被麹义打败,袁绍乘机与麹义联合攻打韩馥。袁绍的谋士逢纪建议乘机夺取冀州,他说:"将军要干大事业却依赖别人供应粮草,这实不能长久。如果没有根据地,如何能保全自己?!"袁绍说:"冀州兵强马壮,而我的军队饥乏劳累,战斗力差,我如果不能打败他们,就没有立锥之地了。"逢纪说:"韩馥是一个庸才,我们可以与公孙瓒秘密联络,让他攻打冀州,韩馥必然惊慌恐惧,您这时再派有口才的人向他陈述福祸得失,韩馥在危急之中,定会让出冀州。"袁绍采纳逢纪的建议给公孙瓒写信,让他去攻打韩馥。公孙瓒,字伯珪,当时任奋武将军。公孙瓒率军到达冀州,表面上是声讨董卓,实际上是偷袭韩馥。韩馥匆忙应战,被打败。袁绍抓住这个时机,派荀谌、高干等人游说韩馥。荀谌对韩馥说:"请您自己分析分析,宽厚仁义,为天下人所归附,您比得上袁绍吗?"韩馥说:"比不上。"荀谌接着又说:"袁绍是当今的豪杰,在各方面您都比不上他,却长期在他之上,那他必然不甘心屈居将军之下。冀州地位重要,物产丰富,若是袁绍与公孙瓒合力攻打您,您立刻会陷入危亡境地。不过,袁绍毕竟与您是多年的旧友,又曾经结盟讨伐董卓,现在有一个两全之策:如果您把冀州让给袁绍,袁绍必然会特别感谢您的厚德,而公孙瓒无力与袁绍抗争,这样一来您既能得到让贤美名,又能保全自己。"

韩馥生性怯懦,做事缺乏主见,听荀谌如此一说,也就同意了。韩馥的许多部下都忧心忡忡,长史耿武、别驾闵纯、治中李历劝谏说:"虽然冀州偏僻,但甲士百万,粮草维持十年绰绰有余,而袁绍则是孤客穷军,仰我鼻息就如婴儿在我手上,一旦断奶,就会立刻饿死,为什么我们要把冀州拱手相让于他呢?"韩馥无奈地说:"袁氏是我的故吏,我才能也不及他。古人推崇量德让贤,为何你们还要加以责备呢?"驻屯在河阳的都督从事赵浮、程涣听此消息,急忙自孟津驰兵东下，请求出兵拒袁绍，韩馥不同意。最终，韩馥决定搬出官署，又派儿子向袁绍送交了冀州牧的印绶。

袁绍代领冀州牧，自称承制，送给韩馥奋威将军的空头衔，既无将佐，也无兵众。袁绍手下都官从事朱汉曾遭到韩馥的非礼，一直对韩馥耿耿于怀。他知道韩、袁二人之间有很深的积怨，借故派兵包围了韩馥的居所，手持利刃，破门而入。韩馥逃到楼上，朱汉抓住韩馥的长子，用乱棍拷打，将两只脚都打断了。为此，韩馥受了很深的刺激，虽然袁绍杀死朱汉，他还是逃离冀州投奔了张邈。一天，在张邈府上，韩馥见袁绍派来使者对张邈附耳低语。韩馥感到疑云重重，胡思乱想，顿觉大难临头，于是举刀自杀了。

袁绍得了冀州，踌躇满志地问别驾从事沮授道："如今贼臣作乱，朝廷西迁，袁家世代受到朝廷厚爱，我决心竭尽全力匡扶汉室。然而，齐桓公如果没有管仲的辅佐，很可能就做不了霸主，勾践没有范蠡也不能保住越国。我想与卿同心协力，共保社稷，不知卿有何妙策？"沮授说："将军年少入朝时，就扬名海内；废立之际，能发扬忠义；单骑出走，使得董卓惊恐；渡河北上，则渤海从命。从拥有一郡的兵卒，扩大到拥有一个州的兵力，威声越过河朔，名望重于天下！现在将军如首先兴兵东讨，可以定青州黄巾军；还可以讨黑山，消灭张燕；然后回师北征，平定公孙瓒，震慑戎狄，降伏匈奴。到那时，您就可拥有黄河以北的四州之地，收揽英雄之才，集合百万大军，迎皇上于西京，复宗庙于洛阳。从此以后就可以号令天下，诛讨不愿投降的割据势力，谁抵御得了？"袁绍一听，眉开眼笑地说："这正是我的心愿啊！"随即加沮授奋威将军之号，让他监护诸将。

袁绍又用田丰为别驾，审配为治中。这两个人为人正直无私，但在韩馥手下之时却颇不得志，难以发挥才能。此外，袁绍还用逢纪、许攸、荀谌等人为谋士。但是，袁绍没有什么政治才能，他在冀州纵容豪强兼并土地，百姓困苦不堪。

袁绍独吞冀州的事令公孙瓒大为不满，公孙瓒决定出兵讨伐袁绍。他率军驻扎在盘河 (今山东乐陵东南)，上书朝廷，列举袁绍罪状，然后，向袁绍发动进攻，许多冀州境内的县城都背叛袁绍响应公孙瓒。

胜者为王，袁绍称霸河北

　　袁绍的两个主要劲敌是盘踞在冀州北部的公孙瓒和冀州南部的袁术。汉献帝初平二年 (191) 冬，孙坚依附于袁术，袁术任命他为豫州刺史，屯阳城。孙坚出兵攻打董卓时，袁绍却派周昂任豫州刺史，袭取阳城。袁术派遣公孙瓒的弟弟公孙越帮助孙坚回救阳城，在作战中公孙越被乱箭射中身亡。当时，正在青州镇压黄巾军的公孙瓒怒不可遏地说："我弟之死是袁绍惹出来的。"于是举兵攻打袁绍。公孙瓒军攻势凌厉，威震河北。一时间，冀州郡县纷纷望风而降。

　　公孙瓒仪表堂堂，声音洪亮，刘太守很器重他，将女儿嫁给他，并让他去涿郡跟随卢植学习经书。后来，他又做了一段郡县小官吏。刘太守出了事，被召去见廷尉，公孙瓒一直在他身边侍奉，简直无微不至。一次，公孙瓒高举着酒杯说："过去是祖父母的孙子，父母的儿子，今天是人家之臣。我们将要到日南去，日南有瘴气，我们有可能回不来了，现在我先与祖先们告别。"又行了大礼。当时看到这一场面的人，无不欷歔感叹。

　　袁绍为了取悦公孙瓒，缓和局势，拔擢公孙瓒堂弟公孙范任渤海太守，但公孙范一到渤海，立即反叛。初平三年 (192) 春，袁绍亲领兵马迎战公孙瓒，两军于界桥南 20 里处交锋。公孙瓒以 3 万步兵排列方阵，两翼各配备骑兵 5000 余人。袁绍命麴义率 800 精兵为先锋，在路两侧埋伏了 1000 名弓箭手。见麴义兵少，公孙瓒产生了轻敌思想，他命令骑兵突袭，麴义的士兵以盾牌掩护身体，只守不攻，等到双方的距离只有十几步近时，麴义一声令下，军队发起反击，在两侧埋伏的弓箭手也一齐放箭，喊声震天。公孙瓒的军队受了重创，大败而逃。冀州刺史严纲被杀，1000多人战死。麴义率军队追到界桥，公孙瓒集结军队反扑，再一次被打败，麴义一直追击到公孙瓒的驻营地。袁绍让部下加紧追击，自己则率人马缓缓而进，随身只带着数十张强弩，持戟卫士100多人。在距离界桥10余里处，听说前方已经获胜，就放心下马卸鞍，稍事休息。这时突然有2000多公孙瓒部逃散的骑兵出现，重重围住了袁绍，乱箭如雨。别驾田丰拉着袁绍，要他躲在一堵矮墙的后面，袁绍将头盔掼在地上，说："大丈夫宁可冲上前去战死，躲在墙后就能活命吗？"他指挥强弩手应战，杀伤了许多敌骑，公孙瓒的部将不认得袁绍，渐渐后退。一会儿，麴义领兵来迎袁绍，公孙瓒的部将才撤走了。

这一年，公孙瓒又派兵到龙凑攻打袁绍，结果再次被打败，于是退守幽州，不敢轻举妄动了。公孙瓒没有在冀州获得一席之地，反被袁绍重创，便向幽州发展其势力。

初平四年（193）十月，公孙瓒杀害原幽州牧刘虞，占领了幽州。当时，幽州流传着一首童谣："燕南垂，起北际，中央不合大如砺，唯有此中可避世。"公孙瓒认为歌谣里说的是易城（今河北雄县西北），于是他将易城作为大本营，修建堡垒和楼观。公孙瓒凭借军事力量，不体恤百姓，为人心胸狭窄，记过忘善，陷害名士，压制贤才，甚至连多看他一眼的小事，也要报复。有人问他为何这样对待士人，他说："士人都想显赫通达，即便让他们富贵了，他们也不会感谢我的。"一些小商贩及庸俗之人却得到了公孙瓒的宠信，公孙瓒甚至与他们结为兄弟或互相通婚。幽州一时间被他搞得一团混乱，民不聊生。

汉献帝初平四年（193），太仆赵岐奉命劝和，袁绍和公孙瓒才宣告休战。三月，袁绍南下薄落津，这时，魏郡发生兵变，造反的兵士和黑山起义军会合后，占领了邺城。起义军中有一个叛徒陶升，他入邺城之后把袁绍和州内官吏家属保护起来，并将他们送往斥丘。袁绍进屯斥丘，任命陶升为建义中郎将，后大举进剿起义军。他在朝歌鹿场

山苍岩谷围攻黑山军5天，将首领于毒杀害。接着，他又残酷地镇压了左髭丈八、刘石、青牛角、黄龙、左校、郭大贤、李大目、于氐根等多支起义军，死者达数万人。

汉献帝兴平二年 (195)，已故幽州牧刘虞的从事鲜于辅准备率军队攻打公孙瓒，为主人刘虞报仇。燕人阎柔与鲜于辅向来交情甚好，被推任为乌桓司马。阎柔带领数万名胡汉军队在潞水 (今北京密云) 以北与公孙瓒委任的渔阳太守邹丹交战。阎柔斩杀邹丹及其部下 4000 余人，大获全胜。刘虞的故友乌桓峭王也带领由乌桓人和鲜卑人组成的7000 余名骑兵与袁绍的部将麴义联合，共同对公孙瓒发动进攻，在鲍丘 (今北京密云西南) 大败公孙瓒，斩杀 2 万人。这时，代郡、广阳、上谷、右北平等郡也纷纷起兵征讨公孙瓒。公孙瓒屡战屡败，士气大减，只好退到易城，坚守自保。

为了防御进攻，公孙瓒在易城周围挖掘了 10 道又宽又深的壕沟，在沟中堆了许多高达五六丈的土丘，又在土丘上面建起瞭望塔，由士兵把守。在中央有一个高达 10 丈的土山，供公孙瓒居住。公孙瓒所住之处十分坚固，7 岁以上的男子不准入内，与他同住的只有姬妾。文书、报告都用绳子吊上城楼。他还命令一批妇女练习叫喊，以便向其他城楼传达命令。公孙瓒住在高高的城楼之上，既没有亲信，也疏远了宾客，他属下的谋臣猛将都逐渐离他而去。公孙瓒也很少外出作战，有人问其原因，他说："过去我在塞外驱逐胡人，在孟津打败黄巾军，原望天下指日可定，谁知到了今日，战乱才刚刚开始，看来我一个人不能决定天下的事，还不如让士兵休息，努力耕作，度过这兵荒马乱的岁月。兵法有言，百楼不攻。我现在建造这么多的城楼，又储备了300 万斛的粮食，在此静观天下的形势变化是最为妥善的办法。"

袁绍连年出兵攻打公孙瓒，都没能收到良好的效果，他又写信给公孙瓒，想与他尽释前嫌，再度联合。公孙瓒对此不做答复，反而加强防备，他对部下说："如今群雄四方争霸，形势瞬息万变，无人能围在我的城下一待好几年，袁绍奈何不了我!"袁绍得知公孙瓒的态度，大为愤怒，向易城增派兵马，大举进攻公孙瓒。随着袁绍攻势的加强，一味防守的公孙瓒有些招架不住了。他派儿子公孙续向黑山军将领求援，并准备亲自率众迎敌。

建安四年 (199) 春天，援救公孙瓒的黑山军首领张燕与公孙续率10万军队，兵分三路向易城赶来。公孙瓒派使者前去接应，并给公孙续捎去一封密信，让他率5000精兵到城北低洼地埋伏，以点火为号，公孙瓒带兵出城，前后夹击袁绍的围城军队。哪知送信人在路上就被袁绍抓获，搜出了这封信。袁绍将计就计，按期点火。公孙瓒以为援军到了，急忙率军出城，结果冲进袁绍设下的包围圈。经过一场大战，公孙瓒败退城中。袁绍抓住时机，命令军队挖掘地道，一直挖到公孙瓒住的城楼下面，之后将木柱叠架起来，再点燃木柱，大火一下子将城楼烧塌。公孙瓒陷入绝境，万般无奈，先将自己的姊妹、妻子缢死，然后引火自焚。于是袁绍又占领了幽州，成为北方势力最大的军阀。

袁绍有三个儿子：长子袁谭、次子袁熙、三子袁尚。袁绍宠爱后妻刘氏，对刘氏所生的袁尚颇为偏爱，有意以袁尚为嗣，因此让长子袁谭去做青州刺史。沮授劝袁绍说："年纪相当应该选择贤者为嗣，德行又相当就用占卜决定，这是古人都遵守的原则。如果将军不能改变决定，祸乱就会从此而生。"袁绍则说："我是准备让几个儿子各据一州，对他们进行考察，最后再决定立谁为嗣。"攻克幽州之后，他又让次子袁熙做幽州刺史，让外甥高干做并州刺史，只把袁尚留在身边。

袁绍占据了冀、青、幽、并四州后，军队达到了几十万。随着实力的增强，他的野心也越来越大了，给献帝的进贡却越来越少。一次，他接到了袁术写来的一封信，信上说："汉朝的天下早已丢掉，天子受人控制，朝政被奸臣把持，豪强角逐，国土分裂。现在和周朝末年七国纷争的时代没什么两样，其结果是强者兼并天下。袁家受命于天，理应当皇帝，符命、祥瑞也都是这么显示的。您今日拥有四州之土地，民户过百万，无人能比得上您的实力，论德行更无人比得上您。"

当初，在董卓专权时，袁术为避祸从洛阳逃到南阳。他的部将孙坚杀了南阳太守张咨，与袁术会合于鲁阳 (今河南鲁山)，南阳从此成为袁术的根据地。刚到南阳时，袁术有人口数百万，但他征赋无度，不体恤百姓，又骄奢淫逸，令百姓苦不堪言，纷纷外逃。后来袁术与袁绍发生矛盾，各自拉拢党羽，相互图谋。由于袁术与荆州牧刘表不和，便勾结公孙瓒，袁绍因与公孙瓒有矛盾则与刘表联合。当时，地方势力多依附袁绍，袁绍占了绝对的优势。袁术愤恨地说："这些小人不跟随于我却跟随我家的败类，绝不会有好下场！"他还给公孙瓒写信说："袁绍不配做我们袁家的子孙！"袁绍得知此事后大怒，伺机进行报复。

初平四年（193）正月，袁术进军陈留（今河南开封东南），打算向北方发展其势力，却遭到袁绍与曹操的联合抗击。袁术大败，退至九江（今安徽凤阳南），扬州刺史陈瑀率兵抵御，不让袁术入境。袁术退守阴陵（今安徽凤阳西南），又集结军队向寿春（今安徽寿县）进攻。陈瑀非常害怕，逃到下邳（今江苏邳州市南），袁术占领寿春，他自称扬州刺史，成为割据淮南的军阀。

袁术在建安二年（197）在淮南称帝，仅仅过了两年半时间，就搞得国库空虚，民怨沸腾，众叛亲离，袁术走投无路之际，"慷慨"地表示愿将帝号让给袁绍。袁绍见信不敢声张，心里却美滋滋的。他命主簿耿苞为自己做皇帝寻找理由，耿苞私下对他说："汉朝已经衰败，袁氏是黄帝后裔，理应顺从天意、合乎民心而称帝。"袁绍故意向军府僚属公开了耿苞的言论，本想大家会拥戴他，却没想到僚属们都认为耿苞妖言惑众，混淆视听，应当斩首。袁绍知道时机还不成熟，唯恐露出马脚，急忙令人把耿苞杀了。

国富地显，刘璋占领西蜀

　　刘璋，字季玉，江夏竟陵（今湖北潜江市西北地区）人，为东汉鲁恭王后裔。194 年，东汉益州牧刘焉去世，刘璋继任其父之职，继为益州牧。《三国志》作者陈寿评价刘璋说："璋非人雄，而据土乱世，负致乘寇，自然之理。其见夺取，非不幸也。"根据历史上的记载，刘璋确实没有夺取天下的才能与野心，他如果生在太平盛世，应是一个很不错的文臣，可惜遭逢乱世，他的性格决定了他的命运，成为了历史上软弱的代名词。

　　巴蜀地区，地势险要，自战国末年李冰修都江堰，地富民殷，富甲一方。又因蜀地距中原统治地区较远，民风蛮悍，自古就有"天下未乱蜀先乱，天下已治蜀后治"的说法。自秦汉以来，天下局势每一发生动荡，蜀人都守关割据，凭地势之险，称雄一时。汉高祖刘邦，被项羽封为汉中王，他正是依赖蜀地的物质基础才得以称雄，统一天下。可见，巴蜀地区，确实有帝王之气。刘璋父刘焉也正是看中了这一点，入蜀以后，才产生了骄纵问鼎之心。

　　刘焉，字君郎，汉灵帝时，黄巾乱起，刘焉以"刺史威轻……辄增暴乱"为借口，向汉灵帝建议在各州郡改置牧伯。当时的汉灵帝已被农民起义吓破了胆，恰巧此时并州刺史张懿、凉州刺史耿鄙都被趁乱而起的贼寇杀害，于是刘焉的建议被汉灵帝所采纳，授刘焉为监军使者，领益州牧，另授太仆黄琬为豫州牧，宗室刘虞为幽州牧。州牧权重，此制一设，豪强权力立即扩大，割据形势遂成。

　　刘焉入益州后，用益州从事贾龙为校尉，一面实行安抚宽惠的政策，收买人心；一面又实行威刑，铲除异己，杀益州豪强十余人，以图谋割据。益州豪强看出了刘焉的意图后，自然不会听命于他。汉献帝初平二年（191），犍为太守任岐与贾龙一同起兵反对刘焉，向刘焉发起了攻击，却被早有防备的刘焉击败，任岐与贾龙都被刘焉所杀。从此以后，益州地区就再也没有有能力反对刘焉的人了。任岐与贾龙被杀后，刘焉也露出了原形，开始大造车辇，俨然一副土皇帝的派头。刘焉有四个儿子，刘范为左中郎将，刘诞为治书御史，刘璋为车都尉，都与献帝一起居住在长安，只有别部司马刘瑁一子跟随在刘焉身边。后来献帝派刘璋去见刘焉，刘焉便借机留刘璋在身边，没有再让他回长安。汉献帝兴平元年，征西将军马腾与范谋起兵攻击李傕，刘焉派兵 5000 助战，反被李傕击败。李傕恨刘焉助战，于是杀刘范与刘诞以泄愤。

刘璋画像

刘焉听说两个儿子刘范与刘诞被杀，白发人送黑发人，心痛如刀绞。说来也巧，这时又发生了莫名其妙的火灾，他制造的车辇以及民宅馆驿尽成焦土。不得已，刘焉将居地从绵竹迁往成都，不久就因背上生疽死了。刘焉死了，州大吏赵韪知刘璋生性温仁，遂立他为刺史。

随后朝廷下诏任刘璋为监军使者，领益州牧，以赵韪为征东中郎将，大有两相牵制的用意。

刘璋继承父位没几天，就出现了一场大乱。当初南阳、三辅灾民数万户流入益州，刘焉将这些人都收为己用，编成军队，称为"东州兵"。刘璋柔宽无威，而来自外地的东州兵与本地居民自然是少不了摩擦。刘焉一死，东州兵立即进入无政府状态，失去了控制，开始四处抢掠，无法禁止。益州旧士对刘璋的处置失当都十分不满，纷纷离去。益州豪强赵韩之在巴中甚得人心，刘璋便重用赵韩之，以安抚内政。可赵韩之与赵韪不和。赵韪见赵韩之掌权，就暗地里联系益州大姓，图谋造反。建安五年（200），赵韪举兵攻击刘璋，蜀郡、广汉、犍为都起兵加入了赵韪一方。在关键时刻，四处作乱的东州兵帮了刘璋大忙。东州兵因担心赵韪事成后对他们进行屠杀，都为刘璋死战，于是叛乱被平定，赵韪兵败，于江州被斩。这样一来，益州的大权就又完全掌控到了刘家人的手中。

一乱刚平，一乱又起，在汉中的张鲁见刘璋软弱也起了反叛之心。刘璋知道后，一怒之下杀了张鲁的母亲与弟弟，张鲁与刘璋由此结仇，双方攻战从此无止无休。建安十三年，曹操征荆州，刘璋派使臣表示友善，曹操因此加封刘璋为振威将军，兄刘瑁为平寇将军。刘璋便派别驾从事张松回见曹操，张松相貌一般，且为人高傲，曹操以貌取人，对其不加封礼遇，使张松怀恨而还。张松心存恨意，回巴蜀后立刻劝刘璋"绝曹氏，而结好刘备"，刘璋采纳了他的意见。

建安十六年（211），刘璋听说曹操要派兵攻击汉中张鲁，汉中破，巴蜀难保，刘璋惶恐不安，于是用张松计，迎刘备以拒曹操。主簿巴西人黄权谏言说："刘备为当时枭雄，如今要是以部下的礼仪接待他，他则会不满，可要是视为上宾，则一国不容二主。我看借刘备拒曹这方法实在不是自安之道啊！"从事广汉人王累把自己倒着悬绑在城门上，以死谏言，劝刘璋不要迎接刘备，但他们的话刘璋都没有听。后来，刘备入蜀，果然起兵攻击刘璋。

建安十九年（214），刘备兵围成都。当时成都有兵3万，粮食可用一年，城中吏民都愿拒战。刘璋说："我父子在益州20余岁，于百姓没有什么恩德，三年攻战，肥田变成荒野，这是我刘璋的错。我怎么能安心啊！"遂开城出降，群臣属下无不哭泣。

刘备入成都后，将刘璋家的财物和振威将军印绶全都送还给了刘璋，迁他住到了南郡公安。后孙权杀关羽，取荆州，占领公安，又用刘璋为益州牧，居住在秭归。刘璋死后，南中豪强雍闿占据益郡投靠了东吴，孙权便又起用刘璋子刘阐为益州刺史。诸葛亮平定巴蜀以南后，刘阐撤回到了东吴，被孙权授予御史中丞。

"五斗米道"，汉中张鲁

张鲁，字公祺，沛国丰县 (今江苏丰县) 人。张鲁的祖父张陵，于蜀地鹄鸣山 (今四川大邑县境内) 中学道后，自造道书，创建教派，蛊惑百姓。因入张陵教的人都要出五斗米，所以世人把这一教派称为五斗米教，汉代豪强则称他们为"米贼"。张陵死后，张鲁的父亲张衡继续传道后。张衡死，张鲁便成了五斗米道巫师。

张鲁的母亲也是个巫师，不知名姓，但根据史书上的记载，张鲁的母亲长得很美，她也利用自己的美貌用"鬼道"惑众，并且经常出入于当时的益州牧刘焉家。张鲁母常在刘焉跟前为自己的儿子说话，刘焉于是用张鲁为督义司马，命他与别部司马张修一同带兵击汉中太守苏固。张修占领汉中杀苏固后，张鲁又杀张修，收编了张修的兵众。刘焉死后，刘璋被立为益州牧。张鲁不服刘璋调度，刘璋便怒杀张鲁母、弟，张鲁自此割据汉中，与刘璋彻底决裂。

张鲁在汉中以"五斗米道"教化于民，建立起了政教合一的政权。张鲁袭张修后，自称"师君"。向他学道的人，初入教时称"鬼卒"，取得张鲁信任后，其中有才能的人则被提升为"祭酒"。"祭酒"统有部众，领部众多的被称为"治头大祭酒"。在张鲁的汉中政权中，虽不置长吏，而祭酒实际上就是官吏，汉中地方政务，都以祭酒管理。汉中政权中不仅官吏任免具有宗教性，处理日常事务也同样有着浓重的宗教色彩。张鲁用五斗米教教规教导民众诚信不欺诈，人有病后多不求医，而令病人自述己过，好了说明心诚，死了说明罪孽深重。对犯法者则宽赦三次，如果三次以后再犯，才会加以惩处；而要是小错，不涉及法度，犯错的人修道路百步即可赎罪。另外，又依照《月令》，张鲁禁止在春夏两季万物生长之时进行屠杀，同时禁止酗酒。汉中政权最像慈善机构的一点是张鲁创立了义舍，在义舍内置米肉，供行路人量腹免费取食，同时宣称，取得过多，将得罪鬼神而患病。这种话虽然听起来可笑，但如果人们都相信的话，倒是确实可以避免贪欲，让义舍救助更多的人。

张鲁为政，以《道德经》为五斗米教的主要经典，为便于宣讲，于是为《道德经》作注，名《老子想尔注》。张鲁在《老子想尔注》一书中将"道"神格话，说其"散形为气，聚形为太上老君，常治昆仑"，这样一来，玄之又玄的道，就成为有形体的太上老君，成为宗教所供奉的神，使五斗米教有了遵奉之主。张鲁又说"道精"，"分之与万物，万物精共一本"，臣民都必须"顺道意，知道真"，以"行诚守道"。这样一来，张鲁就把统治理念隐蔽在了宗教外衣之下。

随后，张鲁又进一步把人的行为与因果理论、长生不老联系到了一起，他说"生道之别体"，道人"但归志于道，唯愿长生"，"道设生以赏善，设死以威恶"，只有"奉道诚"，"积善成功""积精成神"，才能不死成仙。而"治国之君务修道德，忠臣辅佐在行道……道普德溢，太平至矣。吏民怀慕，则易治矣。悉如信道，皆仙寿矣"。同时张鲁反对淫祀，明确指出"天之正法，不在祭镶祷祠"，对《河》《雒》纬书也予以否定，提出道徒"忠孝至诚感天"，通过修行自臻"仙寿"。这样看来，张鲁的五斗米教从根本上说就是在于治世，成仙与神仙都是他用来蛊惑民众的手段而已。这种思想虽然不进步，但以当时的历史条件，对维护统治者的统治与教化民众、导人向善都是有积极作用的。

东汉末年，豪强混战，社会动乱，正是张鲁的这些政策吸引不少人逃到了相对安定的汉中地区，当时只从关西子午谷逃奔汉中的民众就有数万家。而又因为张鲁采取宽惠的统治政策，不像过去的汉族豪强那样对周边少数民族进行压榨剥削，所以巴夷少数民族首领杜濩、朴胡、袁约等人也都支持拥护张鲁。反过来看，五斗米教也借其政权的力量扩大了影响。这种影响对我国道教的形成传播与发展，都有着深远的影响。

张鲁的政治主张就决定了他只能以一个防守者的姿态割据一方，过于积极地扩张领土是与其教义相冲突的。曹操挟天子于许昌后，忙于中原地区与黄河以北的战事，虽把持着东汉政权，却无暇顾及汉中地区，遂封张鲁为镇夷中郎将，领汉宁太守。在这种情况下，张鲁统治巴、汉地区近 30 年。215 年，曹操从赤壁的失败中恢复了过来，此时的刘备又占领了益州，汉中的战略地位便突出了出来。曹操于是在这一年亲率 10 万大军西征汉中。张鲁听说曹操来攻，根本无心应战，主张投降，而张鲁弟张卫则不同意，率数万人马至阳平关坚守。起初，董昭对曹操说："张鲁容易攻取，阳平关城下的南北山相距很远，阳平城不易守住。"于是，曹操发兵。等曹操到了阳平关，才发现实际情况与董昭所说不同。曹操感叹地说："和他人商量，很少能合乎我的心意。"结果曹操久攻阳平山难克，伤亡甚重，就令攻阳平山的士兵退回，打算撤兵。不想曹操的前军并没收到撤退的消息，撤兵前一天的夜晚，稀里糊涂地杀入了山上的张卫军营中，将这一军屯的张鲁军击溃了。这样一来，战局发生了变化，在众将的建议下，曹操再次下令攻击阳平关。而张卫在阳平对战，张鲁却早已逃到了巴中，曹操军再次发起进攻后，张卫遂大败。曹操军进汉中，张鲁在巴中粮尽，至此投降。

张鲁降曹后，曹操也看到了张鲁在宗教中的作用，因而拜张鲁为镇南将军，封阆中侯，邑万户。张鲁五子也都被封侯，并为子曹彭祖娶张鲁女，与张鲁联姻。张鲁死后，谥原侯，葬于邺城东，即今河北临漳。另外，在张鲁投降后，大量五斗米教徒众北迁，五斗米教的势力从而发展到了北方和中原地区。

第四章

曹操挟帝，统一北方

曹操从加入关东军讨伐董卓时起，就注定了他要成为雄霸一方的非凡人物。他平青州，夺兖州，大显军事才能。196年，曹操又强迫汉献帝迁都许昌，实行"挟天子以令诸侯"的政策，实际上架空了皇帝。同年，曹操以军事编制的形式，推行屯田。终于，曹操成功打败袁绍，统一了北方。

初露锋芒，讨伐忤逆董卓

在群雄割据天下的龙争虎斗中，从众多的军事力量中脱颖而出、令人刮目相看的就是曹操。

曹操 (155—220)，又名吉利，字孟德，小字阿瞒。沛国谯 (今安徽亳州) 人，出生于一个显赫的宦官家庭。

他祖父曹腾是一个很有权势的大宦官，曾做中常侍、大长秋，封费亭侯。曹腾在宫中服侍皇帝达 30 余年，前后经安、顺、冲、质、桓五帝。如前所述，东汉后期，中央政权的实际掌握者，很多时候都是宦官。曹腾的政治作风与一般宦官不同，他对官僚士大夫竭力拉拢。当时名士如虞放、边韶、延固、张温、张奂、堂溪、赵典等都由于他的提携而致位公卿。因此，士大夫对他颇有好感。例如，当种暠做到司徒后，对曹腾十分感激，他说："今身为公，乃曹常侍力焉。"

曹操的父亲曹嵩，为曹腾养子。曹嵩的出身，无从考证，有人认为他是夏侯氏之子。由于曹腾的庇荫，曹嵩历任司隶校尉、大司农、大鸿胪等高级官吏。汉灵帝中平四年 (187)，曹嵩以亿元巨款买得"三公"之首的太尉。曹氏一门做高官、享厚禄的不乏其人，所以曹操是出身于有人、有钱、有势的大官僚家庭。

曹操是曹嵩的长子，为人机警，有谋略、善权术，自幼就博览群书，同时也拥有过人的武艺。曹操行为放荡，不受礼教约束，不经营产业，未发迹时不被时人所器重。但素以知人名世的太尉桥玄一见曹操就大为惊奇，说："天下将大乱，不是杰出的人才将不能拯救，能安定天下的恐怕就是你了!"桥玄又让曹操去拜访汉末主持"月旦评"

的名士许子将。许子将评价曹操说："你在天下大治时可以成为一个能臣，在天下大乱时则会成为一个奸雄。"此后，曹操名声渐渐大了起来。

当时一般公卿子弟做官非常容易，曹操20岁时，即被举为孝廉，做侍卫皇帝的郎，接着又被任命为洛阳北部尉。那时东汉王朝腐败已极，到处豪强横行，欺压贫民，目无法纪。曹操年轻气锐盛，颇思有所改革，为百姓除残害，为自己树名誉。他一到洛阳北部尉衙门，便修缮四门，造五色棒，在每门左右各悬10余根，有犯法者，不避豪强，都用棒打杀。一次，灵帝最宠信的宦官蹇硕的叔父于夜间行走，也被用棒打杀。因此，豪强有所畏惧，不敢轻易犯法。而豪强及其幕后支持者都把曹操看作眼中钉，必欲除之而后快。但由于曹操也有靠山，他们也无可奈何，只好改变手法，在灵帝面前夸奖曹操甚有吏能，于是外调为顿丘（今河南清丰县西南）令，这时他23岁。不久，曹操又回朝为议郎。

曹操像

曹操在议郎任内，曾因从妹夫强侯宋奇被诛事，一度免官。由于曹操能明古学，不久复职。议郎不担任实际政务，专门给皇帝提供意见，论列是非。当时朝政黑暗，奸邪充塞，皇帝为宦官、贵戚所包围愚弄，不知下情。

灵帝兴和元年（180），大将军窦武、太傅、名士陈蕃谋杀宦官，结果反被宦官所杀。曹操特为窦武、陈蕃上书申诉，指言"奸邪盈朝，善人壅塞"。灵帝未能采纳。

光和五年（182），灵帝下诏令"三公"举奏州郡官吏无治绩而为民蠹害者。"三公"倾邪，贪恋禄位，不敢得罪宦官，反而乘机收受贿赂，只把边远小郡一些清贫守法的地方官纠举塞责。曹操对此甚为愤恨，上书斥责"三公"所举，专门回避贵戚。灵帝稍有感悟，责让三府，把蒙冤被诬的地方官拜为议郎。此后政教日乱，豪猾益炽，多所陷害。曹操知不可匡救，遂不复献言。

灵帝中平元年（184），黄巾起义爆发，曹操被任命为骑都尉，受命与卢植等人联军进攻颍川黄巾军，结果大破黄巾军，杀死数万人，随之升迁济南相。曹操任济南相内，治事如初。济南国（今山东济南一带）有县10余个，各县长吏多依附于权贵，贪赃枉法，无恶不作，以前的历任国相对此不闻不问。曹操到任后，大力整顿，一下子奏免8名长吏，震动济南，贪官污吏纷纷逃窜。当时正是东汉政治极度黑暗的时候，曹操不愿违背自己的意志迎合权贵，便托病回归乡里，春夏读书，秋冬打猎，暂时过起了隐居生活。

曹操这时在政界已有相当声望，他虽隐居乡里，当冀州刺史王芬等图谋废灵帝，另立合肥侯时，曾征求曹操的意见。曹操以为废立大事，不能轻率行动，严词加以反对，王芬等终以事泄被杀。

灵帝中平五年（188），为巩固自己的统治，汉灵帝设置西园八校尉，曹操因其家世被任命为八校尉中的典军校尉。

董卓擅权时，曹操被任命为骁骑校尉。曹操认为董卓只是一时强盛而已，最终定会失败，遂拒绝与其合作。董卓大怒，下令抓捕他。他改名换姓，逃离洛阳，路过中牟县时，因形迹可疑，被亭长送往县衙。县令这时已接到董卓追捕曹操的命令，县里只有一个功曹知道此人是曹操，认为现在社会混乱，不该拘捕天下的豪杰，便在县令面前说情，将曹操释放了。

曹操到达陈留（今河南开封东南）后，将家财散尽，募集了5000士兵，并于献帝初平元年（190）参加了征伐董卓的关东同盟军。当时曹操的军队屯驻酸枣，各路军队都推荐袁绍为盟主，只有鲍信对曹操说："现在谋略超群、能拨乱反正的只有你了，如果不是这样的人才，尽管现在很强大，终归要失败。"虽然讨伐董卓的军队很多，但都各存异志，谁也不愿意首先出战。曹操说："我们兴义兵，是为了诛除暴乱，如今联军已经集合起来，诸位还有何迟疑？假如董卓倚仗皇室，占领洛阳，向东进军，尽管他凶残无道，也定会被我们打败。现今他烧毁宫殿，强迫天子迁都，举国震动，人心惶惶，不知该何去何从，这正是上天赐予我们灭董卓的良机，一战就可平定天下。"于是，曹操率兵向成皋进发，行至荥阳汴水，与董卓部将徐荣的部队相遇，双方展开了激战，曹军吃了败仗，曹操中了暗箭，所骑战马也受了伤。他的堂弟曹洪将自己的马让给曹操骑，曹操拒绝，曹洪说："天下可以没有曹洪，但不可没有您！"曹操只好上马，曹洪步行跟随其后，趁黑夜逃脱。徐荣发现曹操虽然兵少，但作战勇猛，要攻下酸枣实属不易，也率领军队后撤。

退回酸枣的曹操，见各路军队10余万人，只是每天喝酒聚会，无人敢与董卓开战，渐有怒意。他建议诸军各据要地，再分兵西入武关 (今陕西丹凤东南)，围困董卓。关东诸将不愿意听从，于是，曹操与部将夏侯惇等到扬州去招募新兵。扬州刺史陈温、丹阳太守周昕给曹操4000余兵，但是途经龙亢时，士兵倒戈，在夜里烧掉曹操的营帐，四处逃散，只有500余人留了下来。后来在铚 (今安徽宿县西南)、建平 (今河南永城西南) 又募得1000余人，重新向北进发，到河内郡驻扎下来。

虽然关东诸军名义上为讨伐董卓，实际各自心怀鬼胎，都在伺机发展自己的势力。不久，各路讨伐董卓的军队之间发生矛盾，不断发生战争。

袁绍当时也屯军河内，袁绍见曹操后，就问："如果我们讨伐董卓不成，你看何处适合发展势力？"曹操反问道："你有何具体打算呢？"袁绍回答说："我南面占领黄河，北面占据燕代，联合乌桓，然后向南争夺天下，这样也许能够大功告成了吧？"曹操表示："仅凭山川之险，占据一方去发展势力是不行的。我要任用天下有智慧的人，根据形势的发展去应对情况，就一定能成大业。"

　　袁绍为发展势力，与韩馥谋立幽州牧刘虞为帝，曹操很明确地表了态，他说："董卓罪恶滔天，诸位兴义兵，讨董卓得到了天下人的支持，这是因为我们是正义行动。现今皇帝幼弱，被奸臣所控，如果再立新帝天下如何安定？你们向北，我曹操向西进军。"由于刘虞拒绝称帝，袁绍的计划没能实现。济北相鲍信向曹操建议说："袁绍利用其盟主资格，垄断权力，专谋私利，定将发生变乱，发展成董卓那样的人。要想抑制他，我们的力量还很不够，应在河南以南招兵买马，发展势力，等待形势的变化。"曹操很赞同鲍信的意见。

　　当时，在于毒、白绕、眭固的率领下，10多万黑山军进攻东郡，太守王肱势单力孤，抵挡不住他们的进攻，曹操就率军进入东郡，在濮阳击败黑山军的白绕部，于是袁绍任命曹操为东郡太守。

大显身手，平青州夺兖州

　　献帝初平三年（192）春，曹操在顿丘驻军，于毒等进攻东武阳，此时曹操却命军队西行入山，向于毒等的大本营进攻。曹操部下将领都请求援救东武阳，曹操说："把我们西行的消息透露给叛贼，他们如果回来救援，东武阳的包围将不救自解；如果他们不回来，我们定会将他们的营寨攻下，而他们肯定不能攻下东武阳。"于是，率军出发。于毒听此消息后，果真放弃东武阳回救大营，曹操乘机进攻内黄，打败黑山军眭固部及南匈奴单于夫罗。

　　献帝初平二年（191），青州军大举进攻渤海郡，在东光遭到公孙瓒的攻击，青州军因此而失败，伤亡惨重。次年，青州军向兖州进军，

先攻下了任城（今山东济宁），杀死任城相郑遂，接着又进攻东平。兖州刺史刘岱准备率兵还击，济北相鲍信劝阻他说："如今青州军力量强大，拥兵百万之多，百姓都十分恐慌，士兵也无斗志，不可与他们交战。但是，青州军没有军需物资，坚持不了多长时间，我们不如暂且保存实力，固守城池，敌军求战不得，攻城又不下，时间一长他们的力量定会削弱。到那时，再挑选精锐部队，镇守关口要塞，定可将他们击败。"刘岱不听其言，率军和青州军交战，结果被青州军杀死，兖州一时没人主持事务。

曹操的部将陈宫对曹操说："刘岱已死，州中无主，断绝了与朝廷的关系，我想说服州中的主要官员，同意由您主持州中事务。以此为资本，进而夺取天下，这可是霸王之业。"接下来，陈宫对兖州的主要官员说："如今天下分裂而州中无人主持事务，曹操为一代英才，如能迎接他做州牧，必然能使百姓安定。"在鲍信的帮助下，陈宫终于说服了兖州的主要官员，于是，曹操兼任了兖州牧。

曹操到任之后，便率军前往寿张东攻打青州黄巾军。黄巾军勇敢精悍，曹操因势单力薄，没能取胜，鲍信也被黄巾军杀死。鲍信是曹操的旧友，鲍信死后，曹操异常伤心，下令悬赏寻找鲍信的尸体，但没能找到，只好让人刻了鲍信的木像。下葬之时，曹操大哭不止。黄巾军与曹操经过昼夜激战，中了曹操埋伏，损失惨重，也退出兖州，向济北撤退，曹操却紧追不舍。黄巾军给曹操写信说："你过去在济南，毁坏神坛，这同我们黄巾军信奉的太乙是相同的。你像是懂道的人，现在怎么迷惑了。汉命已尽，黄家当立，这是天命，不是你所能阻止得了的。"曹操见信之后，一面大声斥骂，写信给黄巾军，指出投降的出路；一面设伏兵，与黄巾军昼夜激战，终于将黄巾军击败，俘获兵士30余万人，男女人口百余万人。曹操挑选其中精锐之士，组成军队，称为"青州兵"。

之后，曹操在兖州刚刚立足，就遭到袁术的攻击。献帝初平四年（193）初，袁术受到刘表的威胁，率军进入陈留，移驻封丘。黑山军的一支和南匈奴于夫罗全都归附了袁术。曹操当时驻军于鄄城，率军迎战。正在这时，刘表杀了袁术的部将孙坚，切断了袁术的粮道。曹操乘机击退袁术，袁术被迫退居淮北。曹操打败袁术后，于献帝初平四年 (193) 还军定陶 (今属山东)。

初平四年 (193) 秋，曹操向徐州进兵，为的是向东南扩张其势力。徐州当时是陶谦的势力范围，陶谦字恭祖，丹阳人。他年轻时好学，是位儒生，出任州郡史，被举为茂才，当上卢氏县令，又被升迁为幽州刺史，后任命为议郎，任车骑将军张温的参军事，被派前去征讨韩遂。正逢徐州黄巾军起义，陶谦就做了徐州刺史，征讨黄巾军，将黄巾军打得四处逃散。董卓叛乱后，各州郡都拥兵自重，天子在长安建都，与外界完全断绝联系。陶谦派使者向天子进献，被天子提升为安东将军、徐州刺史，封溧阳侯。陶谦肆意妄为，广陵太守琅玡人赵昱是徐州名士，因为忠诚正义

曹操墓

而被他疏远；曹宏等奸谗小人，却反而受重用。于是刑罚、政事弊端开始出现，善良的人基本上都被他迫害，社会由此动荡起来。下邳的阙宣自称为帝，陶谦最初与他联合四处抢掠，后来杀死了阙宣，收编了他的部队。献帝初平四年 (193) 夏，曹操之父曹嵩在琅玡避难，曹操派人把他父亲接到兖州来。途中，曹嵩被陶谦部将堵截，曹嵩被杀，100 多车财物被抢走。曹操深恨陶谦，于秋天发动了对徐州的进攻，连续攻克 10 余城。到达彭城时，与陶谦军展开激战。陶谦战败，退守郯县。

以前京师洛阳一带遭董卓之乱，百姓都向东迁移，大多数投奔到徐州。徐州地区百姓富裕，粮食丰足。曹操攻入徐州，在泗水旁杀了几十万老百姓，泗水为之不流。曹操攻不下郯县，便派兵向南攻克虑县、睢陵、夏丘，所到之处屠戮无数，故城尽为废墟，行人断绝。陶谦向青州刺史田楷请求救援，田楷派平原相刘备率数千士兵前往救援。陶谦又增拨丹阳郡兵士 4000 名归刘备指挥，任命刘备为豫州刺史，屯兵小沛。这时曹操也因粮草不济，率军退回兖州。

献帝兴平元年 (194) 四月，曹操再征陶谦。他派司马荀彧、寿张县令程昱留守鄄城，亲自率领部队出征，一路打到琅玡、东海，返回时，在郯县以东将刘备的军队击败。陶谦恐惧，想逃回丹阳。这时，兖州境内发生了反对曹操的叛乱。曹操闻讯之后，急忙撤军，力求挽救兖州。

这次叛乱是陈留太守张邈发动的。张邈年轻时，喜好游侠，同曹操、袁绍的关系不错。袁绍当上讨董联军的盟主后，非常傲慢。张邈严厉地批评袁绍，袁绍非常恼怒，命曹操去杀张邈，曹操予以拒绝，说："张邈是我的好朋友，有什么过错理应宽容，今天下尚未安定，怎能自相残杀呢？"曹操第一次攻打陶谦时，决意死战，于是告诉家人说："如果我不能生还，你们就去投靠张邈。"后来曹操胜利归来见到张邈，两人相对落泪。然而，自曹操出任兖州牧之后，势力不断壮大，心里惴惴不安。尤其是前任九江太守边让曾因讥讽曹操全家惨遭杀害后，张邈害怕终有一天被曹操所灭。边让声望很高，才华出众，他的被杀使兖州地区的士大夫都感到恐惧。陈宫性情直率刚烈，心里也疑虑不安，就与从事中郎许汜、王楷及张邈的弟弟张超一起策划背叛曹操。陈宫对张邈说："如今天下分裂，豪杰纷纷崛起，您拥有广阔的土地、大量的人口，又处于四方必争的要冲之地，完全有能力成为人中豪杰，为何反而受制于他，这岂不是太鄙陋了吗？曹操如今率军东征，州中一定空虚，吕布是个能征善战的勇士，应当将他请来，一同主持兖州事务，等待时局变化，这正是您施展才能的良机。"张邈听从了陈宫的建议。

以前曾参加过讨伐董卓之战的陈留太守和曹操部将陈宫都对曹操不满，遂反叛曹操，迎吕布为兖州牧。当时只有鄄城 (今属山东) 和东郡的范 (今山东范县东南)、东阿 (今山东阳谷东北) 两县在曹操的掌握之中，分别由司马荀彧和寿张令程昱、东郡太守夏侯惇等坚守，形势非常危急。曹操从徐州赶回，获悉吕布屯于濮阳，遂进军围攻濮阳。

曹操说："吕布得一州，却不能占领东平，截断亢父 (今山东济宁南) 乘机袭击我，而是退驻濮阳，我料定他是没有任何作为了。"四月，曹操率领军队围攻濮阳。曹操将吕布的一支部队在濮阳以西击败，还未来得及回撤，吕布赶来援救，双方遂展开激战，从早打到晚，不分胜负。曹操为打破僵局，招募壮士袭击敌阵。司马典韦带领壮士冲到阵前，吕布命令弓弩手放箭，一时箭如雨下。典韦很镇定，根本不放在眼里，对壮士们说："等敌人离我们还有十步远的时候再告诉我。"壮士们说："已经十步了。"他又说："离我们还有五步的时候再告诉我。"说话之间，吕布的军队已来到眼前，壮士们惊呼："敌人现在到了!"典韦这时才持戟大喊而起，带领壮士冲上前去。他们英勇无比，吕布军队仓皇后退。这时天黑下来，曹操率军回营。典韦立下大功，曹操提升他为都尉，命他率领亲兵，负责大帐左右的警卫。

不久，曹操再次攻打濮阳时，在濮阳大姓田氏的帮助下，曹操得以进入城内，并烧毁城东门，表示不再退回。经过与吕布军队交战，曹军大败。吕布的骑兵捉住了曹操，但他们不认识曹操，问道："曹操在哪里?"曹操说："前面骑黄马逃走的那个就是。"吕布的骑兵一听，将曹操释放，追赶骑黄马的人去了，曹操从东门的大火中逃脱。回到营中，他亲自慰劳军队，鼓舞将士士气，命令尽快赶制攻城器具，再度进攻濮阳。曹操与吕布激战100多天不分胜负。

吕布粮尽，曹操也因军队乏粮，双方都各自退兵。九月，曹操回到鄄城，吕布率领军队到达乘氏县。乘氏县人李进将吕布击败，吕布无奈向东退到山阳。

曹操到这年冬天来到东阿县。袁绍想联合曹操，条件是曹操的家眷必须居住在邺城，实际上袁绍是凭自己雄厚实力逼迫曹操送人质。

第四章　曹操挟帝，统一北方

此时，曹操已丧失了兖州的大部分地区，军粮即将吃完，正处在困难之时，想要答应袁绍的建议。谋士程昱却极力反对曹操这样做，他说："我认为您这是临事畏惧的表现，如果不是，您为何考虑得这样不周全！袁绍的野心是吞并天下，但以他的智谋这个愿望是不能实现的，难道您愿意臣服于他吗？以您龙虎之威，能做当年刘邦手下的韩信、彭越吗？兖州现在虽然残破不堪，但您还控制着三座城，战士万余人，以将军的神武，荀彧、程昱等人的帮助，霸王之业一定能实现。希望您慎重考虑再作决定！"曹操采纳了程昱的意见，没有将家眷送往邺城。

程昱，字仲德，东郡东阿县人，身长八尺三寸，胡须长得特别美。黄巾兵起义时，县丞王度起兵响应，烧毁仓库。县令仓皇翻墙逃走，官史百姓都背负老幼向东逃奔至渠丘山。程昱遣人侦察王度的情况，得知王度等人只得到一座空城而已，不能据守，于是在离城西四五里的地方驻扎。程昱对县中大族薛房等人说："现在王度等人已经得到城郭却不能据守，其成败大事就已经很清楚了。他们只不过想要抢掠财物，并没有扩充实力、训练军队的志向。我们现在为何不返回城中守城？城墙既高且厚，并且城中积存的粮食很多，现在如果回去请求县令帮忙一同坚守，王度定不能坚持很久，那时便可一攻而破。"薛房等人认为他说得有理，但吏役百姓却不肯听从他的意见，说："王度在西边，我们只有向东去。"程昱对薛房说："和愚民不可商议大事。"于是秘密派遣几人到东山上高举幡旗，以使薛房等人能看到，并大喊说："王度已来了！"随即下山直奔城内，吏民也奔走跟随，去找县令，共同守城。不久，王度等人来攻城，久攻不下后撤离。程昱率吏民打开城门紧追其后，王度等人被打得落荒而逃，东阿县城因此得以完整保全。

献帝兴平二年 (195) 春天，为争夺兖州，曹操再次与吕布交战。正月，曹军在定陶击败吕布。四月，又在巨野击败吕布，并且斩杀吕布部将薛兰等人。此时传来徐州牧陶谦病死的消息，曹操想乘机夺取徐州，回头再攻打吕布。荀彧对曹操说："从前，汉高祖刘邦保关中，光武帝占据河内，都是先牢牢控制其根据地之后，再图控制天下，进可战胜敌人，退可坚守，所以偶有失败，但仍能完成统一大业。将军原是在兖州起兵，平定山东之乱，百姓没有不心悦诚服的。兖州重地，如今虽已残破，但还易于自保。这正是您的关中、河内，应先巩固兖州。您已打败了李封、薛兰，我们应该乘机派兵收割麦子，节衣缩食，储备粮草，到那时就可以一举打败吕布。徐州如果攻不下来，将军您将去哪里呢?"

曹操采纳了荀彧的意见，打消了东征的念头，命其部下全去收割麦子，留在营中的不足 1000 人。这时，吕布、陈宫率领万余人前来进攻。曹军形势非常危急，难以守住营寨。曹操决定以计破敌。在营寨西边有一条大堤，南面却是一大片茂密的树林，曹操让一半士兵埋伏在堤后，另一半士兵显露于堤外。当吕布的军队靠近时，曹操命轻装部队前去挑战，双方交战之后，才命令堤后伏兵杀出，步兵、骑兵一齐冲锋，致使吕布大败，吕布军向徐州方向撤退，曹军攻下定陶并平定了其他县城。张邈随同吕布前往徐州，他的弟弟张超带着家属退守雍丘 (今河南杞县)。

八月，曹操包围雍丘，至十二月，攻下雍丘，张超自杀。张邈获悉雍丘被围的消息后，想到袁术那里请求援助，在途中却被部下杀死。至此，曹操又重新占领了兖州。这年冬天，朝廷任命曹操为兖州牧。

雄心渐起，挟天子以令诸侯

汉献帝兴平二年 (195)，兖州全部控制在曹操手中，曹操以此为根据地，开始了他诛灭群雄、统一北方的大业。

这时，汉廷虽然被地方势力所割据，但东汉朝廷仍被各地方割据奉为正朔，汉献帝仍是合法的王朝统治者，因而控制汉献帝是扩大政治影响、进而发展势力的重要手段。早在献帝初平三年 (192) 曹操任兖州牧时，兖州治中从事毛玠就对曹操说："现今天下分裂，皇帝西迁，百姓无法从事生产，饥饿流亡，政府没有一年的储蓄，百姓不得安宁，这是难以长久的。袁绍、刘表现在虽士民众多，但无长远考虑，不是建立牢固基础的人。出兵征伐要符合道义，要靠经济力量才能守住地位。应该奉天子以令诸侯，积极发展农业以保障军需，这样霸王之业可以成功。"

汉献帝西迁，朝纲不振，但统治全国数百年的汉室仍然具有一定的号召力。作为以皇权为依托的宦官的后裔，曹操自然知道汉天子在政治斗争中所具有的举足轻重的作用，因此，曹操非常赞同毛玠的建议，立即派使辗转至长安，以表示自己忠于汉朝，并利用黄巾军余众，在许县 (今河南许昌市西) 附近开展屯田，积蓄粮食，招募军队，又获颍川 (治今河南许昌市西) 名士荀彧为谋士。在以后 3 年多的时间里，曹操将占据南阳 (治今河南南阳市) 的袁术逐到淮北，两次进攻徐州 (治今江苏邳州南)，打败徐州牧陶谦，将袭据兖州的吕布逐至徐州。献帝兴平二年 (195) 十月，汉献帝任命曹操为兖州牧，黄河南边这块地盘，成为曹操日后消灭北方割据势力的基础。

献帝兴平二年 (195) 春，凉州军阀李傕杀了凉州将樊稠，焚毁长安宫殿，将汉献帝挟持到自己的军营当中，郭汜则将汉室公卿扣作人质，互相攻杀。李傕部将杨奉叛变，于同年八月挟持汉献帝东奔洛阳，他联合河东 (治今山西夏县西北) 白波军首领韩暹等，摆脱李傕、郭汜的围追堵截，于献帝建安元年 (196) 七月到达洛阳。当时洛阳已经残破不堪，百官靠采集野草籽充饥，有的甚至饿死于残垣断壁之间。

许多人都热衷于争夺献帝的原因是控制了献帝，便可以获得政治上的主动权。献帝逃往河东之时，袁绍的谋士沮授曾建议袁绍挟持献帝，以号令诸侯。袁绍考虑了很长时间，最终未采纳沮授的建议。

在袁绍放弃挟持献帝的时候，曹操却策划如何把献帝弄到自己身边。献帝建安元年 (196)，曹操在许县与部下商议此事，许多人认为山东还未平定，韩暹、杨奉等人自觉护驾有功，骄横凶暴，制伏他们有一定困难。荀彧说："以前晋文公迎纳周襄王，各国一致推举他为霸主，汉高祖为义帝服孝的目的也是为了笼络民心。自从天子流离在外，将军首倡义军，是因为山东局势混乱，不能远去迎驾。现在皇帝已经返回旧京，但洛阳残破不堪，忠义之士希望能保全根本，百姓也非常怀念旧王室，并为此而伤悲。这时如能迎奉天子，以顺民心，是恰到好处的行动。用忠于王室的态度使天下心悦诚服，这是最明智的策略。恪守君臣大义，招揽天下英才，是最大的德行。即使四方有反叛朝廷的，但他们能有什么作为？至于韩暹、杨奉等人，有什么可值得顾虑的！与其将来后悔莫及不如现在及时行动。"

荀彧的话也正合曹操的心意，于是曹操派遣扬武中郎将曹洪率兵向西，到洛阳迎接献帝。

曹洪受到董承的阻击，不能前进。当时，在朝廷当权的人物中，杨奉的军队还算比较强大，但他与董承、韩暹钩心斗角，矛盾重重。曹操的好友议郎董昭以曹操的名义给杨奉写信说："我对将军倾慕已久，只听到您的名声，便已推心置腹。现在您在困难中救出天子，护送回到洛阳，辅佐朝廷，其功绩无人可比。现今各地恶人猖狂，国家处于动荡之中，天子的责任重大，就更需要大臣辅佐。所有贤明之士都要努力，才能清除君王道路上的障碍，这件事不是一个人所能办到的。将军应在朝廷主持事务，我做外援。现我有粮草，将军有兵马，互通有无，足以相济。"杨奉收到信非常高兴，他对将领们说："曹操的军队，近在许县，有粮有兵，这正是国家现在所依赖的。"于是上表推荐曹操为镇东将军，袭父爵为费亭侯。

这时，朝廷的韩暹与董承发生矛盾。韩暹自恃护驾有功，骄横霸道。董承非常讨厌他，便私下把曹操召请来。曹操亲率大军赶赴洛阳，朝见献帝。韩暹认为自己不是曹操的对手，便逃出京城。献帝任命曹操为司隶校尉，录尚书事，参与朝政。

曹操的目的是挟天子以令诸侯，如何才能很好地控制汉献帝呢？

于是他将董昭请来，问他："现在我到了洛阳，下一步到底该怎样办呢？"董昭说："将军兴义兵以诛除暴乱，入京朝见天子，辅佐汉室，这是春秋五霸之功业。但是，现在的将领们都各怀异志，未必能听从您的指挥。留居洛阳辅佐朝政，有许多不便的地方，只有请天子移驾到许县这个办法最稳妥。然而朝廷在外流浪多日，最近刚刚回到洛阳，远近都盼望早些安定。今再迁都，恐怕人心动荡，望将军做出明智的选择。"曹操说："我的想法也是如此，只是杨奉在梁县，距离我们很近，他的兵士强悍，会不会来找我的麻烦？"董昭说："杨奉没有外援，所以他愿意与将军联合。任命您担任镇东将军，封费亭侯的事，都是杨奉的心意。您应及时派遣使者，带着重礼以示感谢，让他安心，并跟他说：'洛阳缺乏粮食，想请皇帝暂时移驾鲁阳，鲁阳离许县近，运粮较为方便，可免去粮食短缺的忧虑。'杨奉是个有勇无谋的人，一定不会起疑。"曹操说："这个主意甚好。"随即派遣使者去见杨奉。杨奉果然相信，于是曹操将汉献帝及朝廷文武百官迁至自己的根据地许县，改名许昌，作为都城，自任大将军，摆脱了杨奉等对朝廷的控制，将汉献帝牢牢地控制于自己的手中。

当曹操将献帝迁到许昌之后，杨奉才感觉到自己上当了，企图出兵阻拦，但已来不及了。冬天，曹操攻打杨奉，杨奉战败，向南投奔袁术，梁县遂被曹操占领。袁绍听说曹操将献帝接到许昌，十分后悔。他想让曹操把献帝迁到鄄城（鄄城离冀州很近，便于控制朝廷），被曹操一口拒绝。

建安元年（196）九月，汉献帝下诏给据青、冀（治今河北冀州市）、幽（治今北京市）、并（治今山西太原市南）四州之地的袁绍，"责以兵多地广，但专门树立党羽，不见勤王之师，只见擅自相互征伐"，这是曹操"奉天子以令不臣"的第一个政治行动。随后，汉献帝又下诏给吕布，称赞他诛杀董卓的功劳，令吕布与曹操共辅朝廷。献帝东迁后，关中出现几个政权，数十名豪强都据地拥兵自重，曹操任命侍中钟繇为司隶校尉，持节都督关中诸军，凉州将马腾、韩遂分别送子到许昌作为人质，曹操又通过天子将关中暂时置于自己的号令下。次年，曹操又任命当时已占据江东的孙策为骑都尉，继承其父孙坚乌程侯爵，领会稽太守，让他与吕布一起讨伐在寿春称帝的袁术。吕布虽据有徐州，却不得不派人去求曹操，希望朝廷正式任命他为徐州牧。荆州（治今湖北襄阳市）牧刘表据地自保，名义上仍臣服于曹操控制的汉朝廷，贡奉不断。建安三年（198）正月，渔阳（治今北京市密云西南）太守鲜于辅因曹操"奉天子以令诸侯，最终能定天下"，"率领其众以奉王命"，被任命为建忠将军、都督幽州六郡，于是，曹操就在袁绍的后方安下了一个楔子。后来曹操同袁绍决战，双方谋士在估量战局之时，无不将曹操奉天子有义战之名作为曹操政治上取胜的重要砝码。

曹操奉汉献帝迁都许昌后，他不仅获得了董昭、钟繇等原汉室臣僚，而且赢得了一大批士人的归心。经荀彧推荐，荀攸从荆州、郭嘉从袁绍处投奔到曹操帐下，躲避战乱于江南的杜袭、赵俨也于次年返回许昌，各种人才纷纷而至。他们从各个方面为曹操出力，使曹操能"用天下之智力"，最终平定北方。

这样，作为政治家的曹操，在东汉末年群雄竞逐的局面中，赢了第一回合，接着他又施展其军事家的才能，将北方的群雄一举消灭。

汉魏之间，社会生产遭受严重破坏，出现了大饥荒。这一时期，各军事集团最大的问题是粮食供应问题，因军粮缺乏而不攻自破者数不胜数。

献帝建安元年（196），曹操采纳枣祗等人的建议，利用攻破黄巾军缴获来的物资，在许县一带募民屯田，当年就大见成效，获谷百万斛。于是曹操就命令在各州郡设田官，兴办屯田。屯田之举有效地解决了曹操军队的粮食问题，所以曹操说："后因此大田，丰足国用，摧灭群雄，平定天下。"

曹操在实行屯田的同时，采取各种措施，扶持自耕农经济。针对人口流失、田地荒芜的情况，曹操先后采用招抚流民、迁移人口、劝课农桑、兴修水利、检括户籍的方法，充实编户，恢复农业生产。此外，曹操还陆续颁布了一系列法令，恢复租调制度，防止豪强兼并小农。曹操于建安五年 (200)，颁布新的征收制度，到建安九年 (204)，又明确指出："其收田租亩四升，户出绢二匹、绵二斤而已，其他不得擅兴发。"曹操先后实行的这些措施，使濒临崩溃的农耕经济不断恢复和发展，这就是曹操集团拥有雄厚经济基础的根源。

迎献帝迁都于许昌和恢复农业生产是曹操获得成功的两大重要举措。

从献帝建安二年 (197) 起，曹操利用"挟天子以令诸侯"的政治优势，东征西讨，开始了他翦灭群雄、一统北方的战争。

三战张绣，收兵实力大增

献帝建安元年 （196），对于曹操来说，是丰收的一年，这一年曹操完成了挟天子和屯田两件大事，获得了政治和经济上的资本。曹操迎献帝到许昌，不仅扩大了自己的影响，同时也增强了军事实力。当时北方的袁绍是他的劲敌，曹操还不敢轻易与他交战。

建安二年 (197) 初，袁绍正在北方进攻公孙瓒，曹操手下谋士郭嘉建议向东攻打吕布，说："袁绍如果攻打我们，吕布又支援袁绍，就会成为大害。"荀彧也说："如不先打败吕布，我们就不易攻占河北。"曹操说："你们分析得十分正确，我所担心的是袁绍派人到关中，与西南的羌、胡联合，与南面的蜀、汉勾结，而我只依靠兖、豫来对抗天下六分之五的地区，这该如何是好？"荀彧说："关中有几十位军事将领，却不能统一，唯有韩遂、马腾为最强，他们见崤山以东地区战乱不止，定会各自拥兵自重。我们应对他们施以恩德，进行安抚，派遣使者与他们联合。这样做虽不能长久安定，但完全可以维持到您平定崤山以后。侍中、尚书仆射钟繇有智谋，如果让他去办理此事，您就不必如此忧虑了。"曹操同意了荀彧的意见，命侍中钟繇兼任司隶校尉，督关中诸军。钟繇到达长安后，给马腾、韩遂等人写信，和他们说清利害关系，马腾、韩遂表示服从。

这年春天，曹操率领大军讨伐张绣。

张绣，武威祖厉人，骠骑将军张济同族兄弟的儿子。当边章、韩遂在凉州起兵时，金城麹胜袭击祖厉并杀死了县长刘隽。当时张绣任县吏，他寻找机会杀掉麹胜，郡内的百姓都认为他很讲道义。张绣拉拢了一些地方的少年，成了祖厉附近的豪杰。董卓兵败，为了给董卓报仇，骠骑将军张济与李傕等人联合攻打吕布，张绣跟随张济，因为作战勇猛而被任命为建忠将军，封为宣威侯。张济驻守弘农，缺吃少穿，只得率领部队向南面的穰县转移，但张济在战斗中却被乱箭射死。张绣接掌了张济的兵权，屯兵宛县，与刘表合兵一处。

曹操向南讨伐，驻军淯水，张绣等人率部投降。不久，曹操将张济的遗孀也就是张绣的婶婶，纳为己妻，张绣对这件事很气愤。曹操得知张绣对自己不满，私下里想杀了张绣。这件事被张绣知道后，他带着部队偷袭曹操。曹操慌忙应战，被流箭射中，将士死伤无数。曹操的典军校尉典韦奋勇作战，以一当十，身上受伤数十处。张绣部下冲上来时，他双手抓住两个敌人将他们杀死，最后也战死，曹操长子曹昂和侄儿曹安民也都战死。曹操退至舞阴(今河南沁县西北)，张绣率领军队赶到，被曹操击败。

随后张绣奔穰城，投靠刘表去了。曹操在舞阴听到典韦的死讯，难过得流下了眼泪，派人把典韦的尸体抬回来安葬。曹操总结失败的教训说："这次是我错了，我原本应该防着张绣的，在接受他投降的时候，将他的一个儿子扣在我这里当人质，但我没有这么做。我知道自己错误的原因，从今以后，这样的事情不会再发生了。"这就是曹操有别于其他人的地方，如果换了袁绍或者袁术，他们肯定要归咎于别人，追究当初是谁赞成张绣假投降的，但曹操没有推卸责任，主动将责任承担了下来。

　　曹操自舞阴回到许县，南阳、章陵诸县又发生叛变，投降张绣。曹操命曹洪去平叛，结果都失败了。这年十二月，曹操亲自南征。到达淯水时，他流着泪，祭祀年初阵亡的将士，随行的将士深受感动，士气大增，迅速击败张绣，攻占了湖阳，又夺回了宛城、舞阴等县。

　　建安三年 (198) 三月，曹操打算第三次进攻张绣，谋士荀攸劝阻说：“张绣与刘表相恃为强，然而张绣只不过是游军，完全依赖刘表供应粮草。刘表也不能长期供应，二人势必分裂，不如暂缓进军，等待变化，促使他们尽快分裂，如操之过急，他们势必会互相救援。”曹操没有采纳荀攸的建议，包围了张绣驻扎的穰城，围攻了两个月，没有攻下。这期间，袁绍想把献帝安排在靠自己近的地方，他派使者游说曹操，说许都地势低洼潮湿，洛阳已残败不堪，最好将国都迁到鄄城。曹操拒绝了袁绍的建议。谋士田丰对袁绍说：“既然不能实现迁都的计划，就应该早日进攻许都，奉迎天子，让皇帝发布诏书，向全国发号施令，此乃上策。如果不这样，最终会受制于人，后悔也来不及。”但袁绍没有采纳这个建议。

　　这时，袁绍部下来投奔曹操，向曹操说了田丰劝袁绍袭击许都的事，曹操便从穰城撤军，返回了许都。张绣闻此消息，在后面追赶。五月，刘表率领部队支援张绣，驻军安众 (今河南省镇平东南)，以此切断曹操的后路，曹操给荀彧写信说：“我到达安众，一定要把张绣打败!”到达安众后，曹军前后受敌，于是在夜里开凿险道，假装要逃跑。刘表、张绣率军追赶时，曹操设下埋伏，让骑兵、步兵前后夹击，将张绣、刘表的军队打败。荀彧后来问曹操：“您以前根据什么知道敌人必败?”曹操说：“敌人阻止我退兵，是要置我们于死地，因此我知道可以获胜。”

　　张绣追击曹操时，谋士贾诩劝张绣说：“不要追，追必败。”张绣听不进去，派兵追击曹操，结果大败而回。贾诩又对张绣说：“现在快去追赶曹军，再战必胜。”张绣却推辞说：“没听您的话，才到了这个地步，如今已经败了，为何又要去追?”贾诩说：“用兵没有定式，急速进军，必定有利。”张绣信了，随即将散兵集聚在一起急速追击，与曹军大战，果然得胜而归。回来后，张绣问贾诩："我用精兵追击败军，您说一定失败，失败后，用败兵追击刚打完胜仗的曹军，而您却说必能胜。结果都如您预料的那样，为什么您预料的与常情相反却又都得应验呢？"贾诩笑着问张绣："你想想曹操为什么会退兵？"张绣说："害怕了吧？"贾诩说："错了，你看这场战争，曹操既没有失利的地方，也没有失误的地方，他为什么会突然撤兵呢？一定是他的后方出现了问题，所以他才退兵。他这是有计划地撤军，而不是溃败而退，以曹操的英明，他必然会亲自断后，所以将军您起初追上去，当然必败无疑。曹操心里有事，他一定会急急火火地往回赶，既然已经打败您了，他就不会再亲自断后，一定会跑到前锋去了，即使后面留下几个将领断后，这几个将领虽然勇猛，却已不是您的对手，所以您哪有不胜之理啊？"张绣对贾诩佩服得五体投地。

　　贾诩，字文和，武威郡姑臧县人。少年时没有人赏识他，只有汉阳人阎忠很看中他，说他有张良、陈平之才。贾诩被举荐为孝廉，任郎官。后贾诩因病辞去官职，向西返回，到达汧县，中途遇上反叛的氐人，几十个同行的人都被氐人捉住。贾诩说："你们别活埋我，我是段公的外孙，我家有好多钱，一定会来赎我。"太尉段颎曾做守边大将多年，威震西方，贾诩拿他的名号来吓唬氐人。氐人果真害怕了，不敢害他，与他立下盟约送走了他，其余的人全被杀掉了。

　　当初，董卓进洛阳时，贾诩以太尉掾的身份任平津都尉，升为讨虏校尉。中郎将牛辅驻守陕县，他是董卓的女婿，贾诩在牛辅的部队中任职。后来贾诩任左冯翊，因为他的功劳很大，李傕等人想封他为侯，贾诩却说："那不过是为了救命，谈何功劳！"极力推辞没有接受。后来又让他做尚书仆射，贾诩又说："尚书仆射是官员的师长，天下人所瞩望，贾诩没有什么威望，不能令众人信服。贾诩若这样做是在荣誉面前冲昏了头脑，于国家不利！"李傕等人改授他为尚书，主管选举事务，贾诩接受了，并在任上做了很多有益的事，李傕等人对他既亲近又畏惧。恰逢贾诩母亲去世，贾诩辞去官职，被授为光禄大夫。后李傕、郭汜等人在长安城里争权夺利，李傕又请贾诩任宣义将军一职。在李傕等人和好、放出被扣留的天子、保护朝臣等事情上，贾诩都出了很多力。天子被放出后，贾诩交还官印绶带。这时，将军段煨驻军华阴县，他与贾诩是同乡，于是贾诩离开李傕投奔段煨。贾诩素有名气，为段煨的部队所盼望，段煨害怕贾诩夺他的兵权，但表面上对待贾诩却非常热情，贾诩更加忐忑不安。

这时张绣在南阳，贾诩暗中与他联系，张绣派人接贾诩。贾诩要出发时，有人问他："段煨对您很优厚，您为何还要走呢？"贾诩说："段煨生性多疑，有猜忌贾诩之意，虽然礼节周到，却不可靠，时间一长就可能被他算计。我离开他，他一定高兴，希望我在外为他联络援兵，他必定会厚待我的家人。而张绣没有主要谋臣，很愿意得我贾诩，这样我的家庭和人身都能保全。"贾诩走了。张绣对他持后辈之礼，段煨果然对他的家眷照顾得细致入微。

建安四年 (199) 秋，袁绍为牵制曹操，派使者去拉拢张绣，张绣想答应袁绍，贾诩却对使者说："请回去代我们向袁绍道谢，他于袁术都不能相容，还能容我们吗？"张绣非常惊恐，悄悄问贾诩："如果是这样，我们应投靠谁？"贾诩说："不如投靠曹操。"张绣说："袁强曹弱，我以前又与曹操结怨，怎能归附于他呢？"贾诩说："正因为如此，才应归附曹操。曹操尊奉天子以号令天下，这是归附他的第一个理由。袁绍强盛，我们以较少的兵力去归附他，得不到重视，而曹操势单力薄，我们去归附，他必然十分高兴，这是应当归附他的第二个理由。凡是有称霸天下之志的人，一定胸怀大志，定会抛弃私怨，表明他的恩德，这是应该归附曹操的第三个理由，请将军不要疑虑。"

张绣终于被贾诩的一番话说动。这年十一月，张绣率军投降曹操。果然，曹操非常高兴。曹操设酒宴款待张绣，任命张绣为扬武将军；贾诩为执金吾，封都亭侯，并让自己的儿子曹均娶了张绣的女儿。

如果说曹操对张绣的态度多少出于外交目的的话，那么对贾诩，曹操则是衷心感激、倾心欣赏。张绣来降以后，曹操曾对贾诩说："为我取信于天下的就是先生你啊！"

贾诩能够神机妙算原因就在于他看透了人性和人心。他是一个知人的人，能够把打交道的对象的心思摸得清清楚楚，所以他能够看到曹操撤退后面的原因，能够看到张绣投降以后的结果。同时，他又是一个知己的人，他明白像他这样从敌对阵营里投降过来的人，对于曹操来说，既是被利用的对象，又是被防范的对象。所以，贾诩自投到曹操麾下以后，为人处世变得非常低调，从不出风头，也不多交际，经常闭门谢客，待在家里安安静静地过日子，他的儿子、女儿嫁娶的也是平常人家。在东汉末年那个风云变幻的时代，谋士的下场往往凄惨，而贾诩却得以平平安安地活到 77 岁，寿终正寝，是那一时期结局最好的谋士。

夺取徐州，转危为安

曹操在与张绣反复较量的同时，也与袁术、吕布进行了周旋。虽然袁术与吕布一个在扬州，一个在徐州，并且结为儿女亲家，但关系时好时坏。袁术自汉献帝初平三年 (192) 割据淮南后，一直有称帝的野心。

袁术青年时，曾因侠义而闻名于天下，后来被举为孝廉，官拜郎中，曾多次担任朝廷内外的各种官职，一直升至折冲校尉、虎贲中郎将。董卓入京把持大权以后，打算把少帝刘辩废掉然后另立陈留王刘协为帝，任命袁术为后将军。由于袁术不愿追随董卓而引祸上身，于是从京都逃出奔南阳，刚好这时长沙太守孙坚将南阳太守张咨杀掉。孙坚原是袁术的部将，袁术于是趁此良机占领了南阳。南阳有数百万人口，由于袁术占领南阳后奢侈淫靡，征敛无度，致使百姓流离失所，苦不堪言。袁术与在冀州的堂兄袁绍有矛盾，又与邻近的荆州刺史刘

表不和，于是和幽州的公孙瓒结成同盟，而与幽州咫尺之隔的袁绍却将公孙瓒视为仇敌，于是和刘表结为盟友。兄弟二人各有各的打算，舍近交远到了如此地步。袁术领兵到陈留，遭到曹操和袁绍的联军进攻而溃败。于是袁术领着残部逃到九江，将扬州刺史陈温杀了，并将扬州据为己有，又封部将张勋、桥蕤为大将军职。董卓部将李傕等人率兵入京控制朝政后，想要收买袁术作为其外援，遂任命袁术为左将军，封阳翟侯，授予符节。李傕派太傅马日磾到各地给受封的将军侯爵举行拜受仪式，袁术趁机抢了马日磾所携带的军中符节，将他关押起来不再放回。

　　沛阳下邳人陈珪是已故太尉陈球的侄子，袁术与陈珪都是豪门世族出身，两人少年时代就有很深的交情。袁术给陈珪写信说："当年秦王朝丢失了王位和政权，天下群雄竞起争夺，最后却被智勇双全的人夺到手。如今天下大乱，刘氏江山面临瓦解，现在又到了群雄逐鹿之时。我与您有多年的交情，难道您就不肯帮助于我吗？若要做谋取天下之大事，只有您才是我最信任的人！"陈珪的儿子陈应此时也在下邳，袁术便以将陈应做人质相要挟，企图把陈珪彻底绑在他的战车之上。陈珪读了袁术的来信，答复他说："秦末之时，当权者恣意暴虐，凭严刑酷法统治天下，荼毒生灵，使人民忍无可忍，只得以死相拼，故而秦王朝很快覆灭。而今汉室衰微，可天下却没有秦朝崩溃前夕的酷刑暴政。将军曹操辅佐天子，智勇双全，从前被乱臣贼子搅乱的朝纲正在逐步恢复。荡平叛匪，平定海内，应该时日不远了。我本以为您出身于世代蒙受皇恩的公卿之家，理当与天下英雄同心协力，匡扶汉室，想不到您竟要图谋不轨，这实在令人痛心！眼下您若迷途知返，痛改前非，或许我还能原谅您的过错。我与您是多年故交，因此才与您推心置腹。虽然此言不免逆耳，但我却表达的是一种情同骨肉的心意。至于您为了私利让我与您合作，我是宁可头颅掉了也不会做的。"

　　献帝兴平二年（195）冬，李傕和郭汜在弘农郡的曹阳涧一带追击天子及公卿百官，保护献帝和朝廷的杨奉被叛军击败，献帝只身一人逃到黄河以北。袁术认为时机成熟，立刻召集部属们说："现在汉室日益衰落，我们袁家四代都担任朝中重臣，天下的百姓都愿归附于我。我想秉承天意，顺应民心，登基称帝，拯救苍生，不知你们意下如何？"众人听了，谁也不敢说什么，只见主簿阎象发言道："当年周人自其始祖后稷直到文王，累积功德，天下功劳，他们在三分中占了两分，可他们却宁愿做殷商的臣子，也不愿自立为帝。明公您虽然累世高官厚禄，但恐怕不及姬氏家族那样昌盛；汉室眼下虽然衰微，但却不能同残暴无道的殷纣王相提并论吧！"袁术听了阎象这番话没有说什么，心里却非常生气。

当献帝被曹操迎到许都后，袁术称帝的野心更加强烈，并于建安二年（197）正月在寿春称帝，自称"仲家"，还设置了公卿百官，在郊外祭祀天地。袁术召沛国相陈珪来做官，陈珪推辞，并写信给袁术说："你图谋不轨，以身试祸，还想让我做你的附庸，成为牺牲品，我宁死都不会答应你。"

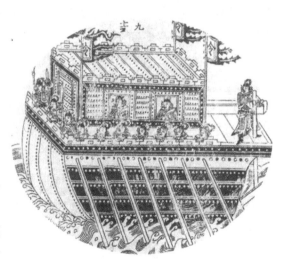

斗舰

袁术为了与曹操抗衡，打算拉拢吕布，便派使者韩胤把称帝之事告诉吕布，并想为自己的儿子迎娶吕布之女。吕布立刻答应了，让女儿随韩胤到寿春。陈珪担心他们两个联合会使天下更不安定，就劝吕布说："曹操奉迎天子，辅佐朝政，您也应该与他同心协力，共议大计。现在您却与袁术联姻，这样必招来不义的名声，将有累卵之危！"吕布也想起袁术当初不肯接纳自己的旧怨，有些后悔。这时他的女儿已随韩胤起程，吕布立刻派人把他们追回来，拒绝了婚事，并把韩胤押往许都杀死。

曹操利用这一时机，任命吕布为左将军，并亲自给吕布写了一封信，大加抚慰和拉拢。吕布非常高兴，派陈珪的儿子陈登带着书信登门谢恩。陈登见到曹操以后，指出吕布是有勇无谋、反复无常之人，应该尽早除去他。曹操说："吕布狼子野心，确实很难和他长期共处，只有你了解他。"曹操与陈登谈得很投机，他任命陈登为广陵郡太守。临别时曹操握着陈登的手说："徐州的事情，我就全部托付给你啦。"陈登回徐州后，暗地里联络部众，作为内应。

陈登见曹操时，吕布想让陈登向朝廷请示任命自己为徐州牧，但没能实现。陈登返回后，吕布大怒，拔出戟猛击桌案，对陈登喊道："你父亲多次劝我与曹操联兵一处，拒绝袁术的婚事，如今我连当徐州牧的要求都被拒绝，而你们父子俩却都升了官，是你们出卖了我！你是怎么在曹操面前替我说的？"陈登从容地说："我对曹操说：'对待将军就像养老虎，一定要让他吃饱，要不然他就会吃人。'曹操却说：'你说得不对，应该像养鹰一样，让他饿着才听话，要是让他吃饱了，就会飞走的。'"吕布明白了陈登所说的话。

袁术对吕布拒婚、诛杀韩胤的做法极为愤怒，立即遣大将张勋、桥蕤与韩暹等联合率领数万军队分兵七路攻打吕布，直取下邳（今江苏睢宁西北）。当时吕布只有步兵 3000 人，战马 400 匹，他担心抵挡不住，于是便对陈珪说："是因为你才把袁术的军队招来，你认为该怎么办？"陈珪说："韩暹、杨奉与袁术只是暂时联合，不会长久，我儿子陈登预料，他们就像一群鸡一样不能同时在一个鸡笼里。"于是他向吕布献计，写信给韩暹、杨奉说："两位将军为天子护驾，而董卓被我亲手杀死，都为汉室立了大功。现在你们为何与袁术一起做叛贼呢？不如大家联合攻打袁术，为国除害。"吕布还许下诺言，打败袁术后，将袁术的全部军用物资给他们。韩暹、杨奉见信后很高兴，当下改变主意，与吕布联合。于是吕布主动发动进攻，当快到张勋军营时，韩暹、杨奉的部下同时倒戈，大喊着向张勋军队冲杀过去，张勋仓皇逃命，吕布赶到，杀死了袁术的 10 余名将领，其余被杀伤落水而死者多不胜数。吕布与韩暹、杨奉会合后，向寿春进军。到达钟离，留下一

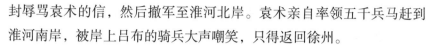

封辱骂袁术的信，然后撤军至淮河北岸。袁术亲自率领五千兵马赶到淮河南岸，被岸上吕布的骑兵大声嘲笑，只得返回徐州。

袁术在与吕布的火并中，众叛亲离，一败涂地。曹操见有机可乘，便在九月宣布袁术的罪状，率领大军东征袁术。袁术闻此消息，命桥蕤据守蕲阳抵御曹操，自己却弃军逃跑。桥蕤的守军被曹军打败，桥蕤也被曹军杀死。袁术逃到淮北，一蹶不振。

在曹操进攻袁绍和张绣之时，吕布乘机在徐州扩大势力。他打败了屯驻小沛的刘备，俘虏了刘备的妻子、儿女；曹操派夏侯惇去增援刘备，也被打败，吕布再次与走投无路的袁术联合。有鉴于此，征讨吕布、平定徐州成了曹操的头等大事。

建安三年 (198)，曹操准备亲自攻打吕布，他与诸将领商讨这件事情。不少人认为："现在刘表、张绣在后，若远征吕布，恐怕有危险。"荀攸不同意这种意见，他说："刘表、张绣刚受打击，肯定不敢再轻举妄动。吕布骁勇，又依仗袁术对他的帮助，如果他纵横于淮河、泗水之间，一定会有许多豪杰响应，应趁他现在刚刚背叛朝廷，众心不齐，发兵进攻，一定能打败他。"曹操认为荀攸的建议很好。这年九月，曹操率军出发，十月，曹军攻下彭城。广陵太守陈登率领郡兵为曹操的先锋，进抵下邳，吕布亲率兵马，屡次与曹操交战，结果每战必败，只好退守下邳，不敢再出战。

曹操包围了下邳，并给吕布写信，向他晓以利害。吕布非常害怕，打算投降。陈宫劝阻吕布说："曹操领兵远道而来，不可能在此长久停留，不如将军带领军队屯驻城外，剩下的军队由我带领着守城，如果曹操进攻您，我就在背后攻击他；如果曹军攻城，您就在外援救。不出一个月，曹操粮草断绝，到那时我们再一起反击，就可以打败他。"吕布同意陈宫的意见，打算留陈宫和高顺守城，自己领兵出城，截断曹军的粮道。吕布的妻子对吕布说："陈宫与高顺向来不和，将军一旦出城，他们俩势必不能同心协力地守城，如果有变故，将军到何处立足？而且曹操对陈宫很好，陈宫还背叛曹操投奔我们。你对陈宫并没有超过曹操，就把全城交付于他，别妻离子，孤军出城，如若有变，我还能做将军的妻子吗？"吕布一听此言就打消了出城的计划，他秘密派部下许汜、王楷到袁术那里求援。袁术气愤地说："吕布不把女儿送来，就应当失败，为何又来找我？"许汜、王楷说："您若现在不救吕布，是自取灭亡。一旦吕布溃败，您也该倒霉了。"于是，袁术整顿军队，援助吕布。吕布担心因为自己不嫁女儿袁术就不发兵救助，便用绸缎把女儿身体裹紧，绑在马上，夜里亲自送女儿出城，被曹操的守兵发现，吕布没有办法通过，只好又退回城中。

下邳已被曹操包围两个多月了，还没有攻下，将士们都十分疲惫，曹操也准备撤军。谋士荀攸、郭嘉说："吕布有勇而无谋，现在屡战屡败，锐气已经大大受挫。三军以将为主，主将锐气一衰则军队斗志全无，我们现在应该趁吕布锐气没有恢复、陈宫未定谋略的时候，发起猛攻，一定能够将吕布打败。"于是，曹操决开沂水、泗水淹灌下邳。一个月过后，吕布开始支撑不住，决定向曹操投降。陈宫说："现在投降，就好比以卵击石，不会有好结果!"十二月二十四日，吕布的部将侯成、宋宪、魏续等将陈宫和高顺抓住，率军队投降曹操，吕布带领亲兵退守至下邳城的白门楼上。曹军再一次发动进攻，吕布见大势已去，只好投降。

吕布被押到曹操面前，他对曹操说："从今以后，天下可以平定!"曹操说："你为什么如此说？"吕布说："您所忧虑的不过是我吕布，现在我已经降服于你了。如果让我统帅骑兵，您统帅步兵，还愁天下不能平定吗？"吕布又对在曹操身边的刘备说："玄德，你现在是座上客，我是俘虏，绳子把我捆得太紧了，你难道不准备替我求个情吗？"曹操笑着说："缚龙不得不紧!"他下令给吕布松绑，刘备劝阻曹操说："不可以，您难道不知吕布当年跟随丁原和董卓的事吗？"曹操想到吕布反复无常的个性，同意了刘备的意见。吕布又气又恼，瞪圆了双眼，对刘备喊道："你这个大耳朵的家伙，是最不可信的!"

曹操下令将吕布、陈宫、高顺一同绞死。曹操念陈宫是他起兵时的旧部，没有株连其家属，还给予很好的照顾，把陈宫母亲接来赡养直到去世，还把他的女儿嫁了出去。

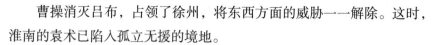

曹操消灭吕布，占领了徐州，将东西方面的威胁一一解除。这时，淮南的袁术已陷入孤立无援的境地。

袁术被困于淮南，又遭遇天旱地荒，士民冻馁，处境十分狼狈。他打算通过徐州、青州，北投袁绍。曹操派刘备领兵去徐州截击。袁术无法通过，想返回寿春，却病死在路上。

当初，刘备在许都，曹操特别器重他。曹操对刘备说："现今天下英雄，唯你刘备与曹操耳。本初 (袁绍字) 之徒，不算什么。"当曹操派刘备去徐州攻打袁术时，谋士们都纷纷反对，谋士程昱等对曹操说："你以前不杀刘备，我们也无从劝你，现在刘备借用你的兵马，必然有异心。"刘备离开许都前，曾经与外戚董承等受献帝衣带中密诏诛杀曹操。刘备到徐州后，立刻派人与袁绍联络，一同反对曹操。

曹操很重视刘备，他无论如何也不会让刘备在徐州站稳脚跟。曹操计划在袁绍出兵前，先除掉刘备。他手下的将军们都说："与主公争夺天下的，是袁绍，现在你却弃之不顾，若袁绍乘人之危，您该如何？"曹操说："刘备才是我的心腹大患，今天不除掉他，必后患无穷，袁绍虽然有大志，但见事迟，必不采取行动。"谋士郭嘉也赞同曹操先消灭刘备。刘备到徐州还未及整顿，曹操大军就已杀来，刘备战败，只好经青州北投袁绍。这一战，从决策到胜利回师，都在建安五年 (200) 正月之内，而袁绍也正如曹操所预料的，"见事迟，必不动"，待曹操回师北屯官渡 (今河南中牟县东北)，袁绍还没有动。

至此，袁术、吕布死，张绣降，刘备败。在经过几次军事胜利以后，被四面包围的许都已转危为安。

官渡之战，大败袁军

从 190 年开始，经过 10 年的战争，绝大多数首领渐渐退出政治舞台，杨奉被灭，吕布已死，袁术身亡，张绣投降，孙策据守江东，刘备尚未出头，逐鹿中原的就只剩下曹操和袁绍了。袁绍据有冀州、青州、并州、幽州四州；曹操则掌控西到关中，东到兖州、豫州、徐州，黄河以南、淮汉以北的大部分地区。两股势力在黄河下游隔河南北对峙。一山难容二虎，曹操、袁绍一决雌雄势在必行，挑头的人是不可一世的袁绍。

建安四年 (199) 六月，袁绍选精锐之兵 10 万，马万匹，率军南进。八月，曹操进驻黎阳 (今河南浚县东北)，派遣青州豪族臧霸率部从徐州入青州，严守东线，又派于禁屯驻黄河南岸，分兵守官渡 (今河南中牟东北)，与袁绍隔河对峙。另派卫觊镇抚关中，又一次取得关中诸将的服从。袁绍帐下谋士沮授不同意袁绍与曹操仓促交战，他说："近来讨伐公孙瓒，连年出兵，百姓已疲惫不堪，仓库中又没有积蓄，不宜此时出兵。应该让老百姓搞好农业生产，休养生息。同时，遣使者把征讨公孙瓒的消息上报天子，如果上表受阻，就说明曹操隔断我们与朝廷的联系，然后进兵黎阳，逐渐向黄河以南发展势力。多造战船，修缮器械，分遣精骑就可骚扰曹操的边境，使他不得安宁，而我军则以逸待劳，这样可以稳得天下。"郭图、审配却主张与曹操决战，他们说："以您用兵之神武，统率北方强兵，征讨曹操，轻而易举，何必那样费事！"袁绍不听沮授等人的劝阻，采纳了郭图、审配等人的建议，将军队分为三部分，派沮授、郭图、淳于琼各统一军。

曹操早就预料到与袁绍必有一战。建安二年 (197)，他曾打算讨伐袁绍，但因为当时实力不强，只好作罢。

曹操和袁绍自小就有往来，知彼知己，曹操有信心战胜袁绍。在听得袁绍率领大军10余万即将攻打许都的消息后，曹操手下诸将都认为打不过袁绍，但曹操却说："我知道袁绍的为人，志大而智小，色厉而胆薄，忌克而少威，兵多而分划不明，将骄而政令不一；土地虽然广阔，粮食虽然充足，却都是给我准备的。"荀彧和郭嘉都是当时有名的谋士，两人都先辅佐袁绍后投靠曹操，对曹、袁都有比较深刻的了解。"袁绍虽然强大，却不会有什么作为。绍礼仪烦琐，公待人顺其自然，这是在处世之道上胜过他。绍出兵离经叛道，公却尊奉天子，顺应天下民心，这是在道义上胜过他。绍以宽济宽，因此松松垮垮，公却厉行法治，使上下守法，这是在治理上胜过他。绍外表宽厚而内心疑忌，用人好起疑心，只信任亲戚子弟；而公用人不疑，唯才是用，不问远近亲疏，这是在气度上胜过他。绍计谋虽多而决断少，常失掉良机，公制定政策立即执行，可以应付各种变化，这是在谋略上胜过他。绍喜高谈礼仪，沽名钓誉，公诚心待人，不虚情假意，正直有远见，这是在品德上胜过他。绍过于计较小事，而公对小事，有时忽略，但对于大事，却考虑得十分周全，这是在仁义上胜过他。绍手下的大臣争权夺利、互相倾轧，公却管理有方，谗言诽谤行不通，这是在明智上胜过他。绍黑白不分，公对正确的鼓励，对错误的正之以法，这是在文治上胜过他。绍喜欢虚张声势，不知道兵法的要领，公却能以少克众，用兵如神，这是在武力上胜过他。"

名士孔融对战胜袁绍缺乏信心，他说："袁绍地广兵强，有田丰、许攸这样的智士为他出谋划策，有审配、逢纪这样的忠臣为他奔走效劳，有颜良、文丑这样的勇将为他统率兵马，恐怕难以战胜袁绍吧？"荀彧说："袁绍兵将虽多但法令不严，田丰刚直但经常冒犯上司，许攸贪婪而不会处世，审配专权而缺少谋略，逢纪果断但刚愎自用。这几个人彼此不能相容，势必内部要发生内讧，至于颜良、文丑只不过是匹夫之勇罢了，一战就可以把他们擒获。"

　　九月，曹操分兵把守官渡，准备与袁军交战。袁绍企图联合张绣和刘表共同夹击曹操，遂派使者到穰城联络张绣，还有意给张绣的谋士贾诩捎信结好。张绣准备答应，还没有说话，贾诩在一旁就开口了，他说："请回去转告袁绍，兄弟都不能相容，怎么能容得下天下的国士呢?"使者只得怏怏而回。不久，张绣率众投降曹操。袁绍又派人至刘表那里请求援助，刘表很爽快地答应了，实际上却按兵不动，对袁曹之间的争斗只打算作壁上观，张、刘的态度使袁绍迟迟不敢动手。这时凉州牧韦端的从事杨阜从许昌返回关中，众将领问他袁绍与曹操哪个能胜，杨阜说："袁绍宽容但不果断，喜欢谋略而犹豫不决，不果断就没有威信，迟疑不决就错过良好的时机，虽然目前强大，但最终不能成就大业。曹操有雄才大略，遇事当机立断，毫不犹豫，法令统一，士兵精悍，任人唯贤，受他聘用的都各尽其力，一定能成就大业。"

　　曹操知道关中地位重要，派诏书侍御史卫觊到那里去镇守安抚。当时有很多逃亡在外的百姓返回关中，将领们纷纷将他们收做私兵。卫觊知道这一消息，给荀彧写信说："关中土地肥沃，从前遭饥荒战乱，有十万余家百姓流亡到荆州，现在听说故乡安定了，都渴望归乡，但归乡后无法谋生，军事将领们都纷纷招揽他们做私兵。郡县由于贫弱，无法与他们抗衡，将领们的势力大大增强，一旦发生变乱，必然后患无穷。我的意见是，把过去分散到民间的盐务管起来，设使者监督买卖，用此项收入多买犁与耕牛。如果有百姓返回故乡，就借给他们耕牛，鼓励他们耕种，积攒粮食，使关中逐渐繁荣昌盛。流亡到外地的百姓听此消息后，定然争着返回故乡，这样可以使军事将领的力量削弱，官府和百姓可以强盛，这是削弱敌人、强大自己的最好方法。"荀彧把卫觊的建议说给曹操听，曹操同意这样做。从此关中地区受到朝廷的控制，对曹操不再构成威胁。

　　为了避免与袁绍决战时分散精力，曹操还出兵打败了刘备，将刘备的妻子俘虏，关羽也被抓。原来，刘备起兵之后一直没有稳固的地盘，他先后依附陶谦、吕布，建安三年 (198) 又依附曹操。建安四年

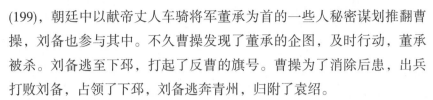

(199)，朝廷中以献帝丈人车骑将军董承为首的一些人秘密谋划推翻曹操，刘备也参与其中。不久曹操发现了董承的企图，及时行动，董承被杀。刘备逃至下邳，打起了反曹的旗号。曹操为了消除后患，出兵打败刘备，占领了下邳，刘备逃奔青州，归附了袁绍。

曹操东征刘备，许都空虚，正是袁绍对曹操发动进攻的良机。袁绍的谋士田丰向他建议："与您争夺天下的人是曹操。曹操现在攻打刘备，许都空虚，我军如能大举进军，定可获胜。要抓住战机进兵许都。"袁绍没有采纳田丰的建议，却推辞说儿子病了，无心出征。袁绍在曹操、刘备交战时坐失良机，在曹操回师官渡之时，他却又坚决出兵了。

建安五年 (200) 正月，袁绍向各州郡发布了征讨曹操的檄文。此文出自陈琳之手，文字尖酸刻薄，说曹操是"赘阉遗丑""好乱乐祸"。袁绍与部将商议进攻曹操，谋士田丰说："曹操现在打败了刘备，许昌已不再空虚，而且他又善于用兵，军队虽少却不可轻视。现在不如采用持久战，将军在地理上占有优势，拥有众多兵将，外结英雄，内修农战，然后再挑选精兵，出其不意袭击曹军，使他们疲于奔命，百姓不得安宁，他们疲惫不堪，而我们不辛劳，不用三年，我们就可稳操胜券。您现在放弃必胜之策，贸然与曹操交战，如不能如愿，后悔也来不及了。"袁绍不但不听从田丰的建议，还认为田丰的劝谏冒犯了他，因此大怒，将田丰关押起来，由此也大大挫伤了军队士气。

建安五年 (200) 二月，袁绍率军攻进黎阳 (今河南浚县东北)。他得知曹操派东郡太守刘延驻守白马 (今河南滑县东)，于是派大将颜良率领大军渡过黄河，企图攻占白马，扫清南下的障碍。刘延在白马坚守，颜良来势汹汹，守城士兵伤亡很多。曹操在官渡听此消息，想出兵北援刘延，军师荀攸向曹操献计说："现今我们兵马不足，不能与袁绍正面交战，必须分散敌人的力量才能将其打败。如果您率军向延津做出要渡黄河抄袁绍后路的姿态，袁绍一定会分兵向西来阻截，然后我们再派轻兵突然袭击白马，乘其不备攻打，一定可将颜良擒获。"

曹操采纳荀攸的建议，亲自领兵向延津进军。袁绍听说曹操要渡河，立即派部将文丑率兵增援，袁绍则亲自率领大军在朝歌（今河南淇县）驻扎，准备对曹操进行正面攻击。曹操立刻分兵向白马急速进军，离白马只有十几里地时，颜良才发觉，慌忙应战，曹操派关羽、张辽前去应战。关羽英勇善战，远近闻名，曹操将其俘获后一直想收服他，但关羽没有久留的意思。张辽问起原因，关羽说："云长深知曹公待我不薄，但我受刘将军的恩情，誓与他共生死，不能背叛他。我虽不能留下，但要找机会立功以报曹公的恩情，然后离去。"此次曹操派关羽解白马之围，正是关羽立功的机会。关羽精神抖擞，策马冲杀，将颜良斩杀于万军之中，袁军顿时大乱，纷纷溃败，白马之围遂解。

曹操解除白马之围后，让当地百姓跟随军队向西南迁移，袁绍倚仗自己人多势众，准备挥师渡河，追击曹军。因为屡谏而被嫌弃的沮授，这时又劝阻袁绍说："战争胜负变幻莫测，一定要有周密的计划。应当派文丑留屯延津，另分一支兵力进攻官渡。如果能够攻克，再迎接大军也不迟，否则就会导致全军覆没。"袁绍不听从他的意见。沮授在大军即将渡河的时候叹息道："首领骄傲轻敌，将士们贪恋功名，悠悠黄河，我们还能再回到这里吗？"他推托身体有病，不愿过河。袁绍非常气愤，强迫沮授随军渡河，并把他的军队划归郭图。

袁绍率军到达延津以南后，命令文丑为前锋，向曹军发动进攻。曹操则在酸枣以北的南阪下安营扎寨，他派人登高观察袁军的动静，瞭望哨向曹操报告说："已发现袁军骑兵五六百人！"过一会儿又报告说："骑兵增至一千余人，步兵不计其数！"曹操镇定地说："不用再报告了。"接着，他命骑兵卸鞍放马，把辎重车辆堆放在道路两旁。许多将领说，敌人骑兵多，不如将辎重车运回，守卫大营。只有荀攸明白曹操的用意，他对将领们说："这是用来引诱敌军的，怎么能运回呢？"曹操笑着说："知我者，荀攸也。"

这时文丑与刘备率领的五六千骑兵先后赶到。众将领感到情况紧急，急催曹操下令迎战。曹操却从容不迫地说："还不到时候。"又过了一会儿，袁绍的骑兵越来越多，当他们看见曹军的军用物资堆满路

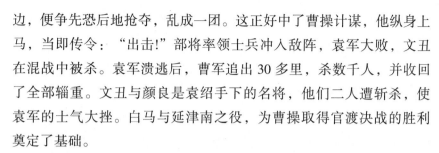

边，便争先恐后地抢夺，乱成一团。这正好中了曹操计谋，他纵身上马，当即传令："出击!"部将率领士兵冲入敌阵，袁军大败，文丑在混战中被杀。袁军溃逃后，曹军追出 30 多里，杀数千人，并收回了全部辎重。文丑与颜良是袁绍手下的名将，他们二人遭斩杀，使袁军的士气大挫。白马与延津南之役，为曹操取得官渡决战的胜利奠定了基础。

延津南之战，曹操利用了袁绍军队贪婪无纪律的弱点，采用了以白马辎重诱敌的计策。袁绍骑兵虽多，但到了"分取辎重"之时，已经乱了阵脚，成为一群乌合之众，不堪一击了。

打了白马、延津南两个战役之后，曹操不慌不忙地把军队撤退到官渡。与袁绍在官渡决战，曹操是已有计划的。撤军到官渡，这是一个主动的战略撤退。

官渡位于中牟县北，在古官渡水的南岸，这里比延津更靠近许都。因为曹操缩短了防线，也就缩短了补给线，而对袁绍来讲则是深入敌境，分散了兵力，延长了补给线。曹操选择在官渡与袁绍决战对自己是有利的。

建安五年 (200) 四月，曹操将军队撤回官渡严阵对峙。袁军则进至官渡北面的阳武 (今河南原阳东南)，与曹军隔水对峙。沮授又向袁绍建议："北边军队虽多，但不如南边强劲果敢，南边军粮少，军资也不如北边，速战对南边的军队有利，持久对北边的军队有利。应用持久战的办法耗费曹军的实力，不应仓促和曹军决战。"对沮授打持久战的建议袁绍置若罔闻。八月，袁军自阳武连营进军官渡，大军依沙堆为屯，东西数十里。曹军亦如此。从八月到十月，袁、曹两军在官渡相持了两三个月。由于袁军兵多势强，曹军兵少势弱，曹军的形势是非常危急的。在这期间，曹操的后方又出了问题。先是汝南黄巾首领刘辟等背叛曹操，响应袁绍，袁绍见有机可乘，派刘备率兵援助刘辟，一时间，周围郡县纷纷响应。袁绍还派人拉拢阳安都尉李通，授予他征南将军的职位，率军反对曹操。李通坚决不从，他手按剑柄责问来人说："曹公明智，必然能赢得天下。袁绍虽然此时强盛，终将

被曹操打败！我宁可死也不变心！"一怒之下李通杀了使者，把袁绍送来的印绶交给了曹操。

袁绍也曾经试图分兵袭击曹操的后方。他曾经派刘备到汝南地区协助当地的地方势力，骚扰许南。这最初确实也给曹操后方构成了一定的威胁，使得许都以南吏民不安。刘备新降袁绍，未能得其重用。曹操派曹仁的兵马出击，把刘备打退，尽复诸县。袁绍又遣韩荀抄断西道，为曹仁所击破，从此袁绍就再不敢分兵出击了。

回到袁绍军中的刘备，暗中准备离开袁绍，于是，他劝说袁绍与刘表联合，并且愿意前往游说，袁绍同意了，于是，刘备带着他原来的部队到达汝南，与当地首领龚都联合，部众共有千余人。曹操派部将蔡扬前往进攻，被刘备杀死。

九月，曹操出兵与袁绍交战，被袁绍击败，又退回大营坚守。袁绍见曹军不出来迎战，便命士兵在曹操军营外修建高台，堆起土山，向曹操的营地放箭，曹营将士行走都要用盾牌遮挡。曹操这时也采取相应措施，他派人快速制造了一种霹雳发石车，攻击力很强，将袁军的壁楼全都击毁。袁绍挖地道攻击曹操，曹操则命士兵在营里面挖长沟截断袁军地道。虽然袁绍的进攻没捞到什么好处，但是曹操兵少，粮食将尽，士卒疲惫不堪，老百姓也无法忍受繁重的赋役，纷纷逃亡，归附袁绍，形势对曹操来说十分严峻。曹操很担心，准备退回许都。他写信给荀彧征求意见。荀彧回信说："袁绍的兵马全部聚集在官渡，要与您决一胜负，您以弱小的军队来抵抗强大的军队，如果无法战胜敌人，就会溃不成军。再说，袁绍只不过是布衣之雄，能够把人聚集起来却不能很好地利用。凭借您的神武英明，再加上顺应天命，一切困难都会迎刃而解的。您只以袁绍十分之一的兵力，就牵制了袁军，使他无法前进，只要再过半年，事情就要发生变化了，这正是取胜的良机，可要把握住呀！"荀彧的信给了曹操很大鼓舞。曹操一方面命令部队坚守官渡，不丢城池，另一方面采取有效措施解决军粮补给问题。他对运粮的士兵说："再过半个月，我为你们打败袁绍，你们就不再辛苦了。"

　　九月间，袁绍有几千辆运粮车到官渡，荀攸对曹操说：袁绍运粮车日暮而至，押运粮草的韩猛勇猛而轻敌，我军应派人袭击他，一定会打败他。曹操听取荀攸的建议，派徐晃、史涣在路上截击韩猛，将其击破，并且烧了粮草。十月，袁绍又派遣军队运粮供应前线的部队，使部将淳于琼等率领部队万余人护送，停宿于营北40里的乌巢。袁绍谋臣许攸与审配不和，许攸在邺城的家族犯法被审配治罪。许攸投奔曹操，将袁绍辎重屯集在乌巢、袁军防守不严的情况告诉曹操，并建议曹操乘着夜幕前去袭击。曹操采纳许攸的建议，决定由曹洪、荀攸留守，自己亲自率兵夜袭乌巢袁军粮草。曹操亲率5000精兵，打着袁军旗帜，命士兵将马嘴绑上，连夜从小道向乌巢进发，每个士兵怀中都抱着一捆干草。路上，遇着袁军盘问，就说"袁公担心曹操袭击我方后路，特派我们前去乌巢严加防守"。袁军听后信以为真。曹军到达屯粮处，迅速点燃干草，顿时火光冲天，袁营大乱。天亮之后，淳于琼看见曹操兵少，便开门出击，被曹军击败后又入营自守，曹操一时间攻打不下来。

　　淳于琼被曹军袭击的消息传到袁绍那里，袁绍并没有派兵增援淳于琼，反而认为正是攻下官渡的良机，他对儿子袁谭说："趁曹操攻打淳于琼这一不可多得的机会，我领兵攻下曹操的大营，让他没有归路。"于是命令大将高览、张郃等向官渡进军。张郃说："曹操率精兵去攻打淳于琼，必定会胜，淳于琼一败，事情可就不好办了，请让我去援救他吧。"谋士郭图支持袁绍攻打官渡。张郃说："曹操的营垒坚固，不容易攻克，如果淳于琼被捉，我们就都成俘虏了！"袁绍想了一下，只派出很少的军队去营救淳于琼，仍派遣主力部队攻打曹营。

　　袁军的骑兵到达乌巢，曹操的部将们说："敌人的骑兵逐渐靠近我们，请派兵攻打他们。"曹操说："等敌人到了背后再告诉我！"士卒拼死力战，终于打退了袁军，又斩杀了淳于琼，乌巢积存的粮食全被烧毁，而袁军的主力也没能攻克曹操大营。袁军战败的消息传来，袁军将士非常惊慌。郭图见自己的计谋失算，心里忌恨张郃，反过来诋毁张郃，说张郃"听得军败很高兴"。张郃气愤之下与高览一起

投奔曹操去了。

至此，袁军溃败的局面已无法挽回。听得淳于琼被杀，张郃、高览降曹营的消息，军心动摇，曹操乘机发动全面进攻，将袁军彻底击溃，袁绍和儿子袁谭只带八百士兵逃回河北，官渡之战结束。在这次大战中，曹操消灭袁军主力 7 万多人，并且缴获了袁军丢弃的大量辎重、图书、珍宝等。

曹操活捉了袁绍的谋士沮授。曹操与沮授原是好友，曹操想收留他，对他说："袁绍是个没有谋略的人，不采用你的计策，现在天下动乱不安，我们正好同谋大业。"沮授说："我的叔父与弟弟的性命都掌握在袁绍手中，您如果看得起我，就将我杀掉，这也是我的福分。"曹操叹息道："我如果早点得到你，天下大事就不用担忧了。"曹操赦免沮授，并厚待他。不久，沮授企图逃回袁绍军中，曹操只好杀掉他。

袁绍逃至黄河北岸的黎阳，进入部将蒋义渠的军营，紧握着他的手说："现在我的性命就托付给你了。"蒋义渠退出大帐，让袁绍发号施令，袁军残部渐渐聚拢起来。

谋士田丰当初因劝谏袁绍而被押进大狱，袁绍失败后，有人对他说："这次你一定有机会被袁绍重用了。"田丰说："袁绍外表宽厚而内心猜忌，不理解我的忠心。我因数次劝谏已经得罪了他，若是他胜利了或许能赦免我，现今他一败涂地，妒性必然发作，我没有活路了。"谋士逢纪忌恨田丰，他诋毁田丰说："田丰听说您兵败而退，高兴得拍手大笑，说这早在他预料之中。"袁绍大怒，杀了田丰。

退回邺城后的袁绍，并不甘心于失败的结局，再度集结青、幽、并三州人马，企图与曹操决战。建安六年 (201) 四月，袁绍率兵马开至黎阳，曹操根本不怕袁绍，从官渡北上迎击。他派轻骑兵，将袁军引至仓亭 (今山东阳谷东南)，然后发动攻击，大败袁军。次年正月，曹操再一次击败袁绍。

北征乌桓，曹操统一北方

　　建安五年 (200)，袁绍在官渡之战中大败，建安七年 (202) 五月，袁绍在邺城死去。袁绍虽死，袁氏集团的势力仍然存在。袁绍有三个儿子袁谭、袁熙、袁尚。袁绍的后妻刘氏宠爱袁尚，时常在袁绍跟前称赞袁尚。袁谭是长子，本来袁绍想让他做继承人，但刘氏坚决反对，袁绍便改变了初衷，把袁谭过继给自己的哥哥，并且让他离开邺城，到青州担任刺史。

　　袁谭与袁尚虽是亲兄弟，但是并不团结，都想压倒对方，袁绍手下的部将分别支持他们俩。辛评、郭图拥护袁谭，逢纪、审配则拥护袁尚。袁绍死后，众人都认为应当由长子袁谭继承袁绍，审配等人则担心袁谭掌权后会对自己进行报复，便伪造袁绍的遗命，拥立袁尚为继承人。从青州赶回邺城的袁谭，见没能接替父亲的职位，便自称车骑将军，屯驻黎阳。袁尚给了袁谭少量的人马，还派逢纪去监督袁谭，袁谭一怒之下，杀了逢纪。

　　这年九月，曹操率领大军渡过黄河，进攻黎阳。袁谭请求袁尚援助，袁尚担心黎阳失守，冀州不保，便留审配镇守邺城，亲自领兵马去营救袁谭，抗击曹军。袁军与曹操交战数次，都惨遭失败，只好撤兵回到邺城，曹操占领了黎阳。接着，曹操又马不停蹄地追到邺城，袁军在邺城坚守，不出城与曹操交战。曹操没有办法，收割了邺城周围的麦子，充作军粮。众将领都要求攻打邺城。郭嘉对曹操说："袁谭、袁尚这两个人袁绍都非常宠爱，但谁也没被立为继承人。他们现在的势力相当，各有党羽，如果急于进攻，他们就会相互援助。如果暂缓攻打他们，他们就会争权夺利。不如南下荆州，等待时机变化，到时再出兵攻打，可以一举成功。"曹操采纳郭嘉的建议，命贾信驻守黎阳，自己率军回许都，准备南下征讨刘表。曹军刚到西平(今河南西平)，就传来袁谭和袁尚火并、袁谭派人请求援助的消息。

原来，曹操撤军后，袁谭对袁尚说："我的部队铠甲不够精锐，所以曹军才打败了我，现在曹军撤退，我想趁他未过黄河之前，派兵追杀，这个良机可不能错过呀!"然而，袁尚却怀疑袁谭，以为他别有用心，不给他增兵也不给铠甲，袁谭大怒。郭图、辛评乘此时机挑动袁谭带领军队攻打袁尚，结果却被袁尚击败，率军退回南皮。袁尚紧追不放，袁谭又逃到平原，被袁尚重重包围。袁谭无法逃脱，便派辛评的弟弟辛毗到曹操处求救。

辛毗向曹操讲明了袁谭请求援助的事情。曹操与部将商议对策，众人认为，刘表现在很强，对曹军威胁最大，应该首先平定荆州，至于袁谭、袁尚则不必担心。而荀攸则认为，刘表坐守江、汉之间，没有征伐四方的雄心壮志，而袁氏据四州之地，有军队几十万，应该趁袁尚、袁谭火并，力量分散的时机，夺取河北。郭嘉也同意出兵援助袁谭，攻打邺城，削弱袁氏势力。郭嘉还说："现在的敌人没有比占据河北的袁氏集团势力更强大的，平定河北，可以大振军威，震动天下。"曹操采纳了荀攸、郭嘉的建议，决定出兵援助袁谭。

十月，曹操军马到黎阳，袁尚听到了曹军渡河的消息非常害怕，就解除了对平原的包围，撤回邺城，袁尚的部将吕旷、吕翔投降了曹操。

建安九年(204)二月，袁尚又派出大军到平原攻打袁谭，部将审配、苏由留下来守卫邺城。曹操抓住这个时机，迅速出击，直击邺城，守将苏由出城投降了曹操。邺城被曹操团团包围，并且在这里筑土山、挖地道，向邺城发动了进攻，由于邺城城墙坚固，未能攻克。五月，曹操在城的四周挖了一条深2丈、宽2丈、长达40里的壕沟，引漳水灌入沟中，完全阻断了邺城与外界的联系。城中粮食已尽，许多人因饥饿而死。七月，袁尚得知大事不好，忙率主力一万余人回救邺城，

被曹操拦击，袁尚溃败而逃，投奔幽州的袁熙去了。

袁尚被击败之后，邺城的守军斗志全无，只剩下审配顽固抵抗，大喊着给士兵鼓气，但人们已完全不信任他了。

审配的侄子审荣任邺城东门校尉，八月初二，审荣乘着夜色朦胧打开了城门，把曹军放入城中，审配被曹军生擒。这时邺城监狱中关押着辛评的家眷，辛毗赶去解救，但他们早被审配杀死。审配被曹军士兵押到曹操大帐中，辛毗非常愤怒，用马鞭猛抽审配的脑袋，大骂道："你今天非死不可！"审配依然很蛮横，瞪着眼睛恶狠狠地说："狗东西，正是由于你们这些人，才让曹操攻下冀州。我恨不得立刻杀死你，你敢把我怎样！"不一会儿，曹操走进大帐，看了看满不在乎的审配，开口说道："我那天巡视围城的部队，怎么看到你有那么多的弓弩手呢？"审配说："我还恨太少呢，没把你射死！"曹操想缓和气氛，给审配一条活路，就说："你为袁氏尽力，也是迫不得已！"哪知审配一点不领情，始终不说一句求饶的话。曹操无可奈何，只好将他杀死。

在曹操围攻邺城时，原来已经归降曹操的袁谭又背叛曹操，攻取了河北大部分地区。曹操给袁谭写信，责怪他违约，同他断绝了婚姻关系。原来，在袁谭向曹操求援时，曹操与袁谭结为亲家，允袁谭之女嫁给儿子曹整。袁谭背叛后，曹操在把袁谭的女儿送回去的同时，出兵讨伐袁谭。

建安十年 (205) 正月，曹操进攻南皮，袁谭迎战曹操，曹军伤亡惨重。曹操想先暂时不进攻，议郎曹纯劝道："现在我孤军深入，难以坚持太久，如果不一鼓作气将敌人击败，一后退就会军威丧失。"曹操听从了曹纯的劝告，亲自冲锋在前并且擂动战鼓，指挥将士猛攻敌军，终于将南皮攻陷。袁谭仓皇出逃，被追上来的曹军杀死。

之后，曹操又率领大军北上，攻打幽州的袁熙。袁熙因部下焦触、张南叛变，出战失利，与袁尚一起投奔辽西郡的乌桓。焦触自称幽州刺史，逼迫各郡县长官背叛袁氏，归顺曹操，焦触等被封为列侯。曹操在占领幽州之后，又发动了对并州的进攻。

在邺城被曹操攻下后，并州刺史高干为了免遭攻打，曾表示愿意归顺曹操。袁尚、袁熙逃往乌桓后，乌桓出兵进攻犷平 (今北京密云东北)，曹操亲自率军援救，犷平安然无恙，乌桓退至塞外。高干听说曹操与乌桓交战，又背叛了曹操，企图乘曹操北上之机，偷袭邺城。曹操派遣部将乐进、李典截击高干，高干据守壶关 (今山西长治东南)。建安十一年 (206) 正月，曹操率领大军亲自征讨高干，包围壶关。三月，攻下壶关，高干逃往平阳 (今山西临汾南)，求救于南匈奴，遭匈奴单于拒绝。高干无奈，只好又南奔荆州投靠刘表，途中被上洛都尉王琰抓住斩首，并州全部平定。

曹操经过五年的征战，终于全部占领了冀、青、幽、并四州，结束了北方常年战乱、民不聊生的局面，为恢复和发展社会经济创造了重要条件。

曹操并没有因此而满足，他想彻底消灭袁氏残余势力，统一北方，于是，他决定北征乌桓。

东汉中期，辽西、辽东、右北平的乌桓结合起来，称为"三郡乌桓"。东汉末年，乌桓渐渐强盛起来，乘东汉衰败的机会，多次南下侵扰，杀掠官吏和百姓，并且向南劫掠青、冀、徐、幽四个州。建安初年，袁绍在河北谋求发展，与号令三郡乌桓的乌桓王蹋顿结盟，联合起来消灭了占有幽州的公孙瓒，并假借汉朝廷的名义，任命蹋顿为乌桓单于；后来又顺从乌桓各部首领的请求，以楼班为单于，封蹋顿为王。

自秦汉以来，匈奴一直在侵扰边境。汉武帝虽然平定了四方少数民族的叛乱，例如东面平定南越、东越、朝鲜，西部征讨大宛、贰师，并且打通邛、莋及夜郎的通道。但这些地区远离王畿，对中原不会构成重大威胁，而匈奴离王畿最近，骑兵只要向南侵犯，中原便会受敌。因此，汉朝多次派遣卫青、霍去病等率领大军北伐，追赶单于，占领其富饶平广的土地。从那以后，匈奴开始退而保卫自己的家园，自称藩国，渐渐衰弱下来。建安年间 (196—220)，呼厨泉南单于入朝被留下作为内侍，右贤王统率匈奴，这时臣服的匈奴比西汉时更为驯服，但是乌丸、鲜卑逐渐又强大起来。这是因为汉代末年，国内一片混乱，没有时间讨伐外来侵略者，因此，他们竟然侵略并且占领了漠南地区，攻占城市，烧杀百姓，北边各郡同时受到侵扰。至袁绍控制河北，安抚三郡乌丸，名义上很尊重他们，其实是收并了他们的精锐骑兵。后来，袁熙、袁尚又投奔蹋顿。蹋顿非常崇尚武力，凭着自己距离朝廷很远，所以敢收留袁尚、袁熙，并在少数民族之中称霸争雄。曹操率众北伐平定了辽乱，各个少数民族无不震动。于是曹操又率领乌丸的兵马安抚各地，此后边地居民得以安居乐业。

东汉末年，辽西乌丸首领丘力居统治5000多户，上谷乌丸首领难楼统管9000余户。另外，辽东属国乌丸首领苏仆延统领千余户，自称为峭王。右北平乌丸首领乌延统治800多户，自称汗鲁王，他们四位首领都智勇双全。中山太守张纯叛逃到丘力居部落中，自封号弥天安定王，为三郡乌丸元帅，侵略青州、徐州、幽州、冀州，烧杀抢掠，无恶不作。汉灵帝末年，派遣刘虞任幽州首领。刘虞悬赏将张纯杀死，北方才得以平定。后来，丘力居死，因为他的儿子楼班幼小，从子蹋顿武艺超群，于是继承王位，统领三个乌丸部落，部下都服从他的指挥。袁绍和公孙瓒交战数次，但久久不能分出胜负。蹋顿便派使者到袁绍处，与袁绍结交，帮助袁绍攻打公孙瓒，果然大胜。袁绍假借君命，发布诏书，赐给蹋顿、峭王、汗鲁王印绶，封他们为单于。

后来楼班长大成人，峭王以及他的部下都推举楼班为单于，蹋顿为大王。从小在乌丸、鲜卑部落中长大的广陵人阎柔，颇得当地人的尊重和信任。阎柔借助鲜卑的力量，杀死乌丸校尉邢举，取代他的位置。后袁绍安抚阎柔，北部边境得以太平无事。

袁绍死后，曹操攻打袁尚，三郡乌桓继续支持袁氏，并乘战乱之机掠走了10万多户汉朝百姓。建安十年（205），曹操占领邺城后，袁尚、袁熙率残兵躲进乌桓，企图凭借乌桓的势力同曹操抗衡。乌桓蹋顿屡次进入边塞骚扰，想帮助袁氏东山再起。曹操为了消灭袁氏集团的残余势力，决定平定乌桓。

然而，征讨乌桓很困难。建安十二年（207）二月，曹操专门召集文武官员商讨此事，许多人都很担心，大家皆认为："袁尚只不过是个亡虏，乌桓人贪婪不讲信义，怎么会让袁尚利用？假如我们深入乌桓腹地，荆州的刘备必然劝说刘表偷袭许都，万一发生变故，后悔晚矣。"郭嘉提出异议，他说："曹公虽然威震天下，乌桓仗着离我们遥远，必然不设防。我们乘它无备来个突然袭击，一定可以打败它。况且袁绍在河北颇有影响，袁尚等人尚在，如果我们放弃乌桓而南征，袁尚就会趁机凭借乌桓的帮助东山再起，蹋顿也会产生觊觎中原的贪婪之心，那时青州、冀州还会有丢掉的危险。而刘表不过是个心无大志的清谈客，他自知才能不比刘备，对刘备存有戒心，怕重用了他不能控制，而刘备也不会真心实意帮他。因此，即使我们远伐乌桓，您也无须担忧。"曹操采纳了郭嘉的意见，决定出兵。

曹操要想征伐乌桓，必须解决军粮运输问题。他发动人力开凿了平虏渠和泉州渠。平虏渠沟通呼沱和泒水，即今河北青县至天津静海独流之间的南运河，泉州渠也就是今天津海河至天津宝坻境内与渤海相通的潮白河。开凿了这两条河，既便利了军粮运输，又利于农业生产，对河北、天津社会经济的稳定与发展起到了重要的推动作用。

五月，曹操率大军停驻易县 (今河北雄县西北)。郭嘉对曹操说："用兵贵在神速，现在袭击千里之外的乌桓，我军辎重多，难以迅速前进，而且敌人探听到我们出兵的消息，必然有所防备，不如卸下辎重，派轻兵昼夜兼程，出其不意，以奇制胜。"曹操同意郭嘉的建议，很快到达无终 (今天津蓟县)。在无终，曹操又得到了名士田畴的大力帮助。

田畴，字子泰，文武双全。董卓之乱时，他因不满朝政，弃官不做，带领家人进入徐无山 (今河北玉田北) 避乱。数年之中，归附他的百姓有 5000 余家，成为一方名士，很有威望。袁氏父子曾多次请他出山，授予他将军称号，都遭拒绝。田畴痛恨乌桓对内地的侵扰，想讨伐乌桓，但力量不足。曹操未到无终，就开始派人请田畴。好友邢颙对田畴说："自黄巾起事以来，四海皆乱，战事不断，百姓颠沛流离。听说曹公法令严明，百姓早已疲于战乱，盼望安定。"田畴很赞赏邢颇，因此接到曹操的邀请后就欣然前往。他的门客说："以前袁绍曾五次礼聘，你都拒绝了，现在曹操的使者一到，您急忙前往，这是为何？"田畴笑着说："你是不会明白的。"田畴随使者来到曹营，被任命为蓨县令，随军一同驻扎在无终。

曹操打算沿海边进军乌桓，但这年夏天无终地区连连下雨，靠近海边处地势低洼，道路泥泞，行军艰难，乌桓又把守险要小路，曹军欲进不能，这很令曹操头疼，便问田畴如何是好。田畴说："这条路每到秋夏之际经常有洪水，浅处走不了马车，深处又无法行舟船，很久以前就是这样。旧北平郡的治所在平冈县，以前可以从这里经过卢龙塞（今河北喜峰口）到达柳城（今辽宁朝阳南），但自建武年间这条路已经坍塌，断绝近 200 年，不过还有小路可以通行。乌桓以为我们现在会从无终进军，无法前进就会后退，因此放松警惕。我们应该趁此机会马上改变方向，出卢龙塞过白檀（今河北滦平北）险要地段，进入他们没有防卫之地，路近而行动方便。乘敌人不备发起袭击，可以不战而活捉蹋顿。"曹操一听大喜，连声说："果然是条妙计！"于是返回无终，并在路旁立上木牌，上写："当今暑夏，道路不通，且待秋冬，再行进军。"用以迷惑敌人。乌桓的探子见到后，回去报告，蹋顿认为曹军已率兵撤退，放松了警惕。

曹操命令田畴率领他的部众做向导，翻越了徐无山，穿过了卢龙塞，开山填谷、修筑道路 500 余里，经过白檀、平冈（今河北平泉），直插乌桓的大本营柳城。八月，当曹军到达白狼堆，距柳城只有 200 里时，乌桓才惊晓此事。

蹋顿连忙召集袁尚、袁熙及辽西单于楼班、右北平单于能臣抵抗，又各自亲率精兵数百骑迎战曹军。八月，曹操在白狼山与乌桓的骑兵相遇，乌桓军队军力强盛，来势汹汹。当时，曹军车马辎重都在其后，身披铠甲的将士很少，众人都很恐惧。曹操却不惊慌，他发现敌军虽多，却阵容不整，遂让大将张辽率军迎敌。经过一场激战，乌桓军队一溃千里。曹军紧追不舍，蹋顿及各部首领都被歼灭，胡、汉两族投降的兵民有 20 多万人。

　　袁尚、袁熙及辽东单于速仆丸率领残兵剩部投奔了辽东太守公孙康。有人建议曹操出兵，将他们全部铲除，曹操却胸有成竹地说："让公孙康杀袁尚、袁熙，就不用麻烦咱们的士兵了。"九月，曹操率大军向南撤退，正如曹操所言，公孙康并不想收留袁氏兄弟，而是想杀掉他们为朝廷立功。于是他在马厩中埋伏士兵，然后把袁尚、袁熙请进来，还未等他们坐稳，公孙康一使眼色，伏兵立即上前将袁尚、袁熙抓住，当场将两人杀死，速仆丸也一同被杀，他们的人头被公孙康送交给曹操。有的将领问曹操："您既已退军，为什么公孙康还将袁尚、袁熙斩首？"曹操说："公孙康一向畏惧袁氏，如果我急于攻打袁尚、袁熙，形势所逼之下，他们就会联合起来抵抗；反之，他们必然会自相残杀。"

　　曹操从柳城回师时，正值天寒大旱，方圆百里内没有水源，军队又缺乏粮食，只好杀马充饥，凿地近三十丈才找到了水源，行军很是艰苦。军队返回后，曹操命人查找当初都有谁劝阻他出兵征讨乌桓，人们都很害怕，不知道其中的缘故。等找到那些人后，曹操却重赏了他们，说："我这次征讨乌桓，实在危险，侥幸取胜，这得感谢上苍的保佑，以后不能经常这样冒险。你们当初提出的才是万全之策，因此要奖赏你们，还要请你们以后多提好的意见。"

　　平定三郡乌桓之后，曹操把曾经被乌桓掠去和逃亡到辽东地区的10多万百姓接回中原，并且挑选乌桓的骑兵编入自己的军队，增强了战斗力。

　　后来，鲜卑头领轲比能又将各少数民族部落控制住，占领匈奴的地盘，他们屡次侵犯边地，幽州和并州百姓深受其苦。魏文帝初年，田豫为护乌丸校尉，在马城被鲜卑轲比能部包围。魏明帝时，并州刺史毕轨出军攻打轲比能时也遭到失败。青龙年间，王雄上奏皇帝的意见被采纳，派遣剑客刺杀轲比能。之后鲜卑部落成为一盘散沙，相互攻击，势力强些的便逃离得远远的，势力弱的只有向朝廷降服。至此，边境稍微安稳下来。虽然还时常发生抢劫的事，但已不能够发展成叛乱的事情。

曹操先占领了河北之后，又将乌桓打败，完成了统一北方的大业，结束了中原地区连年征战的混乱局面，对中国当时社会经济恢复和发展起到了积极作用。

第五章

孙刘联合，赤壁抗曹

　　东汉末年，各地诸侯割据，天下四分五裂。后逐渐形成三股势力，曹操逐渐统一北方，成为北方霸主；孙策渡江奠定江东基业，在江南成为霸主；与此同时，刘备也在乱世中崛起。当时以北方曹操的实力为最大，江东次之，刘备居末。208年，曹操大军南下，力图统一全国。孙、刘在这种形势下，结成同盟，联合抗曹。此间的精彩故事，令人回味无穷。

承继兄业，孙权守江东

继承父兄基业

献帝建安五年（200），孙策临死时，令长弟孙权作为自己的继承人，嘱托张昭等曰："中国方乱，夫以吴、越之众，三江之固，足以观成败，公等善相吾弟。"呼权，佩以印绶，谓曰："举江东之众，决机于两阵之间，与天下争衡，卿不如我；举贤任能，各尽其心，以保江东，我不如卿。"

孙策去世后，年仅19岁的孙权统领了他的旧部，执掌了大权。长史张昭对孙权说："孝廉此宁哭时邪？且周公立法而伯禽不师，非欲违父，时不得行也。况今奸宄竞逐，豺狼满道，乃欲哀亲戚，顾礼制，是犹开门而揖盗，未可以为仁也。"然后，令人将孙权的丧服脱去，换上官服，扶上马，让他巡视各军。曹操则根据张绣的劝告，集中力量去征服河北，对孙权采取怀柔政策，维持原有的同盟，表孙权为讨虏将军、会稽太守。当然，孙权所统治的不止会稽一郡，所以他以江南三角洲的中心吴郡之吴县（今江苏省苏州市）为大本营，常年屯驻在那里。

孙策死亡的噩耗传出，周瑜立即率兵奔丧，留在吴中镇守，以中护军的身份与长史张昭共掌众事。吕范、程普也率军奔丧，留在吴中，与吴郡太守朱治一道助张昭辅佐孙权。由会稽功曹出为富春长的虞翻得知孙策去世，对诸长吏说："恐邻县山民或有奸变，远委城郭，必

致不虞。"遂留在原地制服行丧，诸县皆效仿之，咸以安宁。孙策的堂兄、孙静的长子定武中郎将孙暠，原屯驻于乌程。

孙权率军来到会稽郡城外，虞翻组织民众登城而守，并派人告谕孙暠："讨逆明府，不竟天年。今摄事统业，宜在孝廉，翻已与一郡吏士婴城固守，必欲出一旦之命，为孝廉除害，惟执事图之。"孙暠遂退回原防。这表明，父兄余烈尚存，危难之际忠心保江东大有人在。

当然，孙权所面临的困难是非常明显的。他虽拥有扬州绝大多数郡国，但深险之地犹未尽从，外边又到处都是跨州连郡的枭雄，时刻觊觎江东，就连属下的宾旅寄寓之士，亦以安危去就为意，未有君臣之固。曹操在官渡表天子征华歆、王朗到许都，孙权不打算放人。华歆对孙权说："将军奉王命，始交好曹公，分义未固，使仆得为将军效心，岂不有益乎？今空留仆，是为养无用之物，非将军之良计也。"孙权不得已，放华歆赴许。王朗则从曲阿辗转江海，积年乃至许都。

建安七年（202），曹操打败袁绍后，进一步扩张势力，便写信给孙权，要求他送子弟做"质任"。孙权召集群臣共商对策，张昭、秦松等人犹豫不决，周瑜坚决反对送人质，他说："将军现在继承父兄的基业，拥有六郡的土地和人力，兵精粮足，将士听命，铸山为铜，煮海为盐，境内富饶，人民安康，有何必要去送人质呢？若送人质，定要受制于曹操，最好的待遇也不过是封侯，区区十几个仆从、几辆车、几匹马，哪能与割地称王相比呢？我建议不要急于送人质，从容地观察一下形势再说。"孙权的母亲吴夫人当时也在场，她很赞赏周瑜的意见，并且让孙权把周瑜当作兄长。孙权采纳了周瑜的建议，没有向曹操送人质。

🌀 整训军队，择贤任能

孙坚以军功闻达于世，孙策以武力开基，因而江东多精兵良将。孙权继承父兄余烈，时天下仍旧大乱，他自然要多有征伐，以此树立威信。

孙权继命后的第一件事是整顿军队。他要通过视察，把统兵官年龄小、无力带兵的部队合并给有能力带兵的军官。除了重用原来孙策时的文武要员张昭、张纮、周瑜、吕范、董袭、程普、朱治、太史慈等人外，还"招延俊秀，聘求名士"。渡江南下的士人如鲁肃、诸葛瑾、步骘、严畯等都受到优待，被委以重任。

孙策时的老臣，如董袭，董袭字元代，扬州会稽郡余姚县人，身长八尺，武力过人。孙策入会稽，董袭迎于高迁亭。孙策见而伟之，即署门下贼曹。从孙策平定山阴宿贼，身斩其渠帅黄龙罗、周勃，还拜别部司马，授兵一千人，旋迁扬武都尉。

孙权意识到招揽人才的重要，开始广招俊秀，聘求名士。孙权的姐夫 (也是孙策的妹夫) 弘咨向孙权推荐诸葛瑾。诸葛瑾字子瑜，祖上原籍徐州琅玡郡诸野县 (诸野之葛氏渐成诸葛氏)，后世迁至阳都县，他本人少时游学京都，治《毛诗》《尚书》《左氏春秋》等，遭母忧返回家乡，事继母恭谨，因避战乱带眷属来到江东。孙权以诸葛瑾为长史。步骘也在此时入孙权幕府，任主记。步骘字子山，徐州下邳国淮阴县人，单身避乱江东，种瓜自给，夜诵经传，刻苦自学，得以成才。诸葛瑾、步骘后来都成为吴国的重臣，诸葛瑾位至大将军，步骘成为丞相。

武将如从荆州投奔过来的甘宁，经过周瑜、吕蒙推荐，孙权甚为器重，待之如同旧臣。吕蒙字子明，荆州汝南郡富陂县人，其姐夫邓当是孙策的部将，吕蒙就在邓当手下当兵。邓当死后，张昭向孙策推荐由吕蒙接替，拜别部司马。对年轻能干的吴人陆逊，也招到幕府任职，"以兄策女配逊，数访世务"。经过亲自考察和谈话，孙权还赏识了吴县县丞广陵人吕岱，逐渐予以重用。

这时孙权虽尚稚嫩，但一些英雄气质已显露出来。孙策在世时，曾使吕范主财计。孙权有所私求，向吕范索取，吕范一向把自己的命运维系于孙氏政权，所以办事认真，必先请示孙策，不敢专许，弄得孙权很不愉快。孙权出为阳羡长，想要用钱时，吴郡功曹周谷私下给予，然后做假账蒙混，使孙策不知，孙权高兴一时。如今亲自统事，认为吕范忠诚，因而厚见信任；以周谷能欺更簿书，不再任用。这样，六七年间，做到了"国险而民附，贤能为之用"，从而使孙氏在江东的统治稳定下来。

 ## 扩张势力

孙权继父业，唯江东地区。而在长江以南的广大地区，很早就有百越与汉族人民共同居住。秦始皇统一中国以后，修筑了从咸阳直接通往会稽的驰道，并谪发内地罪人至江南，加强了南北联系和民族融合。汉武帝几次将东瓯、东越的人民迁徙到江淮之间。

随着秦汉 400 年中央集权的加强和社会经济文化的发展，汉越人民之间的民族界限也越来越淡薄，许多沿江和平原地区的人民已基本消除了民族隔阂。孙氏在江东建立政权后，为了与强大的曹操等势力抗争，更加紧对广大山区汉越人民的镇抚。当孙策进入曲阿，驱逐刘繇时，已有军队数万人。他对周瑜说："吾以此众取吴会，平山越已足，卿还镇丹阳。"说明孙策要彻底平定吴、会两郡，就必须令两郡山区越民纳入其统治之下。孙策死时，因"恐邻县山民或有奸变"，吴郡

彩绘砖画

各县县长甚至不敢离开县城给孙策送葬。

孙权统事之初，就"分部诸将，镇抚山越"。建安八年（203年），孙权"使吕范平鄱阳，程普讨乐安，太史慈领海昏，韩当、周泰、吕蒙等为剧县（山越反抗剧烈之县）令长"，分别镇压山越。另外，会稽南部都尉贺齐也平定了建安（今福建建瓯）、汉兴（今福建浦城）、南平（今福建南平市）的反抗，擒获山中名帅洪明等五人，出兵万人。以后仍不断对山越用兵，虽不能根本解决问题，但毕竟从山民中榨取了一定数量的兵员和物资，从而增强了孙氏政权的力量。

除了山越以外，孙权也镇压了其他的反抗势力。如庐江太守李术，原为孙策所表用，孙策死后，术"不肯事权，而多纳其亡叛"，孙权命李术送回叛者，李术回答说："有德见归，无德见叛，不应复还。"权进军攻李术，于皖城枭李术首级，徙其部属3万余人。建安九年（204年），孙权弟丹阳太守孙翊为郡都督妫览、郡丞戴员杀死，妫览欲逼娶孙翊妻徐氏。徐氏与孙翊亲信旧将孙高、傅婴共设谋杀妫览、戴员。孙权闻讯，从椒丘赶到丹阳，族诛览、员余党。

之后，孙权进一步扩张势力。其实，孙吴早就图谋攻取荆州，荆州居吴上游。江夏守将黄祖曾射杀孙坚，更成为孙氏讨伐的借口。建安八年（203），孙权又攻黄祖，正胜利进军之际，"而山寇复动"，因之孙权不得不回军镇压山越。建安十二年（207），孙权再次"西征黄祖，虏其人民而还"。次年春，孙权第三次出击黄祖。黄祖水军横置两蒙冲，挟守沔口（即夏口），蒙冲上有千人，以弩交射，飞矢雨下。孙权前锋董袭、凌统各率敢死士百人，人被两铠，乘大船，突入蒙冲内。

董袭用刀切断两绁，蒙冲乃漂流。孙权军遂得前进，吕蒙在前亲枭黄祖手下水军都督陈就之首。于是将士乘胜，水陆并进，遂屠其城，黄祖逃走，被追及斩首，掳获男女数万口。至此，江东实力迅速强大。

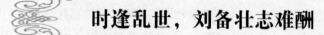

时逢乱世，刘备壮志难酬

刘备的兴起

刘备，字玄德，涿郡涿县（今河北涿州市）人，是汉景帝子中山靖王刘胜的后裔。祖父刘雄做过东郡范令，父刘弘去世很早。刘备生于汉桓帝延熹四年（161）。少时家贫，与母以贩鞋织席为业。15岁，母令外出求学，与公孙瓒一同师事大儒卢植。公孙瓒年长，刘备以兄事之。刘备不喜欢在古书上多下功夫，而是好交结，周围团聚了不少年轻人。

东汉后期，天下大乱，各地群雄争斗不休，大家都想在此乱世中创立丰功伟业，刘备也不例外。他平常不太爱说话，喜怒不形于色，因此显得十分稳重、精明。可只要他一说话，通常都是慷慨激昂，直指要害，总能让人为之动容，和他相识的人都认为他很不一般，以后一定能有所作为。刘备爱和一些英雄豪杰交往，临近郡县的青年也都争抢着依从于他。后来，刘备就结识了关羽和张飞，三人关系甚是亲密，就像亲兄弟一样。关羽和张飞成了刘备的得力助手，他们跟着刘备东征西讨，毕生都追随着刘备。后来赵云也跟随其左右，赵云原来隶属于公孙瓒，一见刘备，即受到亲切接待，因此成为刘备日后经得起考验的亲信将领。

有一年，中山巨商张世平、苏双等人携带着大量钱财去涿郡地区买卖马匹，之后他们认识了刘备。他们认定刘备非普通人，以后肯定会大有作为，就送了很多钱财给他。刘备用这些钱组建了一支军队，尽管军队人数很少，却成了他后来成就大业的基础。

汉灵帝后期，由于黄巾军起兵反抗朝廷，东汉朝廷就向各州郡征召兵卒，以此来铲除黄巾军。刘备也率领自己的部队加入了朝廷的军队。之后在征讨黄巾军时，他立下了大功，被封为安喜县尉。此后，有位督邮来县里办理公事，刘备想见他，可督邮的属下仗势欺人，压根儿没为他通报。刘备觉得自己受到了侮辱，就直接冲了进去，并绑住督邮，打了他200余杖，接着取下自己的官印拴挂在督邮的脖颈上，丢官逃命去了。

献帝初平二年（191），刘备做到平原相。兴平元年（194），徐州牧陶谦受到曹操攻击时，刘备应邀前往救助，被陶谦表为豫州刺史。陶谦死后，刘备受徐州官吏的拥护，一跃而为徐州牧，并被曹操表为镇东将军、宜城亭侯。建安元年（196），当刘备在徐州受到吕布袭击后，饥饿困顿，大商人兼州吏糜竺"于是进妹于先主为夫人，奴客二千，金银货币以助军资"，刘备赖此得以重整军队。后来糜竺虽被曹操封为嬴郡太守，仍旧去官随备周旋。刘备不但能得到部属的倾心拥戴，当时其他人对他的才略与作风，亦多所称许。后投奔曹操，曹操给以豫州牧的头衔，进封左将军。建安四年（199），刘备乘曹操派他到徐州阻击袁术之际，背叛曹操，战败后，北归袁绍，绍败，又到荆州依附刘表。

刘备早期所以屡遭挫折，同他出身贫寒、缺乏凭借固然很有关系，但这样的出身，对他的作风也带来了有益的影响。

徐州兵败

刘备掌管徐州后，勤于政事，用尽心力为民办事，因此深得民众拥护。在他的治理下，徐州暂时安定了下来。可刘备很清楚，这一切都是表象，有太多地方势力都在觊觎着徐州：曹操早就想占领徐州；位于南方的袁术自称徐州伯，也是想要拥有徐州；吕布在败

于曹操后归顺了刘备，虽仰人鼻息，却不安于现状，也在偷偷地准备占领徐州。

196 年，袁术首先发起了进攻。曹操攻入豫州后，使袁术十分焦急。袁术知道吕布是见利忘义、反复无常的卑鄙之徒，便以利诱之，写信策动吕布从背后袭击徐州。袁术信中称：

昔董卓作乱，破坏王室，祸害术门户，术举兵关东，未能屠裂卓。将军诛卓，送其首领，为术扫灭仇耻，使术明目于当世，死生不忘，其功一也。昔将金元休（袁术的部将，奉命进攻曹操）向兖州，甫诣封丘，为曹操逆（逆击）所拒破，流离进走，几至灭亡，将军破兖州。术复明目于遐迩，其功二也。术生年以来，不闻天下有刘备，备乃举兵与术对战，术凭将军威灵，得以破备，其功三也。将军有三大功在术，术虽不敏，奉以生死。将军连年攻战，军粮苦少，今送来米二十万斛，迎逢道路，非直此止，当络绎复致；若兵器、战具，它所乏少，大小唯命。

吕布得信后大喜，既可以袭取徐州，又能得到袁术馈赠的军粮，立即整装出发。吕布的步兵乘小船取道泗水顺流而下，马队在陆上奔驰，通过彭城 (今江苏省徐州市) 城外，在下邳城西 40 里处安营，见到前来求救的章逛。吕布了解到下邳城内的守军互相攻杀，丹阳兵可做内应，便连夜趋兵急进。天亮时，吕布到达下邳，丹阳兵从西面的白门把他迎入城中。城中发生巷战，张飞被吕布击败，弃城而走，刘备的妻室被吕布俘虏。

刘备在徐州的失利，主要原因是两线作战，腹背受敌。当时唯一可行的是，立即向袁术妥协，同意广陵的郡守、县令任命权归袁术，由说客请袁术坐观刘、吕徐州之争。在与吕布争夺时，应先有一块根据地。譬如退至东海郡，以郯城 (今山东省郯城县北) 为根据地，游说盘踞莒县 (今山东省莒县，当时在琅玡郡境内) 的东海相萧建，以及琅玡国 (治所开阳，位于今山东省临沂市北) 的臧霸等诸帅，通过较长时间的折冲逐走吕布。无根据地，举军争下邳是拼命行为，却又无吕布那么勇猛，狭路相逢何以取胜？

吕布袭得徐州后不久，袁术又策动吕布的部下作乱，企图乘乱夺取整个徐州。夏六月，吕布于夜间在邸所遭到兵众的袭击。他不知道到底是谁作乱，手牵其妻，科头袒衣，从厕所翻墙而出，跑进高顺的营地。高顺为人清白有威严，不饮酒，不受馈遗，所部700人号称千人，铠甲斗具皆精练齐整，名为陷阵军。他曾规劝吕布："凡破家亡国，非无忠臣明智者也，但患不见用耳。将军举动不肯详思，辄喜言误，误不可数也。"尽管吕布知道高顺忠勇，但仍让高顺在魏续之下。因为吕布常与魏续之妻私通，魏续内心深恨之。吕布为人，不但见利忘义，反复无常，还与董卓侍婢私通，奸淫部将妻室，不顾及人伦。吕布进入高顺营地后，高顺问吕布听到了什么，吕布说听出叛兵是河内口音，高顺说："此郝萌也。"然后，高顺率本部人马进攻郝萌，弓弩齐发，箭矢交加，叛军大乱，逃散而去。郝萌的部将曹性举戟直取郝萌，两马相交，郝萌刺伤曹性。

此后，吕布又同刘备议和。刘备表面上同意，暗地里又召集了一万多兵马，准备找机会夺取徐州。没想到吕布对他并不放心，他先下手为强，又亲率大军来袭击刘备。刘备不敌，刚刚开始交战就败了下来，只得逃往许都，投靠了曹操。

徐庶离去

刘备投奔曹操处，稍作安顿。后因曹操识破刘备的心思，刘备不得已又投奔荆州牧刘表处，安顿在南阳。刘备在南阳郡一住就是7年，娶妻甘夫人，生了儿女。一次，他在刘表那里座谈，起身上厕所时见到髀里肉生出，慨然流涕。回到座位上，刘表觉得刘备脸色很怪，便问其原因。刘备说："吾常身不离鞍，髀肉皆消。今不复骑，髀里肉生。日月若驰，老将至矣，而功业不建，是以悲耳。"

此时，刘备的谋士是徐庶。徐庶字元直，豫州颍川郡人，原先姓单名福，年轻时好任侠击剑。后因避罪，更姓改名为徐庶，遂弃刀戟，疏巾单衣，折节学问，后与同郡人石韬一起避乱荆州。

献帝建安十三年 (208)，曹操率大军南征荆州。这时刘表已亡，他的儿子刘琮不战而降，刘备率军民 20 多万人南撤。在曹军追及到当阳长坂坡时，刘备寡不敌众，大败而逃，辎重全失，徐庶的母亲也不幸被曹军掳获，并被曹操派人伪造其母书信召其去许都。徐庶得知此讯，痛不欲生，含泪向刘备辞行。他用手指着自己的胸口说："本打算与将军共图王霸大业，耿耿此心，唯天可表。不幸老母被掳，方寸已乱，即使我留在将军身边也无济于事，请将军允许我辞别，北上侍养老母!"刘备虽然舍不得让徐庶离开自己，但他知道徐庶是出了名的孝子，不忍看其母子分离，更怕万一徐母被害，自己会落下离人骨肉的罪名，只好同徐庶挥泪而别。

临行前，徐庶向刘备推荐诸葛亮，并说："只可前往，不可屈致。"名士司马徽（字得操）也对刘备说："儒生俗士，岂识时务？识时务者在乎俊杰。此间子有伏龙、凤雏。"刘备问到底是何许人，司马徽答道："诸葛孔明、庞士元也。"

三顾茅庐

诸葛亮于汉灵帝光和四年 （181） 出生于琅玡郡阳都县的一个官吏之家，诸葛氏是琅玡的汉族，先祖诸葛丰曾在西汉元帝时做过司隶校尉，诸葛亮父亲诸葛圭东汉末年做过泰山郡丞。诸葛亮 3 岁母亲章氏病逝，诸葛亮 8 岁丧父，与弟弟诸葛均一起跟随由袁术任命为豫章太守的叔父诸葛玄到豫章赴任。东汉朝廷派朱皓取代了诸葛玄职务，诸葛玄就去投奔荆州刘表，家于南阳郡邓县，在襄阳城西 20 里，号曰隆中。

建安二年 （197），诸葛亮的叔父诸葛玄病逝；汉献帝已从长安李催手中逃出，迁到了曹操的许县。诸葛亮此时已 16 岁，平日好念《梁父吟》，又常以管仲、乐毅比拟自己。当时的人对他都不屑一顾，只有好友徐庶、崔州平等相信他的才干，人称"卧龙"，他与当时的襄阳名士司马徽、庞德公、黄承彦等有结交。

徐庶离去后，刘备身边没有能出谋划策之人，屡遭失败。后刘备在新野招贤纳士，遍访有才之人。他听说襄阳有个非常有名的水镜先生司马徽，就特意去探访他。司马徽问他为何而来，刘备答道："我是特地来向先生询问天下形势的。"司马徽笑道："卧龙、凤雏这两个人，你只要有了其中一个，就可以平定天下。"

刘备赶紧问道："卧龙、凤雏是什么人？"司马徽说："卧龙就是诸葛亮，字孔明；凤雏就是庞统，字士元。这两个旷世奇才都住在襄阳周边，皇叔（按族谱，刘备应是汉献帝的叔辈）要亲自前去求教，其他的事情我也无能为力。"

于是，刘备就和关羽、张飞拿着礼品去了诸葛亮的居处隆中。三人到了卧龙冈下，看见翠绿的竹丛中有几间茅草屋时隐时现。之后，他们停在茅草屋前，刘备下马，亲自去敲门。一个童子开了门，刘备谦虚地说道："请您通禀一下卧龙先生，刘备前来拜访。"孩童犹豫了一会儿，说道："先生不在，他和朋友出外远游了。"刘备听说诸葛亮不在家，只得悻悻而回。

过了一段时间，刘备听说诸葛亮回来了，就又和关羽、张飞前去拜访。那时正是严冬时节，阴云满天，北风凛冽，大雪纷飞。三人来到隆中，却得知诸葛亮于前一日与友人出门了，三人只得再次败兴而归。

转眼到了第二年春天，刘备、关羽、张飞三人又骑马来到隆中。此时诸葛亮正在午睡，刘备就毕恭毕敬地站在草堂的台阶下等。过了两个多时辰，诸葛亮手拿摇扇出现在门口。刘备一见，大喜，连忙说道："先生，我兄弟三人三赴隆中，希望先生能够出山，帮助我兴复汉室江山。"

诸葛亮道："我久居深山，外面乱世从不过问，还请几位另寻他人吧！"

刘备道："先生，天下诸侯割据，连年战争，百姓苦不堪言。希望先生能够出山，拯救天下百姓。"

诸葛亮觉得刘备胸怀大志，而且忧国忧民，礼贤下士，自己两次

躲避，这次又假装熟睡，而刘备却锲而不舍，可见此人很有抱负，将来一定能干成一番大事，便答应了刘备。

诸葛亮说道："曹操有百万大军，以天子之名号令天下，不可与他直接对抗。孙权驻守江东，有长江天险，民众顺服于他，且江东人才辈出。你只能和他联手，而不能与之对峙。荆州是连通九州的兵家之地，将军是皇室后裔，要是能先占荆州，再取益州，励精图治，增强国力，伺机而动，就能成就大业，复兴汉室。所以，目前将军应东联孙吴，西据荆益，南和夷越，北抗曹操，即在占领荆州、益州后，把这两地作为根据地，以险峻的地形作为屏障；接着和江东的孙权交好，同时与西南各民族和睦共处。对内，完善律法，储备军粮，整饬军队，提高生产力，之后就可静观天下局势之变。条件具备时，就立即北上攻打曹操，一统天下，完成大业。"

这就是著名的《隆中对》。刘备听完诸葛亮的一席话，茅塞顿开，对天下局势了然于心，他一再请诸葛亮出山。诸葛亮见刘备如此诚恳，答应出山辅佐刘备。

火烧博望坡

诸葛亮出山后，刘备拜他为军师。诸葛亮成为军师后，首先便是操练军队。关羽、张飞对此不服，诸葛亮假装不知，并让刘备征召了3000民兵，由自己亲自操练。

不久，诸葛亮得到密报，曹操命大将夏侯惇率领10万兵马，向新野杀来了。诸葛亮封赵云为先锋，让关羽、张飞潜伏在博望坡两边，找机会火烧曹军，他自己则守在新野城内。关羽、张飞不满，众将士和刘备也都有些狐疑，只有诸葛亮一人镇定自如。

夏侯惇率军到了博望坡，突见眼前尘烟四起，赵云率兵杀了过来。夏侯惇和他打了几个回合，赵云边打边退，夏侯惇一直追到博望坡。突然炮声四起，刘备率兵赶来，夏侯惇急忙与之交战，刘备、赵云则且战且退。

天色渐暗，夏侯惇不断命令将士加快脚步。曹军行至长满芦苇的狭窄山道时，夏侯惇猛然醒悟，他正想撤兵，却听见后面传来了厮杀声。顷刻间浓烟滚滚，火势随风越来越大。曹军霎时乱作一团，互相踩踏，死伤无数。曹军本想冲出重围，却被关羽、张飞阻截。天亮时，厮杀才停止，刘备得胜而回，曹军死伤无数，损失惨重。夏侯惇带着残兵败将，狼狈地逃回许昌。关羽、张飞称赞道："军师不愧是奇才！"从此对诸葛亮心服口服。

诸葛亮成了刘备的重要谋臣，也成了刘备军团中的关键人物，并为创建蜀汉政权做出了重要的贡献。在诸葛亮的辅佐下，刘备如虎添翼，最终成就了大业。

诸葛亮画像

根基未稳，刘备投靠孙权

 投奔刘表

官渡大战之后，刘备投奔了刘表。刘表虽待刘备如上宾，却不重用刘备，刘备非常失望。刘表要立太子，向刘备征求意见。刘备提出立长子为太子，拥护刘琦。刘备因此得罪了蔡夫人，蔡夫人命蔡瑁去杀刘备，多亏了伊籍相救，刘备才得以逃脱。刘表得知此事，非要杀了蔡瑁，在刘备的劝阻下，才免去蔡瑁一死。

刘备在刘表那儿安心地住了下来，再没有人敢暗害刘备了。

但刘备并不快乐，他有雄心大志，不像刘表一样安于现状，不求进取。刘备想恢复汉室江山，一统天下。所以日子虽然清静，但刘备却整日闷闷不乐。一天，刘备上厕所时发现自己大腿上的肌肉已经松弛了，心想：我已经老了，可仍是碌碌无为、一事无成，长此以往，我的理想抱负全成空想。

刘备无事之时，便读史书、兵法，认真总结别人统一天下的经验。后来他认识到历代君主统一天下，都少不了文人武将的辅佐，特别是有像管仲、百里奚、商鞅这样能够运筹帷幄、决胜千里的大贤。刘备为了能够找到一位大贤，不愿再待在宫中了，而是四处访贤求才。

后刘表死。献帝建安十三年刘琦出为江夏太守，蔡瑁、张允等众奉刘琮为嗣。刘琮与兄长刘琦遂互为仇隙，刘琮曾以侯印授予刘琦，刘琦怒而投之于地，将因奔丧作难。荆州群臣如蒯越、韩嵩及东曹掾傅巽等均游说刘琮归降曹操，刘琮道："如今我与诸君共据全楚之地，

守先君之大业，以观天下之事，有何不可？何必要降？"傅巽答道："逆顺有其大体，强弱均有定势。以人臣而拒人主，是为逆时；以新兴之楚地而御国家，其势必不能当；以刘备以敌曹公，亦不能当。以上三者皆不行，所以要抵抗王兵之锋锐，是必亡之道。将军自料与刘备相比如何？"刘琮道："我实不能及。"傅巽便道："若刘备不足以御曹公，那么虽能保荆楚之地，也不足以自存；若刘备足御以曹公，那么刘备必不能为将军所驭。愿将军勿疑。"

　　刘琮乞降于曹操，不敢告知刘备。刘备初虽不知，时久乃觉，遣亲信问事于刘琮，刘琮遂令宋忠往刘备处宣知其事。其时曹操已在宛城，刘备得知真相后大惊，谓宋忠道："卿等诸人做事如此，不早相语，今祸至方告我，不是太过急促吗！"于是引刀指向宋忠说："如今断卿之头，不足以解吾忿，大丈夫临别，亦耻杀卿等之辈！"遂遣宋忠归去，召部下议事。有人劝刘备劫将刘琮及荆州吏士向南径到江陵，刘备答道："刘荆州临亡托我以遗孤，背信自济之事，是我所不为，否则死后有何面目以见刘荆州呢！"后诸葛亮劝刘备攻取刘琮，以得荆州。刘备道："吾不忍也。"于是驻马呼刘琮，刘琮惧而不能起，但刘琮左右及荆州人却多往归刘备。秋九月，曹操到达新野，刘琮举荆州投降，派使者将其父节杖献给曹操，诸将疑其有诈。娄圭说："天下扰扰，各贪王命以自重，今以节来，是必至诚。"曹操遂不等大军集结完毕，把辎重放在后面，立即轻军向襄阳进发，接管荆州。荆州大将王威向刘琮建议："曹操得将军既降，刘备已走，必懈弛无备，轻行单进；若给威奇兵数千，徼之于险，操可获也。获操即威震天下，坐而虎步，中夏虽广，可传檄而定，非徒收一胜之功，保守今日而已。此难遇之机，不可失也。"刘琮不从，根本不相信王威能以侥幸建立盖世之功，坚持投降，以求保全。刘琮率领所属官员到汉水以北迎接曹操，拱手举州投降。曹操于受降后，以幽州涿郡人士李立为荆州刺史，以刘琮为青州刺史，封列侯。曹操还封蒯越等十五人为侯，蒯越为光禄勋，韩嵩为大鸿胪，其他人也有好官可做。

　　刘备遂奔走夏口。

汉
末
三
国
大
变
局

投靠孙权

曹操进入襄阳，得知刘备已经向江陵撤退，又了解到江陵有大量的武器装备和粮秣器杖，恐刘备抢先占据后难于攻打，亲自率领曹纯的 5000 虎豹骑，马不停蹄地紧急追赶。其他各部分水、陆分别跟在后面向江陵进发。

刘备带领十几万民众，拖着几千辆辎重车，向南行走，速度非常缓慢，每天只能走十几里。有人建议："宜速行保江陵。今虽拥大众，被甲者少，若曹公兵至，何以拒之？"刘备回答："夫济大事必以人为本，今人归吾，吾何忍弃去！"更何况，没有人到江陵用什么去跟曹操对抗？刘备从此在世人面前留下了爱民的良好形象。

刘备并未迂腐到宁可打败仗也决不失民心的地步。刘备需要有较多的人众来防守江陵，而江陵当地的人口所形成的战斗力有限，非常需要添此十几万口。刘备寄希望于刘琮投降后，曹操坐镇襄阳，遣别将率偏师追击，那么，刘备就有可能击退追兵，掩护民众撤至江陵。

曹操亲自率领 5000 虎豹骑疾行一天一夜，追了 300 里，在当阳县境内的长坂坡追上刘备，曹、刘两军进行会战。千万别被所谓刘备"被甲者少"迷惑，刘备的兵力超过一万人。历来人们都以为刘备在新野、樊城时，最多只有五六千兵力，其实不然。刘备自从 202 年博望坡打败夏侯惇，收复南阳全境后，统治的人口达到十几万，他自己的兵力就已经超过一万人。当年张绣有多少兵，此刻刘备就有多少兵，要不然如何充当刘表北面的外藩？

刘表的死讯传到江东，鲁肃对孙权说："夫荆楚与国邻接，水流顺北，外带江、汉，内阻山陵，有金城之固，沃野万里，士民殷富，若据而有之，此帝王之资也。今表新亡，二子素不和睦，军中诸将，各有彼此。加刘备天下枭雄，与操有隙，寄寓于表，表恶其能，而不能用也。若备与彼协心，上下齐同，则宜抚安，与结盟好；如有离违，宜别图之，以济大事。鲁肃请得奉命吊表二子，并慰劳其军中用事者，及说刘备使抚表众，同心一意，共治曹操，备必喜而从命。如其克谐，天下可定也。今不速往，恐为操所先。"

孙权遂派鲁肃赴荆州。鲁肃行至夏口，闻刘琮已投降曹操，刘备正向江陵撤退，鲁肃便由船上岸，快马加鞭，昼夜兼程赶往江陵，在当阳长坂坡遇到刘备。

刘备在长坂坡被曹操击溃后，鲁肃问刘备道："豫州今欲何往？"刘备准备到沔口截住关羽水军，不再溯夏水赴江陵，而是顺流至夏口，入长江干流，溯行到巴丘（今湖南省岳阳市），沿湘水而上，南投交州，因此对鲁肃说："与苍梧太守吴巨有旧，欲往投之。"

鲁肃建议："孙讨虏聪明仁惠，敬贤礼士，江表英豪咸归附之，已据有六郡，兵精粮多，足以立事。今为君计，莫若遣腹心使自结于东，崇连和之好，共济世业。而云欲投吴巨，巨是凡人，偏在远郡，行将为人所并，岂足托乎？"

鲁肃还对在一旁的诸葛亮说："我，子瑜友也。"刘备也怕客居苍梧被吴巨火拼掉（前有袁尚到辽东被公孙康收拾掉），听了鲁肃一番话，心中大喜，决定投靠孙权，并以诸葛亮为使者跟随鲁肃赴江东。

刘备先到江夏，郡城残破，又有张辽奉命来攻，不敢久守，根据鲁肃的建议，匆忙引兵退出夏口，进入孙权的地盘，到樊口等待孙权方面的消息。

刘备投靠了孙权，于是便有了后来的孙刘联姻，刘备夺取益州。

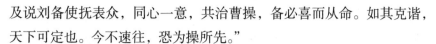

智勇双全赵子龙

赵云，祖籍冀州常山郡真定县（今河北正定），字子龙，早年在郡衙当差。他长得俊朗健硕，又精于骑马和射箭，因而在乡中颇有名气。献帝初平二年（191），袁绍称冀州牧后，与公孙瓒相争，常山郡人公推赵云为头目，率领大伙去投奔公孙瓒。

那时，刘备也在公孙瓒手下做事，因而非常赏识赵云。由于刘备做事得力，公孙瓒就奏请朝廷封他为别部司马，让他和青州刺史田楷共同抵抗冀州牧袁绍。赵云也参加了此战。刘备对赵云非常热情，常给予帮助。赵云亦视刘备为长者，为知己，有心相依。经过几年的奔波和反复观察，赵云对公孙瓒的表现明显感到不满意，感到他胸无大志，不识大体，只顾自己，不是可以依靠的主人，便寻机离去。不久，赵云因兄丧请假回家。刘备知道他不会再回来了，依依不舍。赵云告辞时说，我终不会背叛您对我的恩德，后一生追随刘备。

赵云是刘备手下的良将，在当阳长坂的激战中，他单骑救主，一时间名扬天下，刘备赞他"一身是胆"，军中尊其为"虎威将军"。赵云是人们理想中的武将，他文武双全，忠勇兼备，一方面是厚仁严肃、骁勇善战、救主于危难的猛将，一方面又是柔贤慈惠、宅心仁厚、跟随先主打天下的开国功臣，因而自古以来一直受到人们的推崇和喜爱。

200年，刘备为曹操所败，正想去投奔袁绍。赵云听说此事后，就前往邺城见刘备，此后他们二人卧则同榻，起则同行，情如兄弟。后来，刘备偷偷命赵云招募兵卒，收容并改编将士，以此扩展自己的势力。从此，赵云一直跟着刘备出生入死，他忠心保主的军旅之程也自此展开。

建安十三年（208），曹操率几万兵马攻击刘备，刘备屡战屡败，撤兵南下逃往江陵。曹操命骑军紧紧追杀他们，最终在当阳长坂坡拦住了刘备。危急时刻，刘备只得丢下妻子和儿子，命张飞携少量兵马挡住曹军，自己则率不多的兵马逃命去了。这时，赵云没有跟着刘备一起逃亡，而是转身冲向曹军。有人看到了这些，就告诉刘备说，赵云肯定是北上投奔曹操去了。刘备怒喝道："子龙是不会这么做的。"

和刘备说的一样，赵云是不可能背叛他的。他独自冲进了曹军阵地，只为救出刘备的妻儿。赵云不顾一切地冲杀进去，找寻刘备的甘、糜二夫人和幼主刘禅，最终他在破败城墙的枯井边见到了糜夫人等。身体虚弱的糜夫人为了不连累其他人，就把刘禅交给了赵云，趁大家没留意时，跳井而亡。此时，曹军又追杀来了，赵云忍住眼泪把城墙推倒，以此来掩埋糜夫人的尸体。接着，他就护卫甘夫人和刘禅，一路浴血奋战，杀出了包围，赶上了刘备。赵云骁勇善战，"单骑救主"

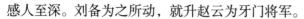

感人至深。刘备为之所动，就升赵云为牙门将军。

赤壁一战后，刘备占领了荆州五郡，势力激增，封赵云为偏将军，兼任桂阳（今湖南郴州西部）太守。之前的桂阳太守赵范有个寡嫂樊氏，她容貌秀丽，赵范想把她送给赵云为妻，以此来巴结赵云。赵云一脸正气地说道："你我乃同族，又有结义之情，你嫂子就是我嫂子，怎么能乱伦呢？"那时，也有一些部下想让赵云同意这桩婚事，可赵云坚守自己的观点，始终没有答应。赵范没能以美色牵制住赵云，没多久就找个理由逃跑了。

刘备刚平定巴蜀时，想把成都的豪华宅院和上好的土地分赏给众将士，赵云不同意，说道："当年，霍去病曾说'匈奴未灭，无以家为'。如今国家动荡，益州民众正身处战火之中，我们应当把宅院、田地还给他们，这样百姓才能安居乐业，有能力服役纳税，社会才会稳定。"刘备认为此话很对，就没有把宅院田地分给将士。

219年，刘备和曹操抢夺汉中，曹操在北山下囤积了大量的粮草，刘备帐下大将黄忠觉得可以找机会抢夺粮草，切断曹军供给，就率兵进击北山去了。过了几天，音讯全无，赵云很是担心，就率领几十个人赶去打探消息，途中碰上了曹操大军。赵云率领众将士左右冲杀，终于杀出了包围圈，可曹军紧紧追击。这时，他的手下将士张著又被曹军围住，无法脱身。赵云转身杀进曹军，奋力救出张著，快速地返回了蜀营。

这时，曹军也追杀到了蜀营前。守将张翼想马上关上营门守住营地，可赵云却让他把营门敞开，还让蜀军鸣金收兵。曹军害怕蜀军有埋伏，就不再追击而向后撤。赵云又命将士击打战鼓，奋力射箭，曹军惊恐万分，大乱溃逃。刘备得知此事后，称赞道："子龙浑身都是胆啊！"此后，赵云被全军将士尊称为"虎威将军"。

刘备称王汉中时，命赵云担任翊军将军。后主刘禅登基后，又封赵云为镇东将军，并赐号永昌亭侯。后主建兴七年（229），赵云因病去世，被追封为顺平侯。他为人刚强谨慎，毕生忠诚护主，爱护百姓，备受爱戴。

审时度势，孙刘联合抗曹

 曹操南下，江东告急

铲除袁绍的势力后，曹操平定了北方，接着又计划举兵南下，除掉占据荆州的刘表和江东的孙权，一统天下。

208年，经过几年休养生息，曹军大举向南进发。

此时，驻守在新野、樊城地区的刘备正加紧演练兵马，准备抗击曹操大军。不料，荆州牧刘表却因病去世，他的次子刘琮在其后母蔡氏家族的操纵下继承父位。刘琮年幼，害怕曹操大军，加上蔡氏家族的操控、怂恿，便不战而降，将荆州拱手相让。刘备腹背受敌，只能向江陵撤退，曹操亲自率领轻骑兵昼夜追击刘备。由于刘备大军携带辎重兵器撤退，其后还有跟随而来的数十万民众，所以一日最多能走十多里路。没多久，曹操就在当阳长坂坡赶上了刘备大军。在曹军的冲击下，刘军大乱，幸亏有张飞、赵云的拼死厮杀，刘备、诸葛亮才得以逃离困境。可赶往江陵的道路却被曹军切断了，他们只得从汉津撤退到夏口，与刘表的长子刘琦带领的江夏兵马会师，暂时稳定下来。

曹操占据江陵后南下乌林，要渡江灭刘备，同时向江东送信，曹操与孙权书曰："近者奉辞伐罪，旄麾南指，刘琮束手。今治水军八十万众，方与将军会猎于吴。"

曹操在占据江陵后获得大批战船，坚定了他下江东的决心，此时谋士贾诩说："主公新定河北，天下震动，现在应该休养生息，养精

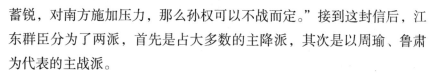

蓄锐，对南方施加压力，那么孙权可以不战而定。"接到这封信后，江东群臣分为了两派，首先是占大多数的主降派，其次是以周瑜、鲁肃为代表的主战派。

正在孙权内部意见不一时，从夏口来的诸葛亮用一番说辞打动了孙权，在《战争论》中，最后一招是："当你无路可走时，就投靠你的盟友。"刘备就是这种情况，但诸葛亮把这种"投靠"通过巧妙演说，变成了双方平等的同盟关系，所以这次外交诸葛亮是成功的。

而真正使孙权下决心的还是周瑜的态度，孙权看到周瑜的态度等于看到了军界的坚持抗战，于是他心里有了点底。

孙权当时仅仅26岁，他接手江东虽然有了8个年头，但论影响和威望，他需要仰仗周瑜。他自信地对周瑜说："卿与子敬、程公便在前发，孤当续发人众，多载资粮，为卿后援。卿能办之者诚决，邂逅不如意，便还就孤，孤当与孟德决之。"但从孙权日后表现出来的军事能力我们都知道，如果周瑜真的"不如意"而"还就"他，那曹操就要哈哈大笑了。

大臣张昭、顾雍等文官想要投降，而以周瑜为首的东吴军界坚决抗击曹操，孙权不知如何是好。这时，鲁肃起身说道："荆州地势险要，百姓富裕，现在刘表刚刚去世，刘备就在附近，要是能让刘备和我们一起抗击曹操，就有胜算了。我们应该立即找他商量。"孙权同意了鲁肃的建议，并命鲁肃去夏口。到了夏口，鲁肃诚恳地讲明了此行的目的，正中诸葛亮下怀，因此刘备命诸葛亮和鲁肃一起去柴桑，面见孙权。

当周瑜和程普率领意志坚定、水战能力冠绝天下的东吴水军精锐3万人逆江而上时，曹操却十分不顺利。

赤壁之战前虽然曹军没有大规模瘟疫发生，但军中已经有了这样的苗头，对于军心的影响不能小看。曹军在意志上输给了东吴，其水战工具也未必比吴军精良，此次作战，曹军很难占到便宜。

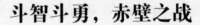

斗智斗勇，赤壁之战

蒋干中计

孙权得知周瑜来到，第二天，便召见周瑜。张昭说道："此次曹操以汉天子名义征伐天下，而且兵精将广，我们不如求和。"

鲁肃道："我军求和，曹操或许饶我们一命，可主公去求和，只有死路一条，我家主公怎会受此屈辱呢？"

顾雍道："我们兵力弱小，若要抵抗，我江东父老一定又要饱受战争之苦。曹操素来仁德，不会伤害主公的！"

周瑜道："曹操老贼打着仁义的旗号，其实却是一代奸雄。他号称百万大军，我已派人去核实，只有几十万大军。曹操此次远征犯了许多兵家大忌：第一，北方战况未平，马腾、韩遂虎视眈眈，他一出战，二人必会乘虚而入，曹操两面征战，必会分心；第二，曹军远道而来，我们以逸待劳对他疲劳之师；第三，曹操的兵士大部分是北方人，不习水性，而且对水战很不熟悉，曹操却依靠舟楫与我们抗衡，拿自己的弱点和我们的长处相抗争，他明显不占优势；第四，这些中原士兵，长久征战，到了这里因水土不服，很多人生病，也大大削弱了他的士气；第五，现在是隆冬季节，马匹正缺草料。曹操犯了如此之多的兵家大忌，一定会大败而归。主公不必担心，给我三万精兵，进驻夏口，我与曹操誓不两立！"

周瑜一席话，说得孙权心里非常痛快。孙权心想：大哥在世之时告诉过我，外不通请周瑜。今日一见，果真是我的左膀右臂，而张昭、顾雍等人只顾家人性命，不足以共谋大事。孙权一下站起，抽出宝剑，将奏案的一角砍掉，说道："宁可战死，绝不投降。今后谁若再提投降之事，与这个奏案下场相同！"

孙权传下命令：周瑜为大都督，程普为副都督，鲁肃为赞军校尉。周瑜接了命令，带领三万精兵直奔夏口。

周瑜的部将黄盖说："曹军船舰，首尾相连，可烧而去也。"于是取蒙冲斗舰数十艘装满了干柴，又浇上了油，外边用黑布蒙着，插上旗帜。黄盖一声令下，十只大船出航，小船随后而行。船到了江心，黄盖扯起风帆，风越刮越猛，大船如离弦的箭一样，飞速地向曹营驶去。

黄盖一看快到曹营了，下令把数十只大船上的干柴点着，随后跳上了小船。大船上的干柴浇上了油，一会儿就变成了火球，再加上大风，更显出了火威。数十只大船直冲曹营。曹军的战船都用铁环相连，无法散开，士兵纷纷而逃，相互践踏，死伤无数。一时间，火光冲天，映红了江面和江岸峭壁，曹操水寨早已变成了火海。

而正在这时，周瑜、程普乘大船直杀曹营，左路是韩当、蒋钦各率一支队伍冲杀过来，右路是周泰、陈武两军。三路大军杀得曹军丢盔弃甲，弃舟登岸，纷纷逃窜。

后来，明人罗贯中写了小说《三国演义》，其中有"群儒""草船借箭""诸葛亮巧借东风""蒋干盗书""黄盖诈降"等精彩描写，但不过是小说家的虚构与渲染，不是历史事实。

孙刘联军赤壁之战大败曹操，曹操撤回许昌。

第六章

三国鼎立，争霸天下

　　孙刘联军赤壁之战大败曹操后，曹操撤回许昌。此时孙刘两家趁机扩张势力，刘备借得荆州实力大增，后取汉中，逐步建立政权，入蜀称帝。此时曹操、孙权也独霸一方，天下渐成三国鼎立之势。在后来的天下争霸中，风云变幻，世事难定。三国渐入衰败之势，谁将是三国最后的霸主呢？

短暂得志，刘备汉中称王

 刘备借荆州

早在刘备"三顾茅庐"请诸葛亮出山时，诸葛亮就详细分析了天下大势，认为："荆州北据汉沔，利尽南海，东连吴会，西通巴蜀，此用武之地，而其主不能守，此殆天所以资将军，将军岂有意乎？……若跨有荆、益，保其岩阻，西和诸戎，南抚彝越，外结孙权，内修政理，待天下有变，则命一上将将荆州之兵以向宛洛，将军身率益州之众以出秦川，百姓有不箪食壶浆以迎将军者乎？诚如是，则大业可成，汉室可兴矣。"诸葛亮把荆州作为重要军事要塞，认为是刘备成就霸业、复兴汉室的关键，并告诫刘备要重视与暂居荆州的刘表的关系。

东吴方面，早在鲁肃刚刚结识孙权时，就明确提出，在"汉室不可复兴，曹操不可卒除"的情况下，孙权应该"鼎足江东""剿除黄祖，进伐刘表，竟长江所极，而据守之，然后建号帝王以图天下"。刘表死后，鲁肃进一步陈述孙权要据守荆州、结交刘备："夫荆楚与国邻接，水流顺北，外带江汉，内阻山陵，有金城之固，沃野万里，士民殷富，若据而有之，此帝王之资也。今表新亡，二子素不辑睦，军中诸将，各有彼此。加刘备天下枭雄，与操有隙，寄寓于表，表恶其能而不能用也。若备与彼协心，上下齐同，则宜抚安，与结盟好；如有离违，宜别图之，以济大事。"鲁肃的想法与诸葛亮的谋划暗合，正说明了荆州的重要性。

经过赤壁之战后，孙权成了最大的赢家，不仅统治得到了巩固，而且势力开始向外扩展。刘备也趁机向江南发展势力，他首先派兵进攻武陵、长沙、桂阳、零陵四郡，因此占据了荆州的江南部分。刘备任命诸葛亮为军师中郎将，都督零陵、桂阳、长沙三郡，征收赋税，以供军政费用。刘备虽有江南四郡，但荆州最为重要的南郡却在孙权的手里。刘备的目标，就是要把南郡拿到手。为此，刘备首先向朝廷推荐刘表的长子刘琦为荆州刺史，推荐孙权为代理车骑将军，兼任徐州牧，一方面是不让东吴占去了荆州刺史这个职位，另一方面又用推荐孙权换取孙权推荐自己的好处。刘备就以不足以容纳众多手下为理由，于建安十五年（210），亲自去面见孙权，请求都督荆州，把荆州都交给他管理。

周瑜在得知刘备要去京口向孙权借荆州，马上写书信给孙权，表示坚决反对。周瑜一向认为刘备不是"池中物"，对他早有戒心，如今若是还要把整个荆州给他做资本，那就会使他像蛟龙得水，终究不会再留在水池中了。所以他提出应乘此机会把刘备扣留在东吴，再将关羽、张飞分开，好让像他周瑜那样的将领统率他们作战，这样天下大事就可以定了。他建议扣留刘备用软方法，给他大兴土木建造豪华舒适的住宅，多供应美女和玩赏娱乐的物品，使他沉溺于声色犬马之中，迷恋奢侈豪华的生活，最终磨掉他争天下的豪心壮志。

孙权没有采纳周瑜的建议，是因为曹操还在北方，应当广揽英雄。也正是从孙、刘联合抗曹这个大局出发，他不但不能得罪刘备，而且还要巩固与刘备的联盟。

周瑜病故后，孙权按照周瑜临终的推荐，由鲁肃接任他的职位，孙权也同时任命程普兼任南郡太守。鲁肃是一贯主张联合刘备抵抗曹操的，在接替周瑜后，就劝说孙权把荆州借给刘备。于是，程普又改为兼任江夏郡太守。刘备终于借到了荆州也就是得到了南郡。

刘备取得荆州（除襄阳、江夏外）后，年纪轻轻的刘琦突然死去，刘备遂以左将军领荆州牧。

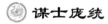 **谋士庞统**

庞统（179—214），字士元，号凤雏，汉时荆州襄阳（治今湖北襄阳）人。东汉末年时期，刘备的重要谋士，才智与诸葛亮齐名，官拜军师中郎将。

刘备攻取益州之后，率领人马去守葭萌关，准备和张鲁决一死战。刘备到了那里，严明军纪，下令不许扰乱百姓，违令者斩!

刘备在葭萌关广施恩惠，收买人心。刘璋的谋士黄权得知，立即上疏，对刘璋说："主公，刘备野心勃勃，如今已进驻西川，我们不得不防，应该告诫各关隘太守一定要严防死守，以免刘备兵变。"刘璋道："我与皇叔刘备乃同宗，而且刘备仁慈宽厚，在我有难之际前来支援。他进驻西川时间已经不短，但我二人相处很愉快，他也没有兵变之心。"黄权一看刘璋不听自己的劝告，十分焦急，心想：长此以往，西川必被刘备所占。正当黄权焦急之时，遇上了王累，二人一商议，决定带领百官共同上疏。王累道："主公，我们不怕一万，就怕万一。我们命大将紧守城门，也没有什么损失，这样，即便刘备有兵变之心，也无从下手啊!"

刘璋一看文武百官都这么说，便下令：紧守各关隘。随后他又派白水都督杨怀、高沛二人严守涪水关。

庞统得知情况后，便对刘备说："主公，刘璋对我们已有防备之心，我们也要小心谨慎为妙!"刘备道："军师，我们不如回到荆州吧，我接到孔明军师的信，说夫人已回东吴，多亏了赵云和张飞两位贤弟截下了阿斗，探马也来报曹操兴兵准备攻打东吴。二者无论是谁取胜，都会攻打荆州的!"

庞统道："主公，不必多虑，那孙权是想用幼主换回荆州，但被子龙和翼德截下幼主，看来他还不敢进犯荆州，而且吴国太一向十分疼爱您的夫人，她也不同意孙权攻打荆州。曹操此次前来，虽有大军几十万，但和东吴激战之后，必然会损兵折将，他也没有能力继续围攻荆州，必然会回师许都。利用这一段时间，我们攻占西川，扩张领土，扩大势力范围，到时候就可以与曹贼抗衡了。所以主公万万不可轻易撤军，我们可以利用曹军攻打东吴的机会索取刘璋的粮草和人马。您写一封信，就说曹操攻打孙权，我和孙权既是亲戚又是唇齿的关系，我要回师相救，但是缺少粮草和人马，希望能够得到你的支援，给我10万斛粮，4万人马。至于张鲁，一见曹军南下，他只顾自己保命，绝不会来攻打西川。"

刘备听了庞统的一席话，茅塞顿开，说道："听军师一席话，胜读十年书啊！我立即下书给刘璋！"

刘备派人送书给刘璋，自己先行来到涪关。把守涪关的是大将杨怀，他早就对刘备怀有戒心，便带着使者前来面见刘璋。刘璋看完信，犹豫不决，心想：要是给刘备兵马和粮草，他若攻打我，我可就难以自保了，如果不给，看在同宗情义上，有些说不过去。大将杨怀说："主公，千万不能拨给刘备兵马和粮草，他到葭萌关之后，广收民心，他野心可不小啊！如果他再有充足的粮草和兵马，一定会攻打我们，到时候，我们恐怕难以迎敌啊！"

其他大臣也反对给刘备人马和粮草，只有张松赞成。张松说："主公，虽然刘备在葭萌关广收人心，到时候刘备一撤兵，还不都是为主公您收买的人心吗？而且刘皇叔素有长者风范，不会背信弃义的。"

刘璋拿不定主意。刘巴说道："主公，刘备一代枭雄，一定要防备他，您不如调拨给他几千老弱残兵，一万斛粮。"刘璋觉得很有道理，便依刘巴所说去做。

刘备得知刘璋所作所为，破口大骂。庞统一看刘备如此生气，心想：我何不激主公一下，让他夺取涪关呢！庞统对刘备说道："主公，刘璋对我们早已失去同宗之情，而您却仍以仁义为重。我们不如挑选精兵，昼夜攻打成都，杀了刘璋，西川这地方就都是我们的了。"

刘备一听，连连摇头，说道："这个计策太仓促，我们哪有那么多的兵士攻打成都呢？"

庞统又说道："主公，如果不想攻打成都，那么您可以借口回荆

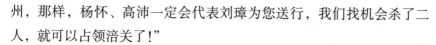

州，那样，杨怀、高沛一定会代表刘璋为您送行，我们找机会杀了二人，就可以占领涪关了！"

刘备给刘璋写了一封信，信中说：曹军火速行军，东吴告急，我必须马上回去支援，来不及辞行，还望见谅。

刘璋收到信后，派涪关将领杨怀、高沛前来送行。二人都恨透了刘备，又见刘璋优柔寡断，对刘备迟迟不下手，便决定借此机会杀了刘备，以绝后患。杨、高二将手藏兵刃，准备刺杀刘备。

庞统料事如神，对刘备说："主公，涪关二将心怀鬼胎，很可能在为您送行之际，乘机行刺于您，您要小心谨慎！"

刘备一听，有些担心，立即身披重铠，腰佩宝剑，又叮嘱黄忠、魏延要小心杨怀、高沛二人。

刘备到了涪关城，有人去报告涪关将领。杨怀、高沛拿着礼物，带着200名士兵为刘备送行。刘备很高兴地接受了二人的礼物，但都是魏延接过来的。二人没有机会下手，但一看刘备没有丝毫准备，心中一阵高兴，心想：别急，一会儿有机会了，我就让你到黄泉之下去报到！

刘备、庞统让杨怀、高沛二将到帐中相谈，二人随着刘备等人来到帐中，那200名士兵被拒之门外。杨、高二人还没有坐下，刘备一拍桌案，大喝一声："给我拿下！"二人还不知道是怎么回事呢，已被刘封、关平按倒在地，五花大绑，想反抗，已经晚了。庞统派人去搜身，果然不出所料，二人的腰间都别着匕首。

刘备大怒，说道："你们二人，为什么要行刺于我？我与你们昔日无冤，近日无仇。我不远千里来支援你们，而你们却来害我，真是岂有此理！来人啊，推出去，斩了！"

二人边走边骂，刚骂了没几句，人头已落地。黄忠、魏延将那200名士兵全部抓住，刘备对他们说："我刘备乃讲信义之人，此二人竟敢行刺于我，而你们与此事无关。如果愿意归降我的，我一定不会亏待你们！"

那200名士兵纷纷投降，庞统让这200名士兵带领大军直奔涪关。

守城的士兵一看是自家弟兄，便大开城门，就这样，刘备率大军占领了涪关。

庞统献计，没费一兵一卒，智取涪关，为刘备在四川站稳脚跟立下了汗马功劳。

不久，在围攻雒城（今四川德阳市）的战役中，庞统亲自率兵攻城，不幸为流矢所伤，不治而亡，年仅 36 岁。刘备痛失良将，心痛难当。后来，他追封庞统为关内侯，谥号靖侯。

刘备夺汉中

建安二十一年（216），刘备从荆州回到蜀中，曹操得知孙权进攻合肥，急忙从汉中班师。刘备因此感到振奋，决定对原张鲁治下的巴郡（以下一概称之为巴西郡）一带用兵。刘备亲自率领诸军至葭萌（今四川省剑阁县东北、广元市南），与夏侯渊对峙，遣征虏将军张飞督兵进攻巴西，留军师将军诸葛亮镇守成都。

曹魏方面，为保卫汉中，夏侯渊和曹洪率军与刘备对峙，令徐晃、张郃等接收巴西，于是，曹、刘双方为争夺巴西，展开激战。

刘备在葭萌至白水一线连营据守，夏侯渊、曹洪等进迫葭萌，与刘备夹关对峙。这里原系牵制作战，刘备急于求胜，遣陈式等十余营六七千人从左边迂回穿插，进入马鸣阁道（今四川省广元市北），切断魏军后路。夏侯渊急将徐晃从巴西调出，向陈式等发起猛攻，一举击破之。陈式部被歼灭殆尽，其人勉强逃回，山谷中遍布刘备军的尸体。捷报传至邺，曹操通令嘉奖徐晃道："此阁道，汉中之险要咽喉地也。刘备欲断绝外内，以取汉中。将军一举，克夺贼计，善之善者也。"

张郃在瓦口全军覆没，仅以身免。巴西易手，使魏军再逼迫葭萌至白水一线已无意义，魏军遂退保阳平关。刘备则率军还成都。

建安二十二年（217）扬武将军法正对刘备说："曹操一举而降张鲁，定汉中，不因此势以图巴、蜀，而留夏侯渊、张郃屯守，身遽北还，此非其智不逮而力不足也，必将内有忧逼故耳。今策渊、郃才略，

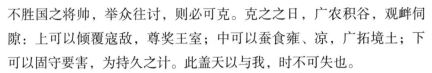

不胜国之将帅，举众往讨，则必可克。克之之日，广农积谷，观衅伺隙：上可以倾覆寇敌，尊奖王室；中可以蚕食雍、凉，广拓境土；下可以固守要害，为持久之计。此盖天以与我，时不可失也。

于是刘备决定再度出征，攻打汉中，并命令张飞前来会合，一同发动进攻。

刘备企图先经略武都，击破曹洪、徐晃，再集中力量进攻阳平关。蜀中诸军分道北上：将军吴兰、雷铜直接向武都郡治所下辨（今甘肃省成县西北）进攻，张飞进屯下辨东南的固山，马超争取当地首领。曹洪督诸军准备反击，但对固山的张飞颇为顾忌。一贯敢于冒险的曹休建议孤注一掷，曹休对曹洪说："贼实断道者，当伏兵潜行。今乃先张声势，此其不能也。宜及其未集，促击兰，兰破则飞自走矣。"

后来马鸣阁道和下辨，刘备两次大败，损兵折将。下辨再次失利，刘备军力大亏，手头上现有的兵力已不足调遣。他急书后方，要求征兵运粮，军师诸葛亮尚在犹豫。诸葛亮征询杨洪的意见。杨洪字季休，曾因固谏李严，但李严不肯听其计，因而自请辞官。杨洪对诸葛亮说："汉中为益州咽喉，存亡之机会，若无汉中则无蜀矣，此家门之祸也。方今之事，男子当战，女子当运，发兵何疑？"听了杨洪一番分析，诸葛亮顿时醒悟过来。于是，蜀中竭泽而渔，全力支持刘备争夺汉中，杨洪也因此得到诸葛亮的器重。诸葛亮因法正随刘备去攻打汉中，以杨洪代理蜀郡太守，治理"畿"内。后来，因杨洪征兵、筹粮事事成绩突出，诸葛亮便让杨洪正式担任蜀郡太守。

征召士兵后，刘备的兵力得到大量补充，士气大振，折冲中渐占上风。阳平关争夺战持续经年，建安二十四年（219）春正月，刘备率军渡过沔水，向阳平关南面大举进攻。刘备先派10员战将率10部人马共一万多兵力，以夜袭为开始，猛攻魏军设在广石的东围，并助之以火攻，对张郃施加压力。张郃拼命死守，甚至带领亲兵搏战，形势危急，向驻守西围的夏侯渊告急。夏侯渊对张郃的能力不太放心，因为他曾在宕渠全军覆没。夏侯渊一下子就把自己身边的一半兵力拨出支援张郃，使自己所在的西围兵力过于单薄。若先以1000兵支援，助

一把力，就会好得多。其原因在于，夏侯渊过于自信，以为自己的威望足以震慑住敌军，不承想刘备就是要通过声东击西消灭夏侯渊。

声东击西之计奏效，刘备遂具备攻破夏侯渊的条件。刘备亲自率军人走马谷，向魏军西围进攻。为了使仗打得更轻松些，刘备根据法正的建议，反客为主，诱使夏侯渊出战，在野战中歼灭之。于是，刘备迫近魏军西围，在定军山及其周围，依山结营。夏侯渊逞强，不肯敌来不击，留下部分兵力守围，亲自率领少许精兵与刘备争山，正堕入法正的圈套。夏侯渊在定军山下求战不得，渐露疲惫之相，法正对刘备说："可击矣。"刘备令讨虏将军黄忠率众以高屋建瓴之势冲向敌军。黄忠推锋必进，亲率士卒，金鼓震天，欢声动谷，一鼓作气，击灭该部魏军，临阵斩夏侯渊。

刘备大喜，当即擢拔虎将黄忠为征西将军。定军山一战，法正起了很大作用。先是法正提议进攻汉中，继之以奇谋击杀夏侯渊。曹操事后论道："吾故知玄德不办有此，必为人所教也。"

魏在汉中新失元帅，诸军夺气。夏侯渊部司马郭淮（字伯济）对众人说："张将军，国家名将，刘备所惮；今日事急，非张将军不能安也。"遂推张郃代理军中主将。曹操至长安后，使张郃假节。

曹操闻夏侯渊阵亡，立即出发，令大军向长安集结。春三月，曹操亲率大军从长安出斜谷到汉中。刘备认为："曹公虽来，无能为也，我必有汉川矣。"

曹操亲临阳平关，刘备令诸军坚守各个山头，坚壁不出。曹操则举棋不定，对后方和长江战线放心不下，而在汉中又不能迅速击败刘备。

曹操与刘备相持月余，最后决定放弃汉中，退保关中，并于撤军时将汉中所有民众迁至关中。退出汉中后，曹操不再有陷入泥沼的感觉；守关中，北方的马队得用其长，刘备若进入开阔地带，正可一战破之。夏五月，曹操回到长安。

至此，刘备得汉中，后在汉中称王，即中山王，奠定蜀汉基业。

火烧连营，刘备托孤

 关羽败走麦城

赤壁之战后，孙权与刘备，以湘水为界，平分荆州。关羽镇守的荆州居长江中上游，北可以进攻曹魏的襄樊，威胁许昌，东可顺流而下，直达孙吴腹地。刘备若失去荆州，就被封闭在益州一隅，虽然可以勉强自保，但诸葛亮《隆中对》中的战略构想就要落空；东吴若失去荆州，则会受到来自长江上游刘备和北方曹操的双重威胁。所以荆州是孙权、刘备必争之地，谁也不能承受失去荆州之痛。

为了保住荆州，刘备派出自己的第一名将关羽镇守荆州。然而，关羽刚愎自用、骄傲自满的个性十分突出。名将马超来投刘备，得到重用。关羽致书诸葛亮："问超人才可谁比类。亮知羽护前，乃答之曰'孟起兼资文武，雄烈过人，一世之杰，黥、彭之徒，当与益德并驱争先，犹未及髯之绝伦逸群也。'"结果"羽省书大悦，以示宾客"。自满之心，溢于言表，心胸之狭隘，跃然纸上。

建安二十四年（219），刘备当汉中王，任命关羽为前将军，授予符节和斧钺。然而作为荆州守将，就算不能结好东吴，起码也不能交恶孙权，理应韬光养晦，坐观时变，伺机执行诸葛亮的北伐策略，以实现刘备的长远发展目标。但关羽却昧于大势，轻举妄动。起先，"权遣使为子索羽女"，本意是羁縻荆州，巩固孙刘联盟，但"羽骂辱其使，不许婚"，搞得孙权灰头土脸下不来台。这一年，关羽率军在樊

城攻打曹仁，曹操派于禁驰援曹仁。秋季，大雨连绵不断，汉水泛滥，于禁统率的七军全部被淹。于禁投降关羽，关羽又杀了将军庞德。梁、郏、陆浑各县的盗贼有些远远地领受了关羽的官印封号，成为他的分支部队，关羽斩庞德，掳于禁，军威所及，长安为之动摇。

关羽一时风头正劲，在荆州顾盼自雄，更不把孙权放在眼里。战前，关羽曾扬言说："如使樊城拔，吾不能灭汝（孙权）邪！"彻底失去了联盟东吴的最后机会。

自刘备借荆州之后，孙权一直想伺机夺回荆州，委派陆逊为水军都督，陆逊赴任之后，给关羽写了一封措辞十分谦恭的书信，进一步

关羽像

麻痹关羽。信上说："将军善于用兵，军纪严明，小的举动就能获得很大的成功，功业何等伟大！敌人的失败就是我们联盟的胜利，我们获悉喜讯，没有不拍手称快的。希望能与将军席卷中原，共同扶保汉室。我是一个很迟钝的人，受任西上，时刻盼望您能亲自来教诲我。"不久，关羽水淹曹操援军，俘虏大将于禁，陆逊又马上去信祝贺说："将军活捉于禁的功绩，远近闻名，都认为将军的功勋足以流芳百世。即使从前晋文公城濮的雄师，淮阴侯攻克赵国的谋略，也比不上将军您。近来我听说徐晃带领少数骑兵在一旁窥探，曹操是个狡猾的人，或者还会派兵增援，以求胜利。虽然曹军已经疲惫不堪，但也有些骁勇强悍的人。打了胜仗后，容易因轻敌而吃亏，古人都说越是胜利越要谨慎，因此，希望将军集思广益，保证大获全胜。我是一个粗疏迟钝的读书人，有幸与将军这样才能非凡、品德高尚的人相邻，很乐意倾诉自己的拙见，虽然不一定合适，仅供将军参考。"关羽看罢这些信后，觉得陆逊谦虚、诚恳、彬彬

有礼，大有投靠自己的意思，也就不把他放在心上了，并且还将军队从南郡撤出一些增援前线。陆逊将关羽撤兵的消息及时报告了孙权，孙权立即亲率军队沿江西上，派吕蒙为先锋，直奔江陵、公安。为了迷惑关羽的巡逻哨兵，吕蒙将战船全部改装为商船，士兵们隐藏在船舱中，招募了一些平民摇橹，不分昼夜地行进，把关羽设置的哨兵全部给活捉了。直到吕蒙兵临城下，荆州守军才发现。

后方守将糜芳因为南郡军营失火，受到关羽的处罚。关羽北征襄樊后，糜芳、士仁负责粮草供应，有时粮草供应不及时，关羽便大怒，说："回去以后，一定治罪。"糜芳、士仁很害怕。吕蒙得知这一情况后，便让骑都尉虞翻给士仁写信，讲明利害关系，劝其投降。士仁对关羽的高傲颇为不满，便投降了吕蒙。接着，吕蒙又让士仁劝说据守江陵的糜芳来投降，糜芳也倒戈归降了。后来关羽请刘封、孟达发兵援救，刘封、孟达以上庸新定为由，拒绝增援。

关羽南撤之后，曹仁手下的将领都说："应趁关羽身陷困境，派兵追杀，将他擒获。"赵俨不同意，他说："孙权趁关羽去进攻襄樊的时候，偷袭关羽的后方，孙权是担心我们趁关羽回救江陵时进攻他们，所以他们愿意为我们效力，表示和我们和好，孙权不过是想借助事变从中谋取私利而已。关羽如今势单力孤，我们应该保存他，让他与孙权相争。如果对关羽穷追不舍，会促使孙权改变态度，这对我们是很不利的，曹公也一定会有这样的考虑。"曹仁同意赵俨的建议，下令停止追击关羽。曹操听说关羽撤兵的消息，也赶快派人送来不许追击的命令，理由和赵俨说的一样。

在南撤途中，关羽军队士气不振，又无援兵，他只有向西退守麦城（今湖北当阳东南）。孙权见关羽已是山穷水尽，便遣使者进城诱降。同时派朱然、潘璋截住关羽的退路。关羽先假装投降，把幡旗做成人像立在城墙上，趁机突围逃走。士兵们大都散去，只剩数十名骑兵跟随关羽。十二月，关羽和儿子关平在章乡（今湖北当阳北）被孙权的部队活捉，后来被杀死，时年58岁。

孙权于是占据了荆州。孙权从刘备手中夺回荆州后，地盘大大扩

展。曹操希望看到的孙、刘对峙的局面实现了，他立即上表封孙权为骠骑将军，领荆州牧，封南昌侯。孙权占荆州、杀关羽，对刘备是巨大的打击，刘备发誓要为关羽报仇。

刘备入蜀称帝

关羽死后，刘备并未立即采取报仇行动。因为吕蒙作为江东诸军统帅，实在令人生畏。曹魏的大将曹仁、徐晃怕吕蒙，蜀汉的缔造者刘备也怕吕蒙。史称，魏国群议咸云："蜀小国耳，名将唯（关）羽，羽死军破，国内忧惧，无缘复出。"的确如此，关羽于建安二十四年（219）冬十二月死后，建安二十五年（220）整整一年，刘备没有任何军事方面的动作。原因很简单，刘备军事实力太小，吕蒙坐镇荆州，刘备不敢轻举妄动。

刘备吃了大亏，很没面子，为了维护自己的威信，要找点事干。因为盛传汉献帝于曹丕篡位后已经被害死，刘备在蜀中发丧，追谥刘协为汉孝愍皇帝。接下来，先由议郎刘豹、青衣侯向举、偏将军张裔、偏将军黄权、大司马殷纯、益州别驾从事赵莋、治中从事杨洪、从事祭酒何宗、议曹从事杜琼、劝学从事张爽、尹默、谯周等上言劝进，然后，太傅许靖、安汉将军糜竺、军师将军诸葛亮、太常赖恭、光禄勋黄柱、少府王谋等汉中王的重臣上言劝进。刘备也乐于用喜庆的气氛掩盖荆州的失陷，遂于221年夏四月，在成都称帝，改元章武，立吴夫人为皇后，以诸葛亮为丞相，许靖为司徒。置百官，立宗庙，袷祭高皇帝（刘邦）以下。

张飞之死

张飞是刘备手下另一员猛将，经常立下不朽战功。只是性情急躁，对手下也非常严厉。驻守阆中时，突然听说关羽被杀，张飞震惊不

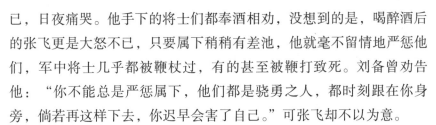

已，日夜痛哭。他手下的将士们都奉酒相劝，没想到的是，喝醉酒后的张飞更是大怒不已，只要属下稍稍有差池，他就毫不留情地严惩他们，军中将士几乎都被鞭杖过，有的甚至被鞭打致死。刘备曾劝告他："你不能总是严惩属下，他们都是骁勇之人，都时刻跟在你身旁，倘若再这样下去，你迟早会害了自己。"可张飞却不以为意。

一日，张飞命属下在三天内造出白旗白甲，好让全军都披孝征讨吴军。第二天，负责办理此事的将领范强和张达来到张飞帐内，禀告说自己误听成了"百盔百甲"，要求再给点时间。张飞勃然大怒，命兵卒将这两人捆到树上，各打50大板，二人被打得遍体鳞伤。之后张飞指着他们喊道："这事明天一定要办好！倘若有所拖延，格杀勿论！"

二人返回营地商讨此事，范强说："我们怎么可能在明天完成此事呢？张飞这人生性残暴，要是明天这事没办好的话，我们的脑袋也就不保了！"张达说道："横竖一死，与其坐着等死还不如我们先杀了他！"范强和张达二人在商议了一番后就下定决心冒险杀张飞，接着再逃出营地。当夜，张飞喝得酩酊大醉，倒在了帐内。范强和张达便在初更时手提利刀悄悄地进入张飞的帐内，趁张飞不省人事时砍下了他的头颅，然后连夜逃到东吴投降。

张飞一生骁勇，立功无数，但是他对待士兵凶残暴戾，因此给自己招来了祸患。他最后被部下一刀砍死，死于非命，真是"伐吴未克身先死，秋草长遗阆地愁"，实在是一桩憾事。

关于张飞有两种说法。一种是历史说法：张飞，字翼德，河北涿郡豪绅。三国时期蜀国著名书法家、画家。蜀汉著名将领，颇有胆识，善于奇袭，曾摆疑兵计以20骑吓退曹军数千虎豹骑，性格直爽且有谋略，敬君子而不恤小人，但对部下过于严厉。官至车骑将军，封西乡侯，蜀汉三杰之一。章武元年（221）死于暗杀，谥恒侯。

二是小说《三国演义》中说法：张飞，字翼德，河北涿郡屠夫，早年与刘备、关羽桃园三结义，行三。性如烈火，疾恶如仇，曾怒鞭督邮，并一度拔剑欲刺董卓。于长坂坡当阳桥头上一声吼，吓退曹操数万大军，吓死夏侯杰。入川时一路凯歌，义释严颜，并将其收降，直捣成都。入川后率精兵击败张郃大军。刘备称汉中王后，拜为右将军，封为五虎上将之一。刘备称帝后，拜为车骑将军，领司隶校尉，封西乡侯。为夺回荆州，同刘备起兵攻伐东吴；同年六月，张飞被部将范强、张达刺杀，时年55岁。

🌀 白帝城托孤

关羽被杀后的第三年，刘备决定亲自率大军进攻孙权。赵云和其他一些文武大臣则劝阻说，目前蜀国的当务之急是早日攻占关中，以控制黄河、渭水上游，从而讨伐曹魏，而不是讨伐孙权。吴、蜀一旦交战，后果真的很难预料。但刘备拒绝接受这些意见，下决心要夺回荆州，并为关羽报仇。

孙权听到刘备要东征，赶忙派使者向刘备请和，而孙吴的南郡（今湖北江陵东北）太守诸葛瑾（诸葛亮的哥哥）也写信给刘备，劝他不要以兵戎相见，刘备都未予理睬。汉章武二年（222）二月，刘备率军从秭归出发，分兵两路攻吴。黄权建议道："吴人一向悍战，如果我们顺流东下，则前进容易后退艰难。我请求当先锋先同敌人交兵，陛下适合当后援。"刘备没有采纳这个意见，而是亲自统率主力军沿山势东进，最后在猇亭（今湖北宜昌西北）一带扎营。蜀军从巫峡到夷陵境内，立了几十座营盘，前后有700余里，并且凭借高处，据守险要，气势十分锐盛。由于蜀军在山地上布阵，兵力难以展开，而且又是劳师远征，后勤补给比较困难。于是双方在猇亭对峙了将近半年后，蜀军的弱点逐渐暴露了出来。由于蜀军没有机会与吴军决战，粮草等物资也是一天天减少，士气逐渐低落。刘备看到后，心里很是着急，于是改变策略，下令水军也全部登陆，进入山林。陆逊一看，知道有机可乘，马上下令全军全线出击，并且让士兵每人带一把茅草，包围蜀军，一边放火，一边进攻，结果连破蜀军40余营。蜀军损失惨重，损失了有4万多人，舟船、器械等各种军事物资也损失殆尽。而刘备则是连夜向西突围，从小道逃往白帝城（今重庆奉节县东）。

　　刘备败退以后，在江北的黄权因还道断绝，率军降魏。执法官要按军法诛黄权妻子，备曰："我负黄权，权不负我也。"对黄权妻子仍同往常一样。黄权降魏后，受到曹丕善待，有人向曹丕和黄权报告蜀已诛权妻子。黄权对丕曰："臣与刘、葛推诚相信，明臣本志。疑惑未实，请须后问。"不久得到确实消息，果如黄权所科。

　　刘备看着随自己出征东吴的数万将士所剩无几，悔恨交加，痛心不已。他率领少量士兵狼狈地逃到白帝城后，不久就病倒在永安宫。刘备一病不起，想到蜀国还不稳固，更为太子刘禅担心。因为刘禅胸无点墨，胆小怕事，根本就不具治国之才。

　　刘备知道自己时日不多了，就想把朝中重臣召集过来，和他们一起商讨自己的身后之事。于是他命人日夜兼程赶往成都，将丞相诸葛亮和辅政将军李严等人请了过来。诸葛亮来到永安宫后，见刘备面容枯槁，衰老了不少，痛心不已。

　　刘备让诸葛亮坐到床边，对他说："丞相是天下的奇士，我很幸运，得到你的鼎力相助，才成就了这样的事业，建立了蜀汉。可是因为我固执己见，没有听从丞相的劝诫，终于遭受挫败，真是悔恨不已。现在我病重难愈，恐怕活不了多久了。太子无能，只得将朝中事务交与你处理。"说完这番话，刘备已是老泪纵横。诸葛亮也心痛不已，哽咽着说道："希望陛下保重身体。只要我们君臣一心，蜀国一定能繁盛起来。"刘备摇了摇头，想要说话，见马谡等将领站在旁边，就让他们都退下去。

　　刘备向诸葛亮说道："马谡这人虚有其表，只会说不会做，不能处理重大事情，丞相你一定要慎重啊。"说完，刘备又把将领们叫了进来，拿笔写下了遗诏，并将其交与诸葛亮，慨叹道："我真想和大家一起率兵北伐，除掉曹丕，可惜我无能为力了。劳烦丞相把遗诏交与太子刘禅，以后朝中事务还望丞相大力辅佐。"

　　诸葛亮跪地叩首，接过遗诏，说道："多谢陛下抬爱，臣一定会竭力帮助太子，效忠蜀国，希望陛下保重身体。"

　　刘备让人将诸葛亮扶了起来，一手擦泪，一手握住诸葛亮的手说道："我时日不多，一定要和你说几句知心话。"诸葛亮严肃聆听。刘备说道："你的才干要强出曹丕十倍，一定能一统天下，建立一番大业。至于太子刘禅，您能帮就帮，要是他真的成不了大事，就请丞相取代他的位置。"

诸葛亮听完这番话，哭着说道："我一定竭尽全力辅佐太子，誓死为国效忠。"接着，刘备再次下诏给刘禅，让他像对待自己的父亲那样对待丞相。

不久，刘备辞世，享年63岁，谥号汉昭烈帝。

刘备在军事上，诚然不具有第一流的韬略，他之所以能有三分基业和长期受到人们喜爱，还是因他善于用人和具有较佳的作风。"三顾草庐"和"永安托孤"，就是以上两个优点加在一起的表现。刘备的用人待士，前面已提到一些事实。总起来看，刘备的用人有以下的长处与特点：刘备比较能知人，善于发现人才。例如庞统、邓芝、马忠等都因与刘备谈话而受到赏识。刘备与马忠仅谈过一次话，就对尚书令刘巴说："虽亡黄权，复得狐笃，此为世不乏贤也。"刘备临死时，告诫诸葛亮说："马谡言过其实，不可大用，君其察之。"可是诸葛亮不以为然，后来诸葛亮初次伐魏，即用马谡为先锋，结果招致了街亭之败，这说明刘备在知人方面，确实有高明之处。

刘备在历代帝王中，具有显著的特色，他之所以为后人熟知并留有较好的印象，并非由于偶然因素。他的军事才略虽不突出，但在用人待士方面，在历代帝王中是罕见的，对后世亦具有广泛而深远的影响。

手足相残，曹丕称帝

 曹丕夺势，无所不用

曹操总共生有 25 个儿子：妾刘氏生昂、铄，卞夫人生丕、璋、植、熊，环氏生冲、据、宇，杜氏生林、衮，秦氏生弦、峻，尹氏生矩，王氏生干，孙氏生上、彪、勤，李氏生乘、整、京，周氏生均、刘氏生棘，宋氏生徽，赵氏生茂。发妻丁夫人无子，抚育妾刘氏所生长子曹昂，已在宛城为张绣击杀。曹操其余诸子，以曹丕年纪最长，本来应立长为嗣，毫无争议。但曹操偏心聪明的儿子，引发矛盾。

曹操最聪明的儿子是曹冲。曹冲字仓舒，建安元年（196）生。五六岁时，孙权送来大象一头。曹操很想知道象的重量，然而群下没有人能称如此庞然大物。曹冲献计，让大象到船上去，用剑刻下船的吃水深度，然后引象上岸，再装上石头，直到船只的吃水深度到达所刻印记为止，以后只须称出石头的重量即可得知大象的体重。这是中国古代的阿基米德定律。曹冲也非常仁慈，曹操的马鞍在仓库里被老鼠咬破了，库吏恐惧极了，害怕自己因此被处死。曹冲得知此事后，对库吏说，等三天后的中午时分再向曹操请罪，他自有办法使库吏免罪。然后，曹冲用刀把衣服弄破，如同被老鼠咬过的样子，故意让曹操看到他的忧戚之状。待到库吏前来请罪时，曹操笑道："儿衣在侧尚啮，况鞍悬柱乎？"罪过遂一无所问。

建安十三年（208），曹冲病故，年仅 13 岁。

卞夫人为曹操所生的另一个儿子曹植（字子建，生于汉献帝初平三年，即192年），擅长写文章。曹植十几岁时，文章已写得非常好，令曹操感到吃惊，不由得问，是不是请人代笔。曹植的回答是，面试一下就知道到底是谁写的了。不久，铜雀台建成（210），曹操让所有的儿子都登台写赋，曹植援笔立成千古佳文，曹操大为惊异。曹植每次见曹操，所提问题应声答对。

曹操在接班人的问题上，举棋不定，同胞兄弟间的竞争非常激烈。最后，贾诩的一番话使曹丕承业成为定局。曹操屏退左右，问贾诩接班人的事，贾诩默然不对。曹操说："与卿言而不答，何也？"贾诩说："属适有所思，故不即对。"曹操问："何思？"贾诩答道："思袁本初、刘景升父子也。"曹操大笑，接班人的事遂定。

建安十六年（211），曹丕被任命为五官中郎将，建安二十二年（217）立为魏王太子，而与曹植亲近的杨修，则被曹操杀死。曹丕，字子桓，是曹操次子。曹丕天资聪颖，能为文，又善骑射，好击剑，少年时代便广泛阅读古今经传、诸子百家作品。曹丕自幼就生活在军营里，跟随父亲征伐天下，受到父亲的熏陶，不到10岁就会骑射，通晓诸子典籍、古今著作，成年后精通文学，是当时很有名气的诗人。同时，他也非常有野心，一直希望能继承父位，大展宏图。曹操乃一代枭雄，名满天下，可他的儿子们都远不如他，没有远大抱负和一统天下的豪气，勉强能与之相比的，就只有次子曹丕和三子曹植。

曹操身为丞相，一直掌握着朝中大权，号令天下，很早之前就想称帝。可他害怕民众议论，民心不服，因此不敢贸然采取行动。216年，汉献帝封曹操为魏王，并赐他九锡之号。有了王号之后，曹操就开始着手处理立嗣之事。在讨伐张绣的宛城之战中，曹操长子曹昂不幸被杀，如此一来，曹丕就成了实际上的长子，这样他就在日后的王嗣之战中占得了身份上的优势。但是曹操喜好文学，闲暇之余常常和一些文人写诗作赋，饮酒畅谈。在众多儿子里，他最喜用笔潇洒、行文洒脱的曹植，曾一度想立他为嗣子。

曹丕也擅长写诗作赋，可和曹植相比，不管是才气还是名气都远远不及，所以他非常嫉妒曹植。他知道曹操想立曹植为嗣子，就更加气急败坏，因此费尽心机在曹操面前污蔑曹植。

那时，曹丕和曹植身边各有一批心腹重臣，追随曹丕的都是些权臣或是谋臣，如尚书崔琰、尚书仆射毛玠和太中大夫贾诩等；而追随曹植的大都是些文人墨客，如名士丁仪和丞相主簿杨修等。官场黑暗，尔虞我诈，成天吟诗作赋的文人哪里是那些老谋深算的政客谋臣的对手！加上一直以来，人们在立嗣之事上都信奉"长幼有序"的观念，因此在立嗣之争中，曹丕的优势越来越明显。

其实，曹植根本不知道自己已经卷入了这场立嗣之争中，更没有意识到眼下的形势会对自己不利。他为人淳朴，特立独行，浑身充满了文人的玩世不恭。曹操对曹植这种狂放不羁的个性十分不满，而曹丕善于演戏，他在曹操面前表现得忠心仁慈，处处讨其欢心，因此曹操越来越不喜欢曹植，觉得曹丕更沉着冷静，谦卑有礼，懂得待人接物。

217年，曹操终于立曹丕为嗣子。

曹丕篡汉，杀弟诛臣

220年，曹操在洛阳病逝，结束了自己辉煌的一生。当时，留守于自己封地邺城（今河北临漳）的曹丕听到父王离世的消息，悲痛不已，号啕大哭。亲信司马孚见此情形，安慰曹丕道："节哀顺变。尽管大王离开了人世，可您不能乱了阵脚啊。天下不可一日无主，如今您应该立即回朝，掌控朝政，以绝后患。"听完司马孚这一番话，曹丕马上清醒过来，并立即赶赴许昌，为曹操办理丧事。

此后，在曹丕和司马孚的全权掌控下，官员们开始着手以君王之礼为曹操举办国葬，之后大臣们上书奏请汉献帝让曹丕接任王位。献帝本就是傀儡，根本就无实权，看了大臣们的奏章后就下旨封曹丕做了丞相和魏王，让他掌管冀州。就这样，曹丕将曹操生前的职权全部掌握住了。

曹丕称王后，首先让自己的重臣亲信担任要职，贾诩成了太尉，

御史大夫华歆成了相国，大理王朗成了御史大夫。随后他下令诛杀了曹植的亲信丁仪等人，又将曹植贬为安乡侯，让他离开了京都。同时，曹丕并不满足于做汉室的封王，时间一长，他称帝的野心渐渐暴露出来。曹操当年征伐天下也是为了要当皇帝，只是那时天下大乱，尽管汉朝势弱，可终究是百姓认可的朝廷，曹操担心自己自立为帝会遭人唾弃，所以称帝之事一直未议。可如今不同了，汉王朝有名无实，名存实亡，满朝大臣都服从曹丕。曹丕下定决心称帝，于是就开始部署。满朝文武官员心知肚明，只是无人明说。这时，左中郎李伏、太史许芝联名上书，劝汉献帝退位，禅位于曹丕。

汉献帝做了多年的傀儡皇帝，一直如履薄冰，生怕某一天自己会惨遭杀害，现在看见大臣的联名奏章，他很干脆地答应了大臣的请求。为了让天下百姓知道是献帝自愿退位的，文武百官们还举办了一个盛大的禅让仪式，并在仪式上把皇帝的玉玺和绶带交给了曹丕。不久，曹丕正式登基，改国号为魏，史称魏文帝。魏国的建立彻底终结了有着196年历史、历经十二代皇帝的东汉王朝。

延康元年十月十三日，汉献帝告祀高庙，决定禅位于魏。二十八日，魏王曹丕升坛受玺绶，篡皇帝位，建立魏朝，改元黄初。汉献帝被封为山阳公，食邑一万户，位在诸侯王上。

曹丕心胸非常狭窄，鸩杀了胞弟曹彰。曹彰字子文，箭法准确，膂力过人，可以手格猛兽，作战不避险阻。曹操曾对他说："汝不读书、慕圣道，而好乘汗马、击剑，此一夫之用，何足贵也。"要求他读诗书。曹彰则对左右亲近说："大丈夫一为卫、霍，将十万骑，驰沙漠，驱戎、狄，立功建号耳，何能作博士邪？"曹操曾问诸子各自的爱好。曹彰说："好为将。"曹操问："为将奈何？"曹彰答道："披坚持锐，临难不顾，为士卒先，赏必行，罚必信。"曹操大笑。

建安二十三年（218），代郡乌丸反，以曹彰为北中郎将、行骁骑将军，往讨。临行，曹操告诫道："居家为父子，受事为君臣，动以王法从事，尔其戒之。"曹彰非常勇猛，铠中数箭而战气益壮，追奔逐北至桑干河，大破虏骑而还。

曹丕篡位后，虽封曹彰为任城王，但始终对这位勇猛的弟弟放心不下。黄初四年（223），曹彰到洛阳，在卞太后宫中与曹丕下围棋，曹丕将一部分枣用毒药浸泡过派人端上来。下棋时，曹丕专拣颜色正常的吃，不吃颜色稍有变化的。而曹彰因在母亲宫中，并不在意，把有毒和没毒的枣混杂吃进肚中，结果中毒。卞太后急呼左右取瓦罐盛水，曹丕则令人把罐子统统打碎。卞太后光着脚，把曹彰拖到井旁，已经来不及了，眼睁睁地看着亲生儿子死在自己怀中，她不禁放声大哭，同时想到了被曹丕逼得写下了"相煎何太急"诗句的另一个儿子东阿王曹植，她哭着对曹丕道："汝已杀我任城，不得复杀我东阿。"

曹丕还将曹洪投入监狱中。曹洪富有而吝啬，曹丕年轻时曾向曹洪借钱，曹洪不给，因而怀恨在心。当上魏王后，曹丕便借口曹洪的舍客犯法，将曹洪下狱，群臣并救而不成。卞太后愤怒地斥责道："梁、沛之间，非子廉无有今日！"然后，卞太后对郭皇后施加压力："令曹洪今日死，吾明日敕帝废后矣！"郭皇后每天在曹丕

曹丕像

面前泣涕请求释放曹洪。曹丕被闹得没办法，只得释放曹洪，但将曹洪的爵位削去。

郭皇后的弟弟昔日在曹丕当王太子时犯法，被魏郡西部都尉鲍勋治罪。曹丕数次请求宽大处理，鲍勋不肯。于是，曹丕深恨鲍勋，曹丕即位后便寻机报复，后来在南征孙权时找到借口，便下诏："勋指鹿为马，收付廷尉。"廷尉法议："正刑五岁。"三官驳为："依律，

罚金二斤。"曹丕大怒："勋无活分，而汝等敢纵之！收三官已下付刺奸，当令十鼠同穴！"太尉钟繇、司徒华歆、镇军大将军陈群、侍中辛毗、尚书卫臻、守廷尉高柔等并奏，表鲍勋之父鲍信有功于曹操，求请免鲍勋罪。曹丕不许，后将鲍勋处死。曹丕之狠毒阴险由此可见一斑。

死而后已，诸葛亮治蜀

赏罚分明，任人唯贤

刘备去世后，诸葛亮临危受命，他面对的是一个经济破败的国家。夷陵大败后，蜀汉势力明显受挫，蜀国的一些强权地主也借机兴兵叛变，云贵地区的"南蛮"更是跃跃欲试，想要侵犯蜀地。而在关中的曹魏势力积蓄了大量兵马，内部安定的孙权势力也极有可能逆江西上。蜀汉这个三国中实力最弱的政权危机四伏，处于风雨飘摇之中。

面对这一切，诸葛亮忧心忡忡，表面却镇静自若。他自辅佐朝政以来，就把"法治"作为管理国家的关键。为了巩固朝政，诸葛亮还相继公布了一系列成文的法规，如《科令》《蜀科》等。他素来赏罚严明，非常重视选拔廉吏，力争从源头上避免"赏罚不明，无功得赏，权贵免责"等现象的出现。

诸葛亮对待豪强的政策，主要是赏罚分明，用罚限制他们的为恶，用赏来给他们开辟政治上的出路，只要他们肯忠心地为蜀汉政权服务，便可以获得官爵禄位。因此诸葛亮的法治政策，不但收到了限制豪强的效果，也取得了利用豪强的成绩，同时也使蜀汉在政治上呈现了某种程度的清明。陈寿称诸葛亮之治蜀："科教严明，赏罚必信。无恶不惩，无善不显。至于吏不容奸，人怀自厉。道不拾遗，强不侵弱，风化肃然也。"

刘璋时代，对益州地方豪强无法控制，只得纵容。诸葛亮辅政，则厉行法治，他说："刘璋暗弱，自焉以来，有累世之恩，文法羁縻，互相承奉，德政不举，威刑不肃，蜀土人士，专权自恣，君臣之道，渐以陵替。宠之以位，位极则残；顺之以恩，恩竭则礼慢，所以致弊，实由于此。今吾威之以法，法行则知恩；限之以爵，爵加则知荣；荣恩并济，上下有节。为治之要，于斯而著。"

诸葛亮所施行的裁减官职、简化机构的措施，对于减轻人民的负担来说，也有些好处。

诸葛亮治蜀是刑法和德化并用，他能够以身作则，他的品质作风同他的能力一样受到人们的尊重和敬仰。

除了以法律治理蜀地外，诸葛亮也建议皇帝广开言路，积极听取文武百官的提议和忠言。在处理军政大事时，诸葛亮也十分注重采纳各位大臣的建议。首次北伐惨败而后，他特意写了一篇文章，名叫《劝将士勤攻己阙教》。在这篇文章中，他首先指出是由于自己部署不当而导致了失败，并希望所有的将士都能够随时指出自己的毛病和过失，这样才能"集思广益"，人们很敬佩他这种虚怀若谷、严于律己的品行。

此外，诸葛亮主张兴修水利，鼓励发展农业、商业，这些举措使得原本亏空的国库逐渐充实起来。由于诸葛亮品德和才能俱佳，因此治理蜀国成效卓著，使得蜀汉在很长一段时间里呈现出朝政稳固、社会安定的局面。

诸葛亮的用人，还是以其本人及蜀汉政权为中心，而不容许部下有结党成派之事。土著地主在本地总是容易养成党派势力，为此，诸葛亮对土著地主虽注意擢用，但对他本人的继承者始终只从外来地主中培养。不仅籍隶荆楚的蒋琬、费祎因他的授意而相继辅政，就是降

将天水人姜维，也因为受到他的培植而成为蜀汉政权的最后支撑者。这一方面因他们有相当的才干，同时也因他们是外来人，在益州没有什么亲党关系的缘故。不过，诸葛亮对益州土著地主的团结和重用，还是超过了以前的统治者。从两汉以来，在政治上一直受着歧视的益州人，对于诸葛亮向他们开放政权是乐于拥护的。诸葛亮连年北伐，向益州征兵要粮，未见有土著地主的反对，在军事前线，还得到他们的积极参加，这是与诸葛亮笼络土著地主、缓和客主矛盾政策的成功分不开的。

蜀汉的政治，在诸葛亮的统治下，不但较刘璋时代大有起色，就是与同时的魏、吴两国相比较，也要好一些。正因为如此，所以吴臣张温使蜀回去以后，曾赞美蜀政，以至于引起了孙权的忌恨，当时魏国有才智的大臣刘晔、贾诩也说诸葛亮善治国。陈寿在《三国志·诸葛亮传》中反复称颂诸葛亮治蜀的政绩，说得好似尽善尽妥，而陈寿对魏、吴两国的统治者则未有若此称述。诸葛亮死后，蜀汉的人民思念他，几十年不曾稍减。可见诸葛亮之受人歌颂，在当时已经达到如此高度，若不是诸葛亮的政治措施能够符合人们的某些愿望和利益，岂能如此？

总之，诸葛亮德才兼备，其治蜀政绩是历史上罕见的。他的为政行事，对蜀国人民有一定程度的益处，有些地方还可供后世借鉴。所以我们说：诸葛亮确实是我国古代一位卓越的政治家。

联吴与南征

刘备死后，南中诸郡又皆反叛。诸葛亮为了让民休养生息，医治战败创伤，暂时撇开南中问题，首先从整顿内政和改善对吴关系着手。

诸葛亮始终是主张联吴的，他知道以弱小的蜀与强大的魏为敌，非先联吴不可。把吴国联络好以后，它纵然不能协同攻魏，蜀亦可无东顾之忧，而得全力对魏，魏则不能不以相当大的一部分兵力防吴。因此，诸葛亮于辅政之初，即派邓芝使吴，重申旧好。孙权这时还没有与魏断绝来往，迟迟不肯接见邓芝。邓芝给孙权上表说："臣今来，亦欲为吴，非但为蜀也。"孙权才接见了他，谈话中仍以蜀弱魏强为虑。邓芝向孙权解释说："吴蜀二国，四州之地，大王当世之英，诸葛亮亦一时之杰也。蜀有重险之固，吴有三江之阻，合此二长，共为唇齿，进可并兼天下，退可鼎足而立，此理之自然也。大王今若委质于魏，魏必上望大王之入朝，下求太子之内侍。若不从命，则奉辞伐叛，蜀必顺流，见可而进。如此，江南之地，非复大王之有也。"

孙权觉得邓芝的话确实有道理，于是便与魏断绝关系，与蜀联合。从此蜀吴盟好，不但诸葛亮伐魏之师得以大举，就是终蜀之世，两国和好关系亦始终维持，说明诸葛亮的外交政策确实是正确的。

蜀汉南部的益州（郡城在今云南晋宁县东）、永昌（郡城在今云南保山市）、牂柯（郡城在今贵州福泉市）、越巂（郡城在今四川西昌市东南）四郡，自秦代以来，就是少数民族与汉族杂居之地。这里的人民因为不能忍受当地官府的榨取，经常进行反抗。当地的豪强和少数民族上层人物则趁机进行叛乱活动。刘备在时，益州大姓雍闿已经开始反蜀活动，杀益州太守正昂，继位太守张裔也被缚送到吴。雍闿接受孙权永昌太守的封号，并派郡人孟获煽动各族上层分子反蜀，牂柯太守朱褒、越巂叟帅高定一齐响应。诸葛亮因为蜀汉被吴击败不久，元气大伤；且刘备刚死，蜀人有些不安的情绪，故未用兵镇压。一方面派人到吴与孙权重新建立起盟好关系，一方面务农植谷，闭关息民。等到后主刘禅建兴三年（225）三月，诸葛亮亲自率兵南征，参军马谡送之数十里，诸葛亮对马谡曰："虽共谋之历年，今可更惠良规。"

于是马谡提出以下的建议："南中恃其险远，不服久矣；虽今日破之，明日复反耳。今公方倾国北伐，以事强贼，彼知官势内虚，其叛亦速。若殄尽遗类，以除后患，既非仁者之情，且又不可仓卒也。夫用兵之道，攻心为上，攻城为下；心战为上，兵战为下。愿公服其心而已。"

马谡这种"攻心"的策略，正与诸葛亮素日对付少数民族的政策相合。远在隆中对策时，他即主张"西和诸戎，南抚夷越"，即对少数

民族只采用温和的怀柔政策，而不专凭武力的强压。所以诸葛亮采纳了马谡的建议。这次南征，除杀掉高定、朱褒（雍闿先已被高定部属所杀）等几个首先反抗的首领以外，对其他的少数民族与汉族上层分子，可以降服的则尽量收用，以便通过他们来统治南中人民。"七擒孟获"就是其中一个显著的例子。

于是蜀汉的后顾之忧解除，诸葛亮集中力量，练兵习武，准备大举北伐。

挥泪斩马谡

平定南中后，吴蜀联盟也日趋巩固，这样蜀汉就没有了后顾之忧。精心准备多年后，后主刘禅建兴五年（227）冬，诸葛亮率兵进军汉中，借此实施整个北伐战略。

诸葛亮占据祁山后，就打算接着攻打长安，他命一路兵马前去驻守街亭，以此作为据点。街亭是进出汉中的重要关卡，是兵家必争之地，在攻打长安一战中起着关键的作用。可让谁去驻守街亭呢？诸葛亮考虑再三，最终舍弃了那些经验丰富的老将，而将此事交给了参军马谡。

马谡通晓兵法典籍，平日里也喜好谈论兵家之法，为此诸葛亮常常叫他来与自己一起商议兵事。他很有见地，颇具谋略，因此一直很得诸葛亮的信赖。

刘备生前发觉马谡浮躁，不踏实，因此临死时曾特地嘱咐诸葛亮："马谡夸夸其谈，难成大事，不要对他委以重任，要多加观察。"

可诸葛亮并没有太在意，这次他命马谡做前锋忽然想起了刘备说过的话，因此又封王平做了马谡的副将，还在临行前多次叮嘱马谡，让他加强守卫，坚守街亭。

马谡和王平带着兵马来到了街亭，正赶上张郃率魏兵从东方迎了过来。马谡察看了一下地势，就自作主张道："这个地区地势险峻，街亭边上有座山，我们驻兵山上，伏击敌军。"王平劝告他要按照诸葛

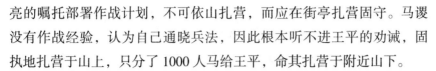

亮的嘱托部署作战计划，不可依山扎营，而应在街亭扎营固守。马谡没有作战经验，认为自己通晓兵法，因此根本听不进王平的劝诫，固执地扎营于山上，只分了1000人马给王平，命其扎营于附近山下。

此时，张郃带领10万兵马到了街亭。他见马谡弃守完好的城池而扎营于山上，内心暗暗高兴，并立即命属下兵将扎营于山下，包围马谡，让蜀军无法下山，更无法补充军粮。

马谡这时才慌了手脚，命将士冲下山去，以此突围。可张郃率魏军死守营地，蜀军多次突围未果，损兵折将，损失惨重。

没有了水源和军粮，蜀军逐渐失去了气势，军心动摇。张郃抓住时机，与蜀军展开激战。此时，蜀军早就没有了作战的意志，相继四散而逃，马谡无法阻挡蜀军溃逃，只得自己冲出重围，向西逃亡。

王平闻听马谡战败，就命将士竭力敲鼓，佯装出兵之势。张郃怕遭到蜀兵伏击，不敢靠近王平兵马。王平整队出发，从容不迫地向后撤兵，1000兵马完好无损，还沿途接纳了很多马谡部下的散兵。

但是蜀军失去了街亭，不但失去了进攻长安的战略据点，还打乱了原定的作战部署。为了避免更大的损失，诸葛亮决定将蜀兵全部撤回汉中。

返回汉中后，诸葛亮详细地审问了街亭被占的缘由，才知此事都是马谡之过，要不是他擅自做主，不按规定行事，自作主张更改了作战策略，街亭就不会被占，马谡也觉得是由于自己的错误指挥才使街亭被占。尽管诸葛亮和马谡的私交很深，可他不能因私情而违反法纪，坚决地把马谡投进了牢里，接着他又依照军法处死了马谡。

在此次战役中，王平尽力劝说马谡，在撤兵时又巧施计策保住了一千兵马，立下了大功，因此诸葛亮升王平为参军，命其统领五部人马。

之后，诸葛亮又奏请刘禅以自己用人不当、致使北伐未果为由降罪于自己，他还自请降职三级。此后，诸葛亮的职位是右将军，但仍处理丞相之事。

后来，蒋琬赶到营中参拜诸葛亮，并问道："目前战事不断，天下动荡，正是急需将领之时，可您却把马谡这么有能力的人给杀了，您不惋惜吗?"诸葛亮叹道："春秋时，孙武因军纪严格才屡获胜利。祁山一战，我军实力强于魏军，却惨败而回，这都是因为我用人不当。日后我们要更加谨慎，这样的错误绝不可再犯。"此后，诸葛亮就留驻汉中，并积极操练将士，整饬军队，其间他还储存军粮，等待时机再次北伐。

诸葛亮为了蜀国鞠躬尽瘁，可百密终有一疏，命马谡守街亭是他一生中难见的重大失误。

马谡清高自傲，不听取别人的意见，肆意妄为，不仅使得战事惨败，更让自己身败名裂。

陨落五丈原

蜀汉后主刘禅建兴十二年即魏明帝青龙二年（234）春二月，诸葛亮第五次北伐。这次北伐，诸葛亮选择了运粮路线最短的斜谷，以魏延为前部，直指眉山，屯兵五丈原（今陕西省宝鸡市东、岐山县南，渭水南岸），与司马懿在渭水南岸对峙。诸葛亮为做长期打算，积极以木牛流马运粮，并在兰坑一带屯田，要在秦岭雨季到来前储备够足支两三个月的粮食，以待雨后的继续运输，企图常年与司马懿对峙，看看到底谁能拖过谁。由于事先在斜谷南口储运了大量粮食，又以木牛流马运输，所以五丈原上的蜀军军粮充盈。

魏大将军司马懿屯兵渭水南岸的马冢，与蜀汉丞相诸葛亮隔武功水对峙。司马懿最担心的是，诸葛亮沿渭水北岸由窄渐宽的平川向长安长驱直进，那样将迫使魏军必须在野外平地上进行会战。但诸葛亮用兵谨慎，不肯置运粮的后路于不顾，因此在渭水南岸的五丈原扎营。怯于会战的司马懿高兴地说："亮若出武功，依山而东（武功以东无山，应为"亮若缘北山之南，东出武功，以向长安"）诚为可忧；若西上五丈原，诸将无事矣（但守垒而已）。"

雍州刺史郭淮认为五丈原对面渭水北岸的北原非常重要，向司马懿进言："若亮跨渭登原，连兵北山，隔绝陇道，摇动民夷，此非国之利也。"司马懿觉得此言有理，遂遣郭淮督众进屯北原。诸葛亮见郭淮占据北原，后悔事先未能见及该地的重要性，遣大队人马渡渭水争北原，被郭淮击退。几天后，诸葛亮再度遣重兵渡渭水，兵锋指向西围。郭淮意识到蜀军并非真攻西围，而是声东击西，便以手头的兵力重点把守阳遂村营垒。当天夜间，蜀军果然猛攻阳遂营，因魏军已有准备，不能得手。由于北原在魏军手中，陇道畅通，诸葛亮屯兵五丈原，不过仅入魏地占一个据点，不能影响全局，好比围棋上的一着"单官"。

北原之战可以看出，诸葛亮、司马懿二人，在决机临阵方面，欠缺眼光。他们二人的统兵，仅限于宏观调度。

诸葛亮争夺北原不能成功，便寻求与司马懿进行主力会战。诸葛亮出祁山之时，司马懿在上方谷固守不出，以逸待劳。诸葛亮派使臣送"女裙"激其出兵，但司马懿不为所动，反而问使臣："你家丞相饭量如何？"使臣答道："丞相食少事烦，每日饭量不足半斤。"司马懿听后大笑，告诉使臣："请转告你家丞相，我每顿都吃一只鸡。"司马懿对诸葛亮可谓知根知底，知道诸葛亮的身体不能打"持久战"。后司马懿对将士说："亮将死矣。"因为这次北伐，诸葛亮与往常不同，坐在行动极为不便的小车上，头戴葛巾，手持羽毛扇，一副病态，已被司马懿看在眼里。乘车表示弱不能驭马，纶巾掩饰身体不适，羽扇故作镇静。所以，司马懿向使者了解诸葛亮的日常起居，得知食少事烦，断定其人寿数已尽。

诸葛亮过于劳累，与他的工作作风有关。以前，主簿杨颙曾谏道："为治有体，上下不可相侵。请为明公以作家譬之：今有人，使奴执耕稼，婢与饮炊，鸡主司晨，犬主吠盗，牛负重载，马涉远路；私业无旷，所求皆足，雍容高枕，饮食而已。忽一旦欲尽以身亲其役，不复付任，劳其体力，为此碎务，形疲神困，终无一成。岂其智之不如奴婢鸡狗哉？失为家主之法也。是故古人称'坐而论道，谓之王公；作而行之，谓之士大夫。'故丙吉不问横道死人而忧牛喘，陈平不肯知钱谷之数，云'自有主者'，彼诚达于位分之体也。今明公为治，乃躬自校簿书，流汗终日，不亦劳乎！"

然而，诸葛亮并未改变工作作风，依旧终日操劳。

司马懿苦于诸将屡屡请战，便向魏明帝上表请战。魏明帝深知司马懿的意思，遣卫将军辛毗持节为军师至马冢大营，严禁诸将出战。蜀汉中监军征西将军姜维对诸葛亮说："辛佐治杖节而到，贼不复出矣。"诸葛亮看穿司马懿的把戏，对姜维说："彼本无战情，所以固请战者，以示武于其众耳。将在外，君命有所不受，苟能制吾，岂千里而请战邪？"

秋八月，诸葛亮病笃，蜀汉后主刘禅使尚书仆射李福省视。李福见到诸葛亮，咨以国家大计，问及诸葛亮身后的接替者。诸葛亮回答："公所问者，公琰（蒋琬字公琰）其宜也。"李福又问："乞复请蒋琬之后，谁可任者？"诸葛亮说："文伟（费祎字文伟）可以继之。"李福还问费祎之后谁可继任，诸葛亮不作回答。是月，诸葛亮病故于五丈原军中，遗嘱葬于汉中定军山，因山为坟，冢足容棺，敛以时服，不须器物。诸葛亮为政清廉，生前曾向后主上表称："成都有桑八百株，薄田十五顷，子弟衣食，自有余饶。至于臣在外任，无别调度，随身衣食，悉仰于官，不别治生，以长尺寸。若臣死之日，不使内有余帛，外有赢财，以负陛下。"他死时，家中私产果如所言。

顺势而为，孙权建吴称帝

曹丕南征，耀兵而已

魏文帝黄初五年（224）秋七月，魏文帝曹丕自洛阳东巡，幸许昌，大举南征。侍中辛毗谏道："吴楚之民，险而难御，道隆后服，道净先叛，自古患之，非徒今也。今陛下祚有海内，夫不宾者，其能久乎？其尉佗称帝，子阳僭号，历年未几，或臣或诛。何则？违逆之道不久全，而大德无所不服也。方今天下新定，土广民稀。夫庙算而后出军，犹临事而惧，况今庙算有阙而欲用之，臣诚未见其利也。先帝屡起锐师，临江而旋。今六军不增于故，而复循之，此未易也。今日之计，莫若修范蠡之养民，法管仲之寄政，则充国屯田，明仲尼之怀远；十年之中，强壮未老，童龀胜战，兆民知义，将士思奋，然后用之，则役不再举矣。"

曹丕说："如卿意，更当以虏遗子孙邪？"辛毗回答："昔周文王以纣遗武王，唯知时也。苟时未可，容得已乎？"曹丕执意南征，留尚书仆射司马懿坐镇许昌。秋八月，组建水军，魏文帝亲御龙舟，循蔡、颍，浮淮，幸寿春。秋九月，御驾亲征至广陵，命荆、扬诸军并进。

吴安东将军徐盛建计，植木衣苇，为疑城假楼，自建业至毗陵典农校尉所属的江乘县（今江苏江阴市附近），延绵相接数百里。诸将以为无益，徐盛坚持为之，假城一夕而成。曹丕到广陵临江，望同不知

虚实，愕然叹道："彼有人焉，未可图也。"魏军上下甚悍。

几天后，暴风大起，曹丕所乘龙舟随风飘荡，几至沉没。看着浩浩荡荡的长江，曹丕感慨万分，说："魏虽有武骑千群，无所用之！"

魏文帝曹丕最关心的是是否被孙权看得起，他问群臣："（孙）权当自来不？"一些人迎奉道："陛下亲征，权恐怖，必举国而应。又不敢以大众委之臣下，必自将而来。"侍中刘晔则认为："彼谓陛下欲以万乘之重牵己，而超越江湖者在于别将，必勒兵待事，未有进退也。"曹丕的大驾临江停住多日，吴王孙权果然不来，魏文帝曹丕很扫兴。孙权不亲自出马的原因有二：一是曹丕出兵到广陵，与向濡须进军不同，并未给江东带来真正的威胁，充其量不过临江饮马、炫耀一番罢了；二是曹丕并不能临阵亲自指挥战斗，对付魏将，吴军诸将足够了，如果曹操亲自率军到达濡须，在没有陆逊的情况下，孙权肯定亲自披挂上阵。如今曹操、刘备均已作古，孙权便成为天下第一的老大，岂肯轻易露面？冬季已至，诸通江溪流即将上冻冰封，曹丕叹道："嗟夫！固天所以隔南北也！"遂下令班师。征东大将军曹休上表称，得吴国投降者，称吴王孙权已在濡须口。中领军卫臻（字公振，卫兹之子）进言："权恃长江，未敢抗衡，此必畏怖为辞耳。"重新提审拷问降者，果然是吴国守将所为，故宣诈辞而已。

闻知魏军班师，吴扬威将军孙韶精选敢死500人，遣部将高寿抄径路游击，魏文帝曹丕大惊，高寿缴获副车、羽盖而还。这次袭击，回报了九年前的逍遥津之战。同是万乘之尊，当年孙权亲自断后，导致险情；如今曹丕，并未打算亲自临阵，却在退军途中突被将了一马。不过，魏国人畏惧孙权，所以，张辽逍遥津一战被大肆渲染，而吴国人不高看曹丕，因此孙韶、高寿缴获曹丕羽盖一事仅等闲视之。孙韶孤军悬远，在江北广陵游击，善养士卒，得其死力，常以警疆场、远斥候为务，先知动静而为之备，故鲜有负败；青、徐及豫州的汝、沛之间，颇有前来归附者。此次袭击得益于侦察周密，骁勇果敢。

冬十月，魏文帝曹丕回到许昌。

这时，鲜卑首领轲比能叛，频频袭扰幽、并二州，但魏文帝曹丕仍坚持南征。魏黄初六年（225）秋八月，魏文帝曹丕以舟师自谯循温水入淮，从陆道幸徐州。冬十月，魏文帝幸广陵故城，临将观兵，戎卒号称十余万，旌旗数百里。不过只是耀兵罢了。

孙权称吴王

吕蒙死后，东吴形势危急，孙权不得不暂且曲意讨好曹丕，待到与蜀汉恢复盟好后，再与曹魏为敌。

为讨好曹丕，孙权释放了于禁等被关羽俘虏的军官，并向魏国称藩。于禁回到洛阳时，须发皓白，形容憔悴，向魏文帝曹丕泣涕顿首。魏文帝任命于禁为安远将军，充当去见孙权的使者。在出使前，于禁先去谒拜魏武高陵。曹丕令人事先在陵屋中作画，画庞德愤怒而于禁降伏之状。于禁见画，惭恚发病而死。这里有个叫人百思不得其解的历史现象：关羽投降曹操后回到刘备身边，被人称颂义薄云天；于禁系被释战俘，却享受叛徒待遇。

于禁死后，曹丕以邢贞为使者，到武昌封孙权为吴王，加九锡。

这时，侍中刘晔奏称：吴绝在江、汉之表，无内臣之心久矣。陛下虽齐德有虞，然丑虏之性未有所感，因难求臣，必难信也。彼必外迫内困然后发此使耳。可因其穷，袭而取之。夫一日纵敌，数世之患，不可不察也。刘备军败退，吴礼敬转废，帝欲兴众伐之，晔以为彼新得志，上下齐心而阻滞江湖，必难仓促。

但曹丕深知，孙权、刘备都不可能一下子就被平定，其父曹操，如此神武，尚且不能制伏，他自己更是心有余而力不足，不如观望孙权与刘备去大战，坐视其成败。魏国人一般都认为，刘备不是孙权的对手，而且孙权的兵力远多于刘备，刘备打破不了目前的鼎立局面。

再往深处想，万一刘备大破孙权军，夺回江陵，魏军再行动也是可以的。视情况决定，到底是灭孙权，还是打刘备。

刘晔对封孙权为吴王提出异议：权虽有雄才，故骠骑将军、南昌侯耳，官轻势卑，士民有畏中国心，不可强迫与成所谋也。不得已受其降，可进将军号，封十万户侯，不可即以为王也。夫王位低一阶耳，其礼秩服御相乱也。彼直为侯，江南士民未有君臣之义也。我信其伪降，就封殖之，崇其位号，定其君臣，是为虎傅翼也。权既受王位，却蜀兵之后，外尽礼事中国，使其国内皆闻之，内为无礼以怒陛下，陛下赫然发怒，兴兵讨之。乃徐告其民曰："我委身事中国，不爱珍货重宝，随时贡献，不敢失臣礼也。无故伐我，必欲残我国家，我人民子女以为僮隶仆妾。"吴民无缘不信其言也。信其言而威怒，上下同心。

曹丕也非常明白，孙权称王称帝是迟早的事，封孙权为吴王，一时还是魏国的藩属。虽吴国士大夫多有不赞成者，但孙权还是乐于接受吴王封号。

孙权成为吴王，以长子孙登为王太子，以张昭之子张休、顾雍之子顾谭、诸葛瑾之子诸葛恪、陈武之子陈表为中庶子，陪翼多子，入讲诗书，出从骑射，谓之"四友"。曹丕欲封孙登为万户侯，入洛阳为质，孙权上书，以孙登年幼，辞而不受。

陆逊拜督

陆逊（183—245），本名陆议，字伯言，吴郡吴县（今江苏苏州）人。三国时期著名政治家、军事家，历任吴国大都督、上大将军、丞相。吴大帝孙权兄桓王孙策之婿，世代为江东大族。

蜀汉章武元年（221）秋七月，刘备率领大军出益州向荆州进攻。孙权所置宜都太守陆逊则采用诱敌深入之计，步步后退，引刘备进入他所布置的口袋，以便瓮中捉鳖。

当初，虎威将军吕蒙占领江陵后，偏将军陆逊率领所部千人继续西进，直扑刘备所置宜都郡——陆逊认为宜都郡为江东的关河之限、国之藩表。刘备所置宜都太守樊友委郡而走，孙权使陆逊领宜都太守，拜抚边将军，封华亭侯。孙权还根据吕蒙"潘璋住白帝"的建议，分宜都郡西部的巫、秭归二县为固陵郡，以潘璋为太守。

但潘璋作为突敌陷阵的猛将，被吕蒙留在南郡，用于进攻襄阳，所以，三峡地区由陆逊负责经略。在宜都郡城以西，蜀将詹宴、陈凤等引兵抵抗，陆逊以部将李异带水军，谢旌带步兵，断绝险要，击破詹宴，迫使陈凤投降。刘备所置房陵太守郭辅、南乡太守郭睦奉命救宜都，被陆逊大破之，退保本郡。秭归大姓文布、邓凯等合夷兵数千人，抵抗陆逊。陆逊遣谢旌击破之，文布、邓凯等人逃入蜀地，被委任为蜀将。陆逊令人诱之，文布举众还秭归，向陆逊投降。陆逊在宜都郡境内先后斩获、招纳数万人，其本部人马由三千扩充至一万。

见刘备来攻，江东诸将皆主张倚恃山险就地迎击。陆逊向孙权建议诱敌深入，瓮中捉鳖，聚而全歼之：备举军东下，锐气始盛，且乘高守险，难可卒攻，攻之纵丁，犹难尽克；若有不利，损我大势，非小故也。今但宜奖励将士，广施方略，以观其变。若此间是平原旷野，当恐有颠沛交驰之忧，今缘山行军，势不得展，自当罢于木石之间，徐制其弊耳。

孙权同意了陆逊的作战计划，晋升陆逊为右护军、镇西将军，封娄侯，并拜其为大都督、假节，节度昭武将军朱然（5000人）、振威将军潘璋（5000人）、偏将军韩当（10000人）、偏将军徐盛（5000人）、将军宋谦（5000人）、将军鲜于丹（5000人）、安东中郎将孙桓（5000人）诸部，连同陆逊本部一万人，共八支部队，水、步军5万人，抗击刘备。

吕蒙临死前，孙权曾问："卿如不起，谁可代者？"吕蒙回答："朱然胆守有余，愚以为可任。"吕蒙一死，孙权便使昭武将军朱然假节，镇江陵。如今，陆逊的作战计划深得孙权赞同，孙权便委陆逊以大任。

孙权称帝

在赤壁之战时期，孙权为了自保，于是就出现了孙、刘两家联合抗曹火烧赤壁，把曹操的势力赶回了北方。但在襄樊之战和夷陵之战时期，东吴由于处于长江下游，孙权为了取得荆州解除上游对自己的军事威胁，就与曹魏联合起来夺取荆州。尤其是在夷陵之战中，面对蜀汉倾国的兵力报复，自己的军事压力很大，孙权为了对抗蜀汉，不惜向曹魏称臣纳贡，以取得自己一个比较稳定的后方。之后，蜀汉的势力收缩到益州，对吴已经不再构成威胁，曹魏反而成为吴的唯一大敌。在这种情况下，孙权又转过头来与蜀汉开始长期联盟，甚至当东吴的大臣都谣传蜀想背弃盟约时，孙权还一直认为这是绝不可能的，并说："我为各位担保不会使大家家庭破落，也就是不会有战争。"可见在后期，孙权与蜀汉联合的态度是很坚决并且积极的。孙权通过再一次与蜀联合，不仅使他最后顺利地当上了皇帝，而且也有效地抵抗了魏的军事进攻。从中可以看出，孙权每次都能审时度势，随着事态的发展而不断地调整外交方向，于是他从联蜀抗魏或联魏抗蜀中得到了很多实际利益，表现了他对立国方针的灵活运用。在魏、蜀、吴三国中，由于魏的力量是最为强大的，从长远来看，吴、蜀联合抗魏也是一种客观的必然趋势，虽然也不排除在个别时期吴、蜀之间的矛盾也会激化。但孙权在这个问题上看得较透彻，处理得也比较好，这也是孙权能在江南建立一个稳固政权的很重要因素。

孙权审时度势的本领在称帝这个问题上，更是发挥到了极致。220年，曹丕废汉献帝自立，建国号为魏。第二年也就是221年，刘备也在群臣的劝说下登基称帝，建立了蜀汉政权。而此时在江东的孙权虽然也具备了做皇帝的实力和野心，却没有这样做，仍然称吴王，而直到229年才登基称帝，在身份上才与曹魏、西蜀相平。在当时，曹魏、西蜀纷纷称帝，孙权为何无动于衷？他手下的臣子们肯定也劝过他了，但孙权依旧没有称帝。正是因为他能审时度势，知道自己当时不适合称帝，反正也就是个名号问题，对自己的权力地位并没有太大的影响。首先他考虑到自己在大义上是站不住脚的，曹操和曹丕父子是"挟天子以令诸侯"，干什么都是打着汉献帝的招牌，名正言顺，而且当曹丕具备称帝的条件后，只要对外导演一场禅让的戏就可以了。刘备是

"帝室贵胄"，虽然到他这儿血缘上已经是比较淡了，但也是有兴灭继绝的称帝资格的，所以在当曹丕废黜了汉献帝以后，刘备就可以立即宣布自己是汉室的合法继承人，从而登上皇帝的宝座。这种政治凭借在当时是重要的，但东吴却没有，孙权如果也乘这股风称帝的话，不仅会招来世人的谩骂，而且有可能会让魏和西蜀有了借口对自己发难。更重要的是当时吴、蜀两国同盟关系已经破裂，而且双方正处于战争关系，为了争取曹魏不在自己背后来一刀，孙权立刻来个献书进表、纳贡称臣，这时候根本就不敢提要称帝的事。等到东吴又与蜀汉恢复联盟关系后，孙权就不再惧怕曹魏的军事威胁了，慢慢地就想登基称帝了。于是他先向自己的盟友蜀汉表达了自己的意向，希望蜀汉能承认自己的政权。

223年，东吴重臣奏请孙权，希望孙权登基为帝。孙权觉得时机尚不成熟，拒绝称帝。孙权的忧虑不无道理，当时野心勃勃的曹魏和蜀汉都不会甘心只统治自己现在的领地，他们都在努力地休养生息，为一统天下做好部署。要是孙权现在登基为帝，曹魏和蜀汉一定会一起发兵攻打东吴，这样孙权就会两面受敌，根本无力对抗，因此，他决定暂缓称帝之事。

229年，曹丕已死，东吴和蜀汉的盟友关系也已牢固，孙权终于登基为帝，建立了孙吴王朝，改年号黄龙。

晚年多疑，孙权统治吴国

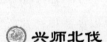

兴师北伐

曹丕死后，继江夏和石亭两战之后，孙权发动了第三次北伐。当时，孙权闻魏国迁合肥至新城，知道石亭之后吴国在淮南已经处于优势，便于该年冬季御驾亲征。吴军集结后，乘船至合肥城外的水上驻数日。孙权不肯下决心上岸与魏军主力决战，就略施小计，大军逐次退去，形若班师。合肥守军已经奉诏罢兵，满宠以为："今贼大举而还，非本意也。此必欲伪退以罢吾兵，而倒还乘虚掩不备也。"遂上表，请不罢兵。十几天后，吴军果然又来到合肥城下，见魏军戒备森严，只得引兵退去。

吴嘉禾二年即魏明帝青龙元年（233），孙权亲自率大军举行第四次北伐，进攻合肥新城。然而，孙权跟以往一样，不敢对合肥实施坚决围攻，因为一旦坚决围攻，就必须准备与来援之敌进行陆地上的大厮杀。往昔曹操在时，孙权不敢离开水面到陆地上决一胜负，对合肥的进攻均为蜻蜓点水，来试探一下，很快就撤走。如今，魏国已经移建新城示弱。孙权仍未改变以往的打法，不坚决围攻，而是示威，是其审时度势欠佳。这次试探对方，摊子拉得很开阔，孙权另遣卫将军全琮征六安。

魏征东将军满宠并未亲自守合肥，而是坐镇寿春，以主要兵力集结在寿春，合肥不过是前沿阵地而已，仅有步、骑6000人。

满宠对六安颇为担心，致信安定守军军心："庐江（魏国庐江郡治在六安）虽小，将劲兵精，守则经时，又贼舍船二百里来，后尾空县，尚欲诱致，今宜听其遂进，但恐走不可及耳！"

孙权大军来到合肥新城，见其离水太远，不敢下船，在水上待了20多天。满宠接到战报后对部将说："权得吾移城，必于其众中有自大之言，今大举来欲要一切之功，虽不敢至，必当上岸耀兵以示有余。"遂潜遣精骑伏于城外隐蔽处。吴军果然上岸耀兵，魏军伏骑出击，疾驰而至，斩首数百级，或有赴水死者。

满宠见合肥新城已没有危险，便自寿春溯淮而上向杨宜口（今安徽省霍县西）。全琮见魏军向山后集结，自己已过于深入，恐军不利，遂向后收缩。当时，有人建议分兵抄掳，全琮认为此时不宜分兵，便对部下解释道："夫乘危徼幸，举不百全者，非国家大体也。今分兵捕民，得失相半，岂可谓全哉？纵有所获，犹不足以弱敌而副国望也。如或邂逅，亏损非小，与其获罪，琮宁以身受之，不敢微功以负国也。"就这样，孙权此次北伐无功而返。

陆逊回到武昌后不久，太常潘濬、镇南将军吕岱平定武陵，于冬十一月班师回江陵。

吴国后方安定、国力增强后，孙权便开始做试探性北伐，即第六次北伐。这时，孙权年事已高，所以不再将兵亲征，而是遣将出征，自己坐镇后方，全面主持。

魏明帝曹叡崩，吴国休整数年后，吴大帝孙权于吴赤乌四年即魏正始二年（241）夏四月大举兴师主持第七次北伐。这次北伐，吴国在东、西两线均有势在必夺之地。东线要夺取六安，以便直逼寿春，对合肥形成合围态势，西线要夺取襄阳、樊城。东线由卫将军全琮、威北将军诸葛恪负责，西线由大将军诸葛瑾、骠骑将军步骘、车骑将军朱然负责。

在东线，吴国卫将军全琮督率主力数万人进至芍陂（湖泊），决开湖堤，以遮断寿春方向的援军。其余的部队由吴威北将军诸葛恪节度，围攻六安。魏扬州刺史伏波将军孙礼率领州兵先至芍陂，吴军发起猛攻，自旦及暮，魏军死伤过半。孙礼"犯蹈白刃，马被数创"，仍奋不顾身，手秉枹鼓，激励士气，坚守阵地。次日，假节都督扬州军事的魏豫州刺史征东将军王凌率援军赶到，向吴军侧翼实施有力突击。王凌击破吴军中郎将秦晃所部五个营，秦晃以下十几名军官战死。吴将张休、顾承堵住缺口，遏制了魏军发展进攻的势头。随后，全绪、全端赶到，吴军转入反攻，王凌退回出发阵地。孙权论功行赏，以驻敌之功为大，退敌之功次之，晋升张休、顾承为杂号将军，全绪、全端为偏、裨将军。于是，全氏父子与张、顾生隙。王凌、孙礼与全琮浴血争塘，双方力战连日，伤亡惨重，僵持不下。而六安不可猝拔，全琮意志动摇，遂烧毁安城邸阁，迁魏庐江郡百姓退走。诸葛恪也放弃对六安的围攻，引兵归还。看来，吴国要想经略淮南，唯一可行的就是集中全力坚决围攻合肥，以重兵挡住来援之敌，长久围困，直到城中粮尽。

在西线，都督荆州军事的吴上大将军右都护陆逊不同意夺取襄阳，因而此番没有领兵上阵。

此后，吴赤乌六年即魏正始四年（243），孙权主持第八次北伐。诸葛恪袭击六安，破魏将洲项营，掠夺人口而还。

陆逊于吴赤乌八年（245）病故后，大都督朱然于吴赤乌九年即魏正始七年（246）征祖中，夜袭击破魏将李兴所部步、骑6000人，斩、获数千人而还，这是孙权主持的第九次北伐。

247年全琮、步骘病故，248年朱然病故，吴国一时丧失北伐的能力。68岁的朱然疾笃时，孙权昼为减膳，夜为不寐，每遣使打探病情，辄亲自召见，口自询问，入赐酒食，出送布帛。创业功臣病危，其意所钟，吕蒙、凌统最重，其次就是朱然。少时同学朱然死后，年迈的孙权素服举哀时，觉得自己的时间也不多了，因而为之感恸。朱然等相继死后，吴国要靠诸葛恪等新一代人物保卫江山了。

自魏文帝曹丕病故后，孙权先是攻江夏、战石亭，接着又亲征合肥新城，再征合肥新城，利用魏军西向而大举北伐，令朱然和全琮袭击魏国，倾全国之力决苟陂和围攻樊城，遣诸葛恪袭击六安，派朱然击柤中，总共领导九次北伐（不包括使孙布诱击王凌部），直至垂暮之年，老一代将帅全部去世，方才罢手。这九次北伐，未必孙权次次亲征，但每次都是孙权主持的，所以仍称为孙权的北伐。

孙权不仅在行动上不断北伐，在思想上也对北伐念念不忘。譬如陆逊曾上疏"劝以施德缓刑，宽赋息调"，孙权解释道："至于发调者，徒以天下未定，事以众济。若徒守江东，修崇宽政，兵自足用，复用多为？顾坐自守可陋耳。若不豫涮，恐临时未可便用也。"当然，孙权的九次北伐，虽曾取得过石亭等胜利，但始终未能打破南北对峙的僵局。

吴国手工业和海外交往

吴和魏、蜀一样，富有者穿丝绸，劳动群众穿葛麻。江东的丝织品质量虽逊于蜀、魏，但麻葛织品则有过之而无不及。

吴地自古即以盛产盐铁著称。春秋战国时的吴、越，西汉时的吴王刘濞，都以煮盐冶铁而致富强。周瑜亦曾以吴"铸山为铜，煮海为盐，境内富饶"的理由，劝说孙权抗御曹操，因而有赤壁之捷。《刀剑录》言："吴主孙权黄武四年（225）采武昌山铜铁，作千口剑、万口刀，各长三尺九寸，刀斗方，皆南钢越炭作之。"武昌附近的大冶至今犹以盛产钢铁著名。当时孙吴两度以武昌为首都，即都建业（今江苏南京）时，亦令重臣陆逊等坐镇武昌。其所以如此重视武昌，除武昌为长江中游重镇外，其铜铁资源富饶，当亦为原因之一。《诸葛恪传》言丹阳及其近郡山出铜铁，山越能自铸甲兵。山越所以能为吴患，其住地出铁为一原因。

由于孙吴的手工业特别是造船业发达，所以与海外关系也有发展。孙权黄龙二年（230）正月，孙权遣将军卫温、诸葛直将甲士万人浮海求夷洲（今我国台湾省）及亶洲（今日本）。他们费了将近一年工夫没有找到亶洲，"但得夷洲数千人还"。

当时吴国所辖的交州已包括朱崖洲（今海南岛）及交趾、九真、日南三郡。交州刺史吕岱曾"遣从事南宣国化，暨徼外扶南、林邑、堂明诸王各遣使奉贡。"所谓"奉贡"，实即互市。孙吴与大秦（罗马帝国）也有交往。《诸夷传·中天竺国》载：孙权黄武五年（226），有大秦贾人秦论来到交趾，交趾太守吴邈遣送诣权，权问方土谣俗，论具以事对。时诸葛恪讨丹阳，获黝、歙短人，论见之曰："大秦希见此人"。权以男女各十人，差使会稽刘咸送论。咸于道物故，论乃径还本国，这是大秦人从海道来者。

孙吴的海上交通往来，加强了祖国大陆和台湾的联系，也促进了中外贸易和文化的交流。当时东南亚所产的象牙、翡翠、玳瑁等不断进入中国，中国的土特产品以及文物等也传到各国各地区，这就为东晋南朝海上贸易的进一步发展奠定了基础。

陆逊之死

三国君臣之中，刘备与诸葛亮自古被誉为鱼水关系，君臣相得，关系最好。魏国曹操自领宰相，死后则由其太子曹丕继位，其间也没有大臣权倾君主的现象出现，君臣关系基本融洽。唯独孙吴依靠江东朱、张、顾、陆等大族的支持起家，对这些大家士族多采取优容相待的策略，因而孙吴大族的政治权力和社会影响都很大，君臣关系常常陷入紧张的局面。孙权逼死丞相陆逊就是其中明显的例证。

魏文帝黄武元年（222），孙权为吴王，立长子登为王太子。黄龙元年（229），权称帝，都建业（今江苏南京市），孙登为皇太子。太子官属有诸葛恪、张休、顾谭、陈表等；宾客有谢景、范慎、刁玄、羊衜等，"于是东宫号为多士"。孙登生母身份低贱，连其姓氏都未见于史册。孙权所爱王夫人生子和、霸，登常有让位于和之意。孙权赤乌四年（241）孙登死。第一年，孙权立和为太子，不久，封孙霸为鲁王。权之爱霸，更甚于和，对霸的待遇，同太子没有什么两样。因此，和、霸不睦，大臣也分为两部，比较正派的大臣如陆逊、诸葛恪、顾谭、朱据、屈晃、滕胤、施绩、丁密等维护太子，公主鲁班（孙权宠

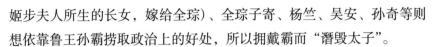

姬步夫人所生的长女，嫁给全琮）、全琮子寄、杨竺、吴安、孙奇等则想依靠鲁王孙霸捞取政治上的好处，所以拥戴霸而"谮毁太子"。

孙权生性多疑，而晚年尤甚。他设立中书校事监察各级官吏，陆逊居于相位，当然也就成为孙权侦查、监视的重点对象。加之孙权宠信校事吕壹等小人，这些人恃宠弄权，离间君臣，擅作威福，挟嫌报复，把孙吴政坛搞得乌烟瘴气，充满恐慌气氛。大臣们人人自危，却又敢怒不敢言。陆逊对此也毫无办法，只能与大臣潘浚窃窃私议，"言至流涕"。

夷陵之战使陆逊一战成名，也使陆逊继周瑜、吕蒙以后，成为孙吴赖以抗拒魏、蜀两国的人才支柱。黄龙元年（229），孙权称帝，陆逊官拜上大将军、右都护。赤乌七年（244），陆逊继顾雍之后拜相。孙权在诏书中说："惟君天资聪睿，明德显融，统任上将，匡国弭难。夫有超世之功者，必应光大之宠；怀文武之才者，必荷社稷之重。"表面看来对陆逊的宠信已经到了无以复加的程度，然而，在古代的君主集权时代，人臣权势达到顶点之时，也是生命处于危机之际。

一次，孙权得疾，遣太子孙和到长沙桓王孙策庙祈祷，太子妃叔父家离庙很近，乃把太子请到家中。公主鲁班闻知，乃向孙权进谗，言太子不去庙祷告，却往妃家计议，于是和宠益衰，两派大臣的争斗也更厉害。孙权认为"子弟不睦，臣下分部……一人立者，安得不乱"，乃废太子和，赐鲁王霸死，另立所爱潘夫人幼子孙亮为太子。

以上的事，不只是立谁为太子的问题，而是孙权统治集团内部矛盾复杂的反映。其中最突出的事例，可以拿陆逊同孙权的关系来说明。陆逊是跟随孙权时间较久、功劳很大的大臣，孙权把兄长孙策之女嫁给了陆逊。吕蒙死后，陆逊成为抗拒魏、蜀两国的主要支柱。但孙权对陆逊的重用，主要在军事方面，始终没有交给陆逊军政大权。最后孙权令陆逊代顾雍为丞相时，虽口头上说"有超世之功者，必应光大之宠；怀文武之才者，必荷社稷之重"，但事实是，孙权既不听从陆逊屡求保安太子、黜降鲁王之谏，又相继流放陆逊外甥顾谭、顾承、姚信，诛亲近陆逊的吾粲。孙权更"累遣中使责让逊"，使逊"愤恚致

卒",逼死了陆逊。

　　赤乌八年(245)二月,陆逊饮恨而死,时年63岁,只做了不到半年的丞相。之后,吴国开始走向衰弱。

第七章

司马崛起，一统天下

随着曹魏政权的衰弱，一支曹魏内部的势力司马氏集团迅速崛起。尽管一代枭雄曹操历经百战，建立曹魏政权，却也抵挡不了历史发展的脚步，终在三马食"曹"的进程中灭亡了。此后，司马氏建立了晋朝，经过多次的南征，打击并消灭了反抗势力，逐步灭了蜀国、吴国，最终天下归一。

颓势渐露，曹魏的统治

曹丕、曹叡的统治

曹丕，字子桓，生于汉灵帝中平四年（187）。建安十六年（211），曹丕为五官中郎将，做其父丞相操的副手。建安二十二年（217），立为魏王太子。

建安二十五年（220）正月，曹操死，曹丕继位为魏王。十月，曹丕代汉为帝，即魏文帝，国号魏，建都洛阳。曹丕先已改建安二十五年为延康元年，代汉后，又改是年为魏黄初元年。曹丕在位六年而死，寿40岁。

曹丕在位六七年中的政治措施，值得注意的有以下数端：

（1）颁布有利或关心庶民的诏令。

（2）禁止妇人、宦官、外戚干预政事。

（3）下诏禁止厚葬、淫祀。

（4）尊孔崇儒。

（5）下诏选用贤智之士。

（6）制九品官人之法。

曹操对以上建议，已经表示"称善"，只是未及推行。曹操死后，曹丕即位不过两三个月，即颁布了九品官人之法。

曹丕推行九品官人之法之目的与结果：第一，为了让世族官僚拥护他代汉为帝，故推行了有利于世族的仕进制度；第二，设中正官以品评人物，如选用后发现名实不副，尚可治以保举不实之罪，以避免选官好坏无人负责；第三，由吏部选用人才，即意味着减少公卿二千石辟用属员名额，有助于加强皇权；第四，从史料上看，九品官人之法推行后，旧有察举征辟等制度，并未因之废除。

曹丕统治魏国前后共6年余，在军事上无何建树。他的最大失策是未能乘刘备伐吴之际，挥师直捣吴国的江东心脏地区。他仅满足于孙权称臣纳贡的表面胜利，致使孙权安然度过受蜀、魏夹攻的危机。后来曹丕两次兴兵伐吴，均徒劳而返。曹丕远不及其父节俭，曾筑陵云台、东巡台及九华台，已开明帝兴建宫室的奢侈风气。曹丕纳袁熙之妻甄氏，索钟繇之璧，杀谏阻伐吴之霍性等，可以算是他轻佻骄贵的事例。但同其他封建帝王比较起来，诸如以上事例也还算不上什么大的缺陷。

曹叡，字元仲，曹丕长子。母甄氏，本袁绍第二子袁熙妻。建安四年（199），袁绍攻灭公孙瓒后，熙出为幽州刺史，甄氏留邺。建安九年（204）八月，操攻克邺，甄氏为曹丕所纳。叡生而操爱之，"每朝宴会同，叡与侍中近臣并列帷幄。好学多识，特留意于法理。"延康元年（220年，即黄初元年），叡年十六，封武德侯。黄初二年六月，曹丕赐甄氏死。因母诛，未得立为太子。直至黄初七年（226）五月，曹丕病重，始立曹叡为太子。曹丕死，曹叡即帝位，是为魏明帝。至叡景初三年（239）正月，叡死，共统治魏国12年半，寿36岁。

曹叡原来不曾交结朝臣，也不过问政事，平日只研读书籍。即位后，群臣想望风采。过了几天，叡单独召见侍中刘晔，整整谈了一天。刘晔出来后，众人问他对皇帝的观感，刘晔回答说："秦始皇、汉武帝之俦，才具微不及耳。"

曹叡的最大缺点是奢淫过度。虽然他在位时期，魏国疆域比较大，总的来讲军事、政治、经济诸情况也不坏，但他统治的最后四五年，即自蜀相诸葛亮死后，魏西方大患解除，他的奢侈淫逸的本性充分暴露出来了。于是大修洛阳宫室，起昭阳、太极殿，筑总章观，高10余丈，使百姓"力役不已，农桑失业"。他"耽于内宠，妇官秩石拟百官之数，自贵人以下至掖庭洒扫，凡数千人，选女子知书可付信者六人，以为女尚书，使典省外奏事，处当可"。"又录夺士女，前已嫁为吏民妻者，还以配士，既听以生口自赎，又简选其有姿色者内之掖庭"。

曹丕即位后，对于曾经帮助他当太子有功的臣僚贾诩、桓阶、陈群、司马懿等都予以重用，其中名士世族陈群甚至被任为镇军大将军、领中领军，录尚书事；另一世族司马懿为抚军大将军，录尚书事。这样，便打破了已往非曹氏亲族不能充当军事大员的惯例。魏文帝黄初七年（226）曹丕临死前，中军大将军曹真、镇军大将军陈群、征东大将军曹休、抚军大将军司马懿并受遗诏辅曹叡。此后5年中，曹休、曹真相继死去，陈群只担任文职，统兵大帅唯有司马懿一人。司马懿南擒孟达，西拒诸葛亮，东灭公孙渊，有很高的威望。当时曹魏统治集团内部有权势的大臣，除了司马懿以外，应推掌管机要的刘放和孙资。刘放、孙资在曹操时即已为秘书郎，曹丕改秘书为中书，以刘放为中书监、孙资为中书令。曹叡对二人尤为宠任，当景初二年（238）曹叡考虑是否派司马懿去讨伐辽东的公孙渊时，刘放、孙资曾加以赞助，故辽东平定后，放、资以参谋之功，各进爵，封本县侯。

曹叡本人没有生儿子，按理说，他应当从父、祖后嗣中择立贤而长者，可是他却收养了两个婴儿曹芳和曹询作为己子。他之所以这样做，是为了自己有"后裔"可以接替帝位，而不顾国祚之能否确保。景初三年（239）曹叡病重，始正式指定齐王曹芳为太子。

对于选择辅政大臣，曹叡原来也曾产生过"使亲人广据权势"的想法，而且当他病重时，也曾拜少时与他同居相爱的曹操子燕王宇"为大将军，嘱以后事"，使燕王宇与夏侯献、曹爽、曹肇等共同辅政。这样，燕王宇等执政之后，必然要斥退久典机密的刘放和孙资，因此，引起了二人的激烈反响。他们以先帝遗诏藩王不得辅政的理由作为挡箭牌，并制造了毁谤燕王宇等的谣言。这时，曹叡头脑已经不大清醒，而且其父曹丕过去排斥亲兄弟的流毒也还在曹叡脑际作祟，所以听信了刘放、孙资的谗言，而免去燕王宇等人的官职。放、资接着就推荐曹爽与司马懿共同辅政，曹叡也表示同意。燕王宇的被斥退和曹爽、

司马懿上台，是关系魏政权由谁领导的大事，以"凡品庸人"的曹爽而与"情深阻""多权变"的枭雄司马懿并肩共事，其危险性已为当时有识之士所料知。

曹爽专政

魏明帝景初三年（239）曹叡死，曹芳继位。曹芳即位后，大赦；加大将军曹爽、太尉司马懿侍中衔，假节、钺，都督中外诸军，录尚书事。曹爽、司马懿各领兵3000人，轮流值更，宿卫殿内。曹爽以司马懿年位素高，常父事之，每遇事均咨访，不敢专行。

曹爽周围之人认为，国家的重权不可以委之外人。丁谧、毕轨等屡次对曹爽说："司马懿有大志而甚得民心，不可以推诚委之。"丁谧为曹爽出谋，由曹爽上奏少帝曹芳，以司马懿为太傅，外以名号尊之，内欲令尚书奏事，得以使自己先声夺朝议，制其轻重。曹爽的弟弟曹羲为中领军、曹训为武卫将军、曹彦为散骑常侍，其余诸弟皆以列侯侍从，出入禁闼，贵宠盛极。曹爽所亲近的何晏（字平叔）、丁谧（字彦靖）、邓飏（字玄茂，东汉开国元勋邓禹之后）、毕轨（字昭先）、李胜（字公昭）等人，自然得到重用。升何晏、丁谧、邓飏为尚书，毕轨为司隶校尉，李胜为河南尹。

尚书何晏系汉大将军何进之孙，在曹家长大——魏武帝曹操为司空时纳何晏之母尹氏为妾，收养之。魏文帝曹丕讨厌他，谓其"假子"。其妻金乡公主即何晏异父同母妹。曹爽使何晏典选举，掌官员之升迁。何晏等依势用事，附会者升官晋衔，违忤者罢退，于是，内外望风，莫敢提出任何异议。黄门侍郎傅嘏对曹爽的弟弟曹羲说："何平叔外静而内躁，锱巧好利，不念务本，吾恐必先惑子兄弟，仁人将远，而朝政废矣！"何晏闻知此话，便找碴儿将傅嘏免官。毕轨枉奏虞毓，将虞毓免官，后因众论鼎沸，又复任为光禄勋。曹爽的倒行逆施，为司马懿日后把持朝政创造了条件。

尽管曹爽把持朝政，但在关键时刻仍须由司马懿充作擎天柱。

魏正始二年（241），吴大帝孙权出动十几万大军，同时对六安、樊城实施猛烈进攻。其西线尤为吃紧，吴车骑将军朱然以 5 万重兵强渡过汉水，围攻樊城，不得不派司马懿督诸军南下解围，迫使朱然撤退。

司马懿屡建大功，使曹爽颇不舒服。邓飏等为了使曹爽立威名于天下，倡言西征蜀汉。曹爽遂大发军队五六万人，另征集同等数量的夫役，共 10 余万人，集结在关中。司马懿反对西征，但曹爽执意发兵。

曹爽大军由骆谷进入蜀境后，关中及氐、羌转输供应不及，牛、马、骡、驴多死，民、夷号泣于山路之中。大军行进数百里，前为蜀军在兴势等地乘险扼住进路，后面粮秣接济不上，渐渐陷入险境。参军杨伟（字世英）向曹爽陈说形势，劝曹爽尽早退兵。

太傅司马懿见形势不妙，急令人致信夏侯玄："《春秋》责大德重，昔武皇帝再入汉中，几至大败，君所知也。今兴势至险，蜀已先据；若进不获战，退见邀绝，覆军必矣。将何以任其责？"

夏侯玄见信后心中生惧，劝曹爽从速班师。曹爽出于不得已，引军北还。这时，蜀汉大将军费祎自成都出发，率领集结到涪县的诸军北上救援，已到汉中；安南将军马忠由南中到成都，平尚书事；邓芝仍旧留在蜀国的东部，与吴国搞邦交。费祎督率诸军据三岭，截击退却中的曹爽大军。魏军争险苦战，勉强得以通过。曹爽出征时所征发的转运用之牛马，损失殆尽，羌、胡怨叹，关右多年积储物资悉为之虚耗。

此次征蜀无功而还，使曹爽的威信大损。

曹爽西征失利后，行事仍不谨慎。丁谧、邓飏等随便更改法度，而腹中并无政治远见及既定目标。

此时，不是处于社会变革时期，没有必要从根本大变法度。而政策必须保持相对的稳定性，即使变法，也要使法度有一定的稳定性，循序渐进。轻易变动法度，过于随意，后果是不堪设想的。当时，魏国存在一些弊端，需要稍变，如刑罚太峻，又如民屯也是一大苛政，议改、议废的应当是这些，可以大得人心。

太尉蒋济上疏称："应天塞变，乃实人事。今二贼未灭，将士暴露已数十年，男女怨旷，百姓贫苦。夫为国法度，惟命世大才，乃能张其纲维，以垂于后，岂中下之吏所宜易哉？终无益于治，适足伤民。望宜使文武之臣各守其职，率以清平，则和气祥瑞可感而致也。"

曹爽哪里听得懂这种道理，久之，蒋济疏远了曹爽，而与司马懿接近。

先前魏明帝所指定大将军长史孙礼，助曹爽与司马懿抗衡。孙礼忠勤于事，遇事直言相劝，曹爽心中不悦，将孙礼外放为扬州刺史，如此自断臂膀，使自己陷于孤立。在芍陂击退吴将全琮后，又先后调孙礼为荆州刺史、冀州牧。冀州的清河、平原二郡争界 8 年，几任刺史不能解决。孙礼到冀州接篆任事后，根据曹叡初封平原王之地图，断定所争之地归平原郡。然而，曹爽相信清河的讼词，因此下书称："图不可用，当参异同。"孙礼见所断被否决，上疏称："此臣软弱不胜其任，臣亦何颜尸禄素餐！"随后，束带着履，驾车待放。曹爽见到孙礼的奏疏后大怒，弹劾孙礼怨望，结刑 5 年。

孙礼居闲在家年余，曹爽迫于舆论压力，使孙礼除城门校尉。为对付匈奴、鲜卑，又使孙礼为并州刺史，加振武将军，使持节，护匈奴中郎将。孙礼离开洛阳向司马懿辞行时，面带愤色，沉默无一言。司马懿问道："卿得并州，少邪？恚理分界失分乎？今当远别，何不欢也？"孙礼回话："何明公言之乖细也！礼虽不德，岂以官位往事为意邪？本谓明公齐踪伊、吕，匡辅魏室，上报明帝之托，下建万世之勋。今社稷将危，天下凶凶，此礼之所以不悦也。"因涕泣横流。司马懿安慰道："且止，忍不可忍。"

魏正始八年（247），根据何晏、邓飏、丁谧等人的建议，大将军曹爽迁太后于永宁宫。从此，曹爽专擅朝政，多树党亲，屡改制度。司马懿于五月间开始称疾，不再参与政事。

曹爽本不是从政的材料，身居高位，只知道为自己捞好处。所以，一旦得志，骄奢无度。其饮食衣服，拟于乘舆；方物、珍玩，充韧家中；妻妾盈满后庭，又私取魏明帝的才人七八人，及将吏、师工、鼓吹、良家子女 33 人，以为伎乐；诈作诏书，发才人 57 人送邺台，使故魏明帝婕妤教习为伎；擅取太乐乐器，武库禁兵，做窟室，绮疏四周，多次与何晏等饮宴、会乐其中。曹爽之弟曹羲深以为忧，数次谏止，乃至泣涕，并著书三篇讽喻劝说，但曹爽听不进去，这为后来司马氏专权种下了祸根。

三马食"曹"，司马氏的崛起和篡政

司马氏的崛起

东汉末年，曹操在平定中原后，开始准备代汉，这时中国的六大地区中，东南孙权、西南刘备都建立割据政权与曹操对抗。献帝建安十八年（213）曹操分天下为九州，自己担任冀州牧，他恢复禹贡是因为要把并州、幽州并入自己的冀州统治区，同时任命司马朗担任列第二州的兖州刺史。这里是他兴起的地方，让司马朗率领势力仅次于颍川豪强的兖州贵族，利用曹氏和司马氏的亲密关系，也有利于曹操的统治。司马氏在这时起就开始在中国政治舞台发挥重要作用，代表着中小地主阶级的士族利益。

建安二十一年（216），曹操开始对士族进行打击，与司马朗关系密切的崔琰被杀，毛玠罢免，二十二年（217）司马朗去世，豪强与士族的矛盾加剧，也削弱了曹魏集团，在军事上接连失利，汉中等地沦陷，司马懿等士族豪强都拥戴曹操，说汉室已尽。持汉室垂终的立场，这固然是客观实际，也体现了士族在豪强与汉室的对抗中，采取了中立态度，但是以司马懿等为代表的士族为了自身利益也提出了军屯、防御、爱民等策略，竭力维护曹魏的中原统治。曹操见司马懿不反对代汉，也竭力拉拢士族，让他们辅佐曹丕。

在曹丕继位后，司马懿当时在汉室的职务是丞相长史。他是魏国执掌兵权的重要官员，劝阻曹丕不要放弃襄樊。司马懿在魏国的职位是督军、御史中丞，在劝进时和郑浑、羊祕、鲍勋等是第三批。他不是《晋书》记载的在曹丕称帝后才任督军，劝进时已是督军。两个月后的黄初二年（221），曹丕称帝后不久就废除了司马懿督军职务。东汉开始有督军御史，曹操时设立都督，只有司马朗和夏侯惇、曹仁等极少数能督众军，司马懿当时担任的督军是督全军的要职，曹丕即位也排挤士族，杀了杨俊、鲍勋等，解除士族的兵权，但提升司马懿行政权力，改任侍中、尚书仆射。曹丕亲自指挥军队伐吴，五年中三次失败，豪强武装战斗力的低下使他再次起用士族统兵，黄初五年（224）任命司马懿兼任抚军大将军，领亲兵5000，录尚书事，负责留台。黄初六年（225）诏：吾东，抚军当总西事；吾西，抚军当总东事；这是把司马懿比作萧何。司马氏集团此时已经开始在中原发挥关键作用。在中国六大地区中，在西北的西域和东北的辽东有重要影响力。其中最早控制了被视为绝远、荒凉的西北，不仅西域是司马孚献策恢复联系的，负责西域戎夷事务的大鸿胪也是由司马氏集团的崔林负责，他制定了与西域交往的制度。凉州的历任刺史也都是由与司马氏集团关系密切的人担任，司马懿的抚军军师徐邈担任刺史最长。在东北辽东统治的公孙恭被侄儿公孙渊夺权后关押，也是司马懿平定辽东解救了他，而且司马氏集团的高柔还竭力劝阻曹叡杀公孙晃，可见司马氏集团是与辽东公孙恭、公孙晃这派关系密切。曹叡封公孙渊为大司马，高于司马懿职务时，在徐邈控制的凉州就发生了反曹舆论。徐邈没有毁了预示司马氏得天下的图谶，是曹叡让人把"讨曹"的"讨"字凿去。徐邈和辽东李胤等与公孙氏有仇，对曹魏压制司马懿不满，纵容反曹舆论散布。

后司马懿联合东北各民族平定辽东后，控制了东北和西域。

发动政变，曹爽被杀

少帝曹芳正始十年（249）正月初三，少帝曹芳依照安排乘车去拜祭明帝陵，曹爽和他的两个兄弟及朝中的文武大臣随同前往，皇帝率大队人马浩浩荡荡地奔向了位于洛阳城南边的高平陵。

出发前，素有"智囊"美誉的大司农桓范劝告曹爽说："大将军，你们兄弟几人最好不要一起离城，要是城中出了什么事端该如何是好呢？"可曹爽不以为然："谁有胆量这么做？"他觉得自己无人可敌，就草率地带领众人离开了京城。没想到，事情果真被桓范言中了。见少帝和曹家弟兄全部离开了京城，司马懿抓住这个机会，和他的两个儿子一起策动了兵变。

司马懿封司徒高柔为大将军，命其占领曹爽的营地；封太仆王观为中领军，命其占领曹爽弟弟曹羲的营地。如此一来，司马懿就掌管了曹氏兄弟手上的所有兵权。司马懿还命人紧闭洛阳的全部城门，接着又亲自带领将士占领了洛水浮桥，切断了曹爽等人的归路。之后，又说太后已经同意罢免曹爽兄弟。司马懿奏曹爽罪状于少帝说："臣昔从辽东还，先帝诏陛下、秦王及臣升御床，把臣臂，深以后事为念。臣言：'二祖（应作高祖）亦属臣以后事，此自陛下所见，无所忧苦；万一有不如意，臣当以死奉明诏。'黄门令董箕等，才人侍疾者，皆所闻知。今大将军爽背弃顾命，败乱国典，内则僭拟，外专威权；破坏诸营，尽据禁兵，群官要职，皆置所亲；殿中宿卫，历世旧人皆复斥出，欲置新人，以树私计，根据槃互，纵恣日甚。外既如此，又以黄门张当为都监，专共交关，看察至尊，候伺神器，离间二宫，伤害骨肉。天下汹汹，人怀危惧，陛下但为寄坐，岂得久安！此非先帝诏陛下及臣升御床之本意也。臣虽朽迈，敢忘往言！……太尉臣济、尚书令臣孚等皆以爽为有无君之心，兄弟不宜典兵宿卫，奏永宁宫皇太后令敕臣如奏施行。臣辄敕主者及黄门令，罢爽、羲、训吏兵，以侯就第，不得逗留，以稽车驾；敢有稽留，便以军法从事！'臣辄力疾将兵

屯于洛水浮桥，伺察非常。"

诏书下来时，曹爽根本没有任何心理准备，顿时乱了手脚。此时，驻守洛阳的将军司马鲁芝、参军辛敞、大司农桓范逃到了曹爽这里。

司马懿怕只靠兵力不成，又施招诱之计，令侍中许允、尚书陈泰往说曹爽速归认罪，又使爽所信殿中校尉尹大目告爽只免其官位。懿还指洛水为誓，表示不食言。司马懿这种狡猾手法，果然使曹爽犹豫起来。

司马懿为了分化曹爽集团，特地笼络与曹爽关系比较密切的大司农桓范，打算让他领中领军，可是桓范仍旧出城投奔曹爽。桓范劝曹爽兄弟奉天子去许昌，调发四方兵，同司马懿对抗。可是曹爽兄弟不能听从，曹爽最后还是决定回自己府邸，他说："司马公正欲夺吾权耳，吾得以侯还第，不失作富家翁。"

于是曹爽把司马懿奏事呈报皇帝，请下诏免己官。可是曹爽回到家中只过4天，司马懿便给爽等加上谋反罪名，言："爽与尚书何晏、邓飏、丁谧、司隶校尉毕轨、荆州刺史李胜等阴谋反逆，须三月中发。"于是逮捕曹爽、曹羲、曹训、何晏、邓飏、丁谧、李轨、李胜及桓范，皆夷三族。

当然，司马懿也不是把曹爽的人都杀掉，一些忠于曹爽的部属还是得到了饶恕。例如曹爽出城谒陵后，其司马鲁芝还留在大将军府，鲁芝听说兵变发生，立即带领骑士砍津门往奔曹爽，曹爽诛，鲁芝还被擢为御史中丞。当曹爽要缴出印绶、回城归罪时，其主簿杨综劝阻曰："公挟主握权，舍此以至东市乎？"曹爽不听。曹爽被诛以后，有人奏请逮捕杨综。司马懿说："彼各为其主也。"宥之，还以杨综为尚书郎。司马懿之所以这样做，是令曹爽的旧部知道：他并非把曾经忠于曹爽的人都当敌人看待，而只是惩办那些首要分子，这是司马懿笼络人心、减少和各个击破敌对力量的手段。

在高平陵政变中，司马懿彻底铲除了曹氏集团。司马氏家族不仅掌控了军政大权，还牢牢地掌控了曹芳这个有名无实的皇帝，从此权倾朝野，肆意横行。

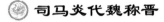
司马炎代魏称晋

司马懿杀曹爽之后，司马懿执掌了魏国大权，可不到两年，他就过世了。其长子司马师接替了他，独揽大权。司马氏愈加独断专行，一旦有大臣对他们表示不满，就会立即被杀死。魏少帝曹芳也非常憎恨司马师的横行霸道，知道司马师有篡位之心，就想夺回军政大权，铲除祸患。于是曹芳集合亲信重臣，商讨策略，可曹芳还没来得及动手，司马师就胁迫太后，将曹芳废掉，改立曹髦为帝。魏国各郡县的将士也都对司马师的飞扬跋扈恨之入骨，因此就兴兵攻打他，却以失败告终。

司马师去世后，其弟司马昭接替他成了大将军，统率全军。和父亲、兄长比起来，司马昭更加跋扈专权，甚至在朝堂之上当面指责曹髦。司马昭就这样羞辱自己，曹髦心中非常恼火，他知道司马昭早晚会废掉自己，自立为帝。因此他召集侍中王沈、尚书王经、散骑常侍王业等朝臣，暗中商讨除掉司马昭的计谋。曹髦愤恨地向他们说道："司马昭野心勃勃，众所周知。我不能眼睁睁看着他废掉我，所以才找你们商量对策。"尚书王经劝阻道："司马昭掌握朝政已久，重权在握，我们这么少的人马根本就不是他的对手，请皇上仔细斟酌。"可曹髦年轻气盛，把征讨司马昭的诏书扔在地上，激动地说道："我决心已定，成败在此一举，大不了一死，况且我还未必会死！"说完，曹髦就挥着佩剑，率领宫内的禁卫军、侍从、宦官匆忙赶往司马昭的府邸。

侍中王沈和散骑常侍王业害怕祸及自身，就赶紧将此事禀告了司马昭。

于是，司马昭的亲信贾充率领一队兵马过来，和禁卫军展开了激战。曹髦喝道："朕是天子，你们要弑君造反吗？"贾充的手下见到皇帝有些胆怯，都没胆量前去阻挡，并纷纷后撤。

贾充手下有个叫成济的问贾充如何处理此事。贾充吼道："司马公养着你们，不就是要你们今天为他效力吗？"在贾充的提醒下，兵将

们顿有所悟，立即大举冲杀过去。曹髦被成济手中的剑刺穿了前胸，当场死亡。

司马昭闻听属下杀死了皇帝，也惊恐万分，立即集合大臣商讨对策。他一边假装悲痛，一边想着如何收拾残局，同时问陈泰："这事该怎么处理?"陈泰答道："没别的办法，要想让民众诚服，就得杀了贾充和成济。"

司马昭听完这话，也觉得别无他法，就以太后的名义下旨，将贾充贬为平民，并把弑君的罪名全都推到成济头上，随后以犯上作乱之名将他满门抄斩。

曹髦死后，司马昭又立曹操后辈中年仅 15 岁的曹奂为帝，即魏元帝。魏元帝完全被司马昭掌控，也是个有名无实的傀儡皇帝。接着，司马氏父子又镇压了反对派的各种反抗活动，威权更盛。特别是司马昭掌权时，百官任用，皆由其自定。灭蜀后一年，即咸熙元年（264），司马昭进封晋王，并加九锡。曹奂咸熙二年（265），司马昭建天子旌旗，其世子改称太子。是年八月司马昭病死，长子（太子）司马炎继立为晋王。同年十二月，司马炎废魏帝自立，国号晋，年号泰始。是为晋武帝。

魏自汉献帝建安十八年（213）建国，至咸熙二年（265）名实俱亡，历时 52 年。若自曹丕代汉元年算起，则历时 45 年（220 年至 265 年）。

无力回天，蜀汉灭亡

 姜维北伐失败

　　诸葛亮死后，蒋琬、费祎先后辅政。在蒋琬执政的 12 年中（234—246），蜀汉没有大举北伐。蒋琬虽有自汉中乘汉水东下袭击曹魏的打算，但由于朝野间的议论，认为汉水浅急，如果出兵不能取胜，撤退时就会遇到困难，怕重蹈覆辙，因此没有进军。蒋琬执政的后几年，得病甚重，江夏人费祎担任大将军，掌管军政。244 年（魏正始五年、蜀延熙七年），曹魏大将军曹爽亲自率领六七万大军，从骆谷道攻入汉中。蜀军屯据汉中的兴势山，设疑待敌，费祎又率兵增援，曹爽知道不易取胜，仓皇退军。蒋琬死，费祎秉政。蒋琬、费祎主政期间，力求维护蜀汉内部稳定，继续与孙吴保持和好关系，对曹魏也没有再进行大规模的军事进攻行动。

　　费祎执政时，卫将军、录尚书事姜维（202—264）屡欲从陇右大举进攻曹魏，费祎加以劝阻说："吾等不如丞相（即诸葛亮）亦已远矣。丞相犹不能定中夏，况吾等乎！且不如保国治民，敬守社稷……无以为希冀侥幸而决成败于一举。若不如志，悔之无及。"253 年，费祎为魏降人所刺杀。费祎死后，姜维不久升任大将军，蜀汉的兵权，从此落到姜维的手中。

　　姜维，字伯约，天水冀县人。少孤，与母居，好郑氏学。原为州、郡吏。建兴六年（228），诸葛亮出军向祁山，天水太守马遵惶惧逃走，保守上邽。姜维等闻讯，追赶太守，太守关闭城门不纳。维等还冀，亦遭拒绝，于是维等乃降于诸葛亮。诸葛亮辟维为仓曹掾，加奉义将军，封当阳亭侯，时年27。

延熙十六年（253），费祎死后，姜维行动有较大的自由，常出动数万之众北击。次年，维再出陇西，破魏将徐质，乘胜多所降下，拔河关、狄道、临洮三县民还。延熙十八年（255），姜维复与车骑将军夏侯霸等出狄道，大破魏雍州刺史王经于洮西，经众死者数万。经退守狄道城，维围之，魏征西将军陈泰进兵解围，维退之。

延熙十九年（256），姜维升任大将军，更整饬人马，与镇西大将军胡济期会于上邽。胡济失期不至，姜维为魏大将邓艾所破于段谷（今甘肃天水市东南），士兵星散，死者甚众。众庶因此怨望，而陇以西亦骚动不安。

延熙二十年（257），魏征东大将军诸葛诞在淮南起兵反对司马氏，关中兵部分东下，姜维欲乘虚向秦川，率数万人出骆谷，径至沈岭（今陕西周至县西南50里）。时长城（在沈岭北）积谷甚多而守兵少，闻维将至，众皆惶惧。魏大将军司马望与邓艾皆屯守长城。维数挑战，望、艾不出。

蜀汉景耀元年（258），维闻诸葛诞败，乃还成都。北伐失败。

姜维屡次北伐，但在诸葛亮、蒋琬、费祎等去世后的蜀汉政权中，姜维孤立无援。而且，自（蜀景耀元年）258年以后，蜀汉政权开始受到刘禅所宠信的宦官黄皓的操纵，黄皓屡次排挤姜维，也使得姜维腹背受敌，前瞻后顾，难以在军事上有所作为。姜维连年出征，由于蜀汉政权内部矛盾逐渐激化，不像诸葛亮秉政时期那样，后方能足食足兵，支援前方，蜀军的战斗力大大削弱。所以姜维北伐，不但未见成效，反而弄得民困兵疲。在最后一次攻魏前，蜀右车骑将廖化曾说："兵不戢，必自焚，伯约之谓也。智不出敌而力少于寇，用之无厌，将何以存！"姜维也看到这种局面，于是改为守势，不再主动攻魏。

由于豪族的兼并和连年的战争，蜀汉所控制的户数与人口数大大下降，当时全蜀"领户二十八万，男女九十四万"，可是"带甲将士十万二千，吏四万人"，平均 9 个人负担一个"战士"，7 家民户养活一个"吏"。东吴孙休时派往蜀汉去的使臣薛珝曾说过："主暗而不知其过，臣下容身以求免罪，入其朝不闻正言，经其野民有菜色。"蜀汉人民所受剥削的苛重是可以想见的，这个政权也就不是凭姜维一人之力所能够维持下去的。

263 年，魏大将军司马昭派钟会、邓艾统率大军共 18 万人分道伐蜀。钟会由斜谷入汉中，姜维退守剑阁。

汉中易主

蜀汉后主刘禅，身边始终有奸佞小人。尚书令陈祗，以巧佞得宠。姜维的职位虽然高于陈祗，但长年不在成都，朝中事为陈祗把持。中常侍黄皓肆意用事，仆射董厥、尚书诸葛瞻（诸葛亮之子）均无法矫正，即使后来他们分别升迁为辅国大将军、都护卫将军，依然对黄皓及其所作所为无可奈何。后主之弟甘陵王刘永憎恶黄皓，黄皓以谗言潜毁，致使刘永 10 年不得朝见。黄皓与右大将军阎宇亲善，企图以阎宇代替姜维。姜维闻知后，对后主说："皓奸巧专恣，将败国家，请杀之。"后主说："皓趋走小臣耳，往董允每切齿，吾常恨之，君何足介意？"姜维知黄皓枝附叶连，恐于失言，便逊辞出宫。后主敕令黄皓到姜维处陈谢，姜维益发疑瞑，返回洮阳，种麦沓中，不敢再到成都。

姜维离开成都到沓中，脑子里只剩下北伐。右车骑将军廖化质问道："兵不戢，必自焚，伯约之谓也。智不出敌而力小于寇，用之无厌，将何以存？"

此时，蜀汉的兵力是：实见精兵，蜀汉一共只有六万人左右；外加负责地方保安的郡兵，蜀汉后期有汉中、武都、阴平、巴、巴东、巴西、汶山、梓潼、广汉、东广汉、蜀、汉嘉、犍为、江阳、越巂、朱提、牂柯、建宁、兴古、云南、永昌等 21 郡，每郡 500 人，计一万余人。6 万精兵中，成都 5000 人是必不可少的，永安至江州警戒吴国的大约 5000 人，汉中守军一万人，姜维可以带上出征的大约 4

万人，外加4万运粮夫役——当年诸葛亮所称8万即此种算法。无战事时，左右车骑将军张翼、廖化应各督一万精兵分驻稍微靠后一点的地方，姜维身边兵力有限（约两万精兵），所以每次出征，姜维都要带上他们。

姜维可以带4万人出征，汉中一万守军，对付魏国的兵力合起来5万人，与司马昭估计其当面之敌数相吻合。

邓艾认为蜀汉军事力量比较强，汉中易守难攻，因此反对大举伐蜀。司马昭遣主簿师纂前去劝谕，主要内容应该是，汉中守军数量有限，只要邓艾等人能把姜维牵制在沓中，是有可能拿下汉中的，不妨一试。邓艾遂同意伐蜀，并开始积极准备。

钟会是魏国中一贯鼓吹伐蜀的人，夏侯霸投蜀时，已经将这一情况告诉蜀中人士，所以，钟会坐镇关中引起了姜维的警觉。姜维上表给蜀汉后主：闻钟会治兵关中，欲规进取，宜并遣张翼、廖化督诸军分护阳安关口、阴平桥头，以防未然。

然而，黄皓信鬼巫，卜算后竟然说，敌不自致。后主遂把姜维的表放置在一旁，群臣都不知道。

魏景元四年即蜀汉景耀六年（263）秋八月，司马昭在洛阳大赉将士，誓师伐蜀。将军邓敦说蜀汉未可伐，司马昭斩之。这次魏国出动10余万大军及大量夫役。其中，征西将军邓艾督兵3万，自狄道向甘松（今甘肃省迭部县东南）、沓中进攻，负责牵制、连絷姜维；雍州刺史诸葛绪督兵3万，自祁山进攻武街桥头（今甘肃省成县西北），威胁姜维的后路。钟会督诸军，计精兵五六万人（系从冀州、幽州经洛阳调集来的战略预备队），运粮夫役五六万人，共10余万人，从关中分别取道斜谷、骆谷、子午谷，对汉中实施向心突击。以廷尉卫瑾持节监钟会、邓艾军事，行镇西将军司。

直到魏军开始动员、集结，蜀汉才匆忙应对。

钟会大军出发后，由牙门将许仪（许褚之子）在前边修路。因为马蹄踏破木板陷足桥上，钟会将许仪斩首，诸军闻知，无不震竦。自关中出发取道子午谷、骆谷的诸军进展非常顺利，迅速冲入汉中盆地，钟会亲自带兵向阳平关，并遣人去祭诸葛亮墓。

当时，由于诸葛绪兵向武都郡，张翼率军过了马鸣阁后，在关城（今陕西省略阳县南）留驻月余，观察诸葛绪的动向，所以阳平关兵力空虚。其实，大可不必留驻关城，诸葛绪并非有魄力之辈，而姜维已有廖化充后盾，张翼直接进驻阳平关是当务之急。张翼过于谨慎，缺乏决断力，直接导致汉中的防御迅速崩溃。魏护军胡烈等穿过斜谷进至阳平关城下，阳平关蜀汉守军太少，力不能支，蜀将傅佥战死，蒋舒投降，城池遂陷落。

关于傅佥、蒋舒，以往史录一褒一贬，为褒而贬，不甚符合战争实际情况。首先，由于张翼的迟疑，使阳平关兵力过于薄弱，禁不住胡烈猛攻。所以，比较合情合理的情况应当是，在关城即将失守之际，傅佥出城冒阵而死，光扬了其父傅肜的忠烈，然后蒋舒以计穷而降。蒋舒投降，似乎并非故意（不可比拟马超与杨阜故事，关内各级军官不可能与其同谋叛变），而是出于无奈。不过不肯死节，未与至关重要的阳平关共存亡，是其耻辱。

攻克阳平关，魏军尽得关上库藏积谷。在汉中平原的钟会，闻关口已下，知道汉、乐二城已是死棋，遂立即率军长驱而前，直扑剑阁。至此，汉中易主。

刘禅丧国

刘备去世后，长子刘禅（字公嗣，乳名阿斗），于成都登基称帝，时年17岁。刘禅懦弱无能，加上登基时年纪还小，所以将国家所有事务全部交给诸葛亮、蒋琬、费祎等人全权处理。诸葛亮在世时，刘禅谨记刘备遗训，奉之如父，所以不敢胡来。可诸葛亮去世后，刘禅就开始胡作非为，更加昏聩腐败，贪享安逸，不理政事，宦官黄皓就趁机得到刘禅的宠信而执掌了大权。黄皓残害贤臣名将，大臣姜维为了自保，只得离开成都。这时，蜀国已是人才尽失，朝廷又不招纳贤士，国内混乱不堪，因此很快就衰落下去了。

263 年，蜀国国内空虚，魏国趁机兴兵讨伐，大将邓艾沿途屡战屡胜，接连占领了江油和绵竹，迫近成都。危急时刻，为了能够活命，刘禅竟献出了玉玺，率领群臣归降了魏国，就这样拱手把蜀汉送给了魏国。

蜀汉政权覆灭后，后主刘禅暂时还留守成都。之后，魏将钟会和假意投降他的姜维策动政变，想在成都自立，但未成功。生性多疑的司马昭当时执掌魏国大权，他从中得到警示，觉得让刘禅留守成都不是上策，如此可能后患无穷，因此就命人将刘禅"请"到了洛阳。

后来司马昭以魏元帝之名封刘禅为安乐公。刘禅原本胆战心惊，害怕去了洛阳就会丢掉性命，可出乎意料的是，司马昭不仅没有处斩他，还赏赐了宅院和薪俸，并拨了一些奴仆给他，接着又封刘氏子孙和蜀汉旧臣 50 多人为侯。此后刘禅就安心了，并非常感激司马昭和魏帝，从此长住洛阳。事实上，司马昭之所以这样做，只是为了拉拢人心，故意做给天下百姓看，好让人们都知道自己的善举，借此稳固蜀汉的局势。

为了试探刘禅，司马昭设宴招待刘禅和蜀汉旧臣。席间，司马昭特意让一些歌女表演蜀地的歌舞。在优美的音乐声中，歌女们翩翩起舞，这勾起了很多蜀汉旧臣的思乡之情，思乡之心和亡国之痛交织在一起，使得他们相继落泪。可刘禅却陶醉其中，还不停评说谁唱得好，谁跳得好，兴起时，甚至会手打节拍，跟着哼唱。蜀汉旧臣见他这个样子，都非常痛心和无奈。司马昭静观眼前这一切，并问刘禅："您到洛阳很长时间了，不想念蜀国吗？"刘禅毫不在意地答道："这里很好，我很愉快，根本就不会想念蜀国。"司马昭听完，心里暗想，没想到刘禅这位亡国之君竟然丝毫不思念故土。宴席结束后，司马昭对自己的亲信慨叹道："之前听说刘禅昏庸腐败，没想到他竟如此没有志向。就算诸葛亮活到这个时候，怕也不能挽救蜀汉政权了。"

蜀汉群臣对后主刘禅这种窝囊的表现感到痛心和不满。郤正向刘禅说道："您是高祖之后、先帝之子，尽管蜀汉灭亡了，我们这些人要依附于别人，可也不能遭人嘲笑。要是司马昭再问您想不想念故国，您就含泪说：'蜀地还有先人的陵墓，尽管我无法去拜祭，可我时时都在想念着他们。'您在说这话时一定要表示出很哀伤的样子。"刘禅听后，就点头答应。

有一次，司马昭又问刘禅："您在这里住得惯吗？想念故国吗？"刘禅记起了郤正的教导，就照着他的话说了一遍。虽然他竭力想表现出很悲痛的表情，可怎么也流不出泪来，于是就紧闭双目想挤出眼泪。司马昭见他样子很怪异，早已猜出了个大概，因此就笑着说道："您这语气和神情好像郤正。"刘禅听完这话，立即睁开双眼，惊异地问道："您如何知道的？我就是照他说的做的呀！"刘禅说完，司马昭和随从们都不禁笑了起来。

司马昭认定刘禅是个昏聩无能之人，根本不会威胁到自己，所以不再提防他。刘禅为此而幸免一死，长居洛阳寿终正寝，而蜀汉也就在他手里灭亡了。

吴国灭亡，天下统一

诸葛恪辅政及征魏

吴太元元年（251），孙权得了风疾，太子孙亮年仅 9 岁，需要物色一个精干而可靠的辅政大臣。当时以大将军诸葛恪的声望最高，官为侍中的宗室孙峻向孙权推荐诸葛恪。孙权"嫌恪刚愎自用"，但又没有比他更合适的人选，于是召诸葛恪从武昌回朝。诸葛恪动身前，和他共同镇守武昌的上大将军吕岱告诫说："世方多难，子每事必十思。"诸葛恪答曰:"昔季文子三思而后行,夫子曰:'再思可矣。'今君令恪十思,明恪之劣也。"吕岱见诸葛恪这样拒谏,就再不开口。别人也都说吕岱的话是过分了。实际上,针对当时吴国内部各种矛盾交织复杂的情况,吕岱提醒诸葛恪办事要十分谨慎,是完全正确和必要的。

孙权除了让诸葛恪为首辅,总统军国重事外,还嘱托了几位协助辅政的大臣,即中书令孙弘、太常滕胤、侍中孙峻、将军吕据。吴太元二年(252)四月,孙权死,享年71岁。孙亮继位,改元建兴。孙弘与诸葛恪平素就不和,惧为恪所治,当孙权尚未埋葬时,孙弘就打算先下手诛诸葛恪。

孙峻告诉了诸葛恪,诸葛恪杀孙弘。恪既辅政,"罢视听,息校官,原逋责,除关税,事崇恩泽,众莫不悦。恪每出入,百姓延颈,思见其状",说明诸葛恪当时威望颇高。但他却未能利用这样有利的因素,整顿内部,以安基固本。他对吴国内部宗室强族山头林立所给自己带来的潜在危险,并未顾及,而一味想效法其叔诸葛亮决志北伐的宏图。他辅政不久就率众到东兴(今安徽巢县东南40里),重新修筑孙权时所作大堤,左右依山,夹筑两城,使将军全端守西城,都尉留略守东城,各留千人,自己引军退还。

252年,诸葛恪领兵修筑东兴城,大胜魏军,威望更是到了极点。东兴大捷后仅过一年,他就不顾群臣反对,在国内强行征召了20万将士,大举伐魏。因为经历了征战,吴军还没能恢复元气,兵疲民怨,根本就无心作战,再加上当时正值酷暑,士兵伤亡惨重,城池久攻不下,因此军心涣散。诸葛恪求胜心切,见此情形,非常愤怒,强命将士出战。他也不安抚患病的将士,认为他们故意装病逃避出战,因此重重地惩罚他们。属下要是敢提出不同的看法,诸葛恪毫不留情,立即将其罢免或斩杀。结果,诸葛恪众叛亲离,吴军也战败而回。

对这次大败,诸葛恪很惭愧,所以称病不上朝了。他把失利的过错全都推给自己的属下,将他们要么发配边境,要么处死,以此来掩盖自己的失误,平息别人的议论。接着,他让亲信大将张约、朱恩管理御林军，罢免了原先掌管御林军的孙峻，以此来巩固自己的兵权。孙峻勃然大怒，对诸葛恪起了杀意。这时，诸葛恪独揽大权，朝中其他大臣甚是惊恐，吴主孙亮也十分不满他的所作所为。

于是，孙峻和孙亮决定秘密杀掉诸葛恪。此后时机成熟时，他们骗杀了诸葛恪，并封锁了诸葛恪的宅院，将诸葛恪一家当街处斩，只有之前过继给诸葛亮的诸葛乔（诸葛瑾次子）幸免于难。

诸葛恪辅政期间，自以为是，残酷专权，使得吴国朝政混乱，社会动荡，也令大臣惶惶不安，吴主孙亮十分不满。尽管诸葛恪才华横溢，有治国之才，可虚荣心太强，没有摆正自己的位置，因此最终招致杀身之祸。

⊛ 后主孙皓暴政

264年，吴国第三位皇帝死时，蜀汉刚亡，交趾又叛吴降魏，举国恐惧，欲立长君。左典军万彧尝为乌程令，与乌程侯孙皓相善，屡向濮阳兴、张布称述"皓之才识明断，长沙桓王之俦也，又加之好学，奉遵法度。"兴、布请示朱太后，欲以皓为嗣。太后曰："我寡妇人，安知社稷之虑，苟吴国无陨，宗庙有赖，可矣。"于是迎皓为帝，时年23岁。改元元兴（魏咸熙元年，264年）。

孙皓是吴国最后一位统治者，其人既残暴，多忌讳，又荒淫，好酒色，还喜欢使用一些酷刑来杀人。吴的租税徭役很重，孙权时，大臣张昭、陆逊曾上疏，希望能减轻赋税。但孙权认为：三国分立，常要打仗，租税徭役不得不重。到孙皓时，虽然不打仗了，但修造宫殿，穷极技巧，功役费用以亿万计。人民服役，不胜其苦。后宫的宫女已有数千人，还年年要挑选。镇西大将军、都督巴丘、领荆州牧陆凯曾上疏："臣闻国无三年之储，谓之非国，而今无一年之畜，此臣下之责也。而诸公卿位处人上，禄延子孙，曾无致命之节，匡救之术，苟进小利于君，以求容媚，荼毒百姓，不为君计也。自从孙弘造义兵以来，耕种既废，所在无复输入，而分一家父子异役，廪食日张，畜积日耗，民有离散之怨，国有露根之渐，而莫之恤也。民力困穷，鬻卖儿子，调赋相仍，日以疲极。所在长吏，不加隐括，加有监官，既不爱民，务行威势，所在骚扰，更为烦苛，民苦二端，财力再耗，此为无益而有损也。"贺邵也上疏："自登位以来，法禁转苛，赋调益繁；中宫内竖，分布州郡，横兴事役，竞造奸利；百姓罹杼轴之困，黎民罢无已之求，老幼饥寒，家户菜色，而所在长吏，迫畏罪负，严法峻刑，苦民求办。是以人力不堪，家户离散，呼嗟之声，感伤和气。又江边戍兵，远当以拓土广境，近当以守界备难……而征发赋调，烟至云集，衣不全桓褐，食不赡朝夕，出当锋镝之难，入抱无聊之戚。是以父子相弃，叛者成行。"可是，孙皓对于陆凯、贺邵的上疏，却恨之入骨，贺邵还因此被杀。

除生活奢侈之外，孙皓还酗酒滋事，虐待大臣。孙皓喜欢宴请群臣狂饮，每次宴会都强逼大臣喝醉，为此特命 10 个黄门郎侍立，监视那些不喝酒的大臣喝酒。更可怕的是，每每宴会结束后，孙皓会命喝醉的大臣彼此揭发，比如何时鄙视过孙皓，何时说过孙皓的闲话。谁要是不幸被揭发出来，孙皓便一刀将他砍了。由此，被孙皓邀请赴宴的大臣个个胆战心惊，赴宴前大多要与妻子儿女含泪相别。有个叫韦曜的侍中，酒量极小，最多能饮 2 升，可孙皓规定每人在宴会上必须喝够 7 升酒。韦曜便偷偷以茶代酒，结果被发现，孙皓责骂他违抗命令，不由分说就给抓起来杀了。

孙吴群臣不仅要忍受生活中孙皓的暴虐，还要面对政治上的苛刻，一言之差都会招来杀身之祸。会稽太守车浚为人忠厚，有一年会稽郡发生旱灾，百姓无力缴纳资粮，车浚上表请求赈贷。孙皓却说车浚想树私恩，于是派人割下了他的脑袋。还有一次，孙皓发现大司空楼玄与中书令贺邵在附耳密语，怀疑他们在说自己的不是，就下令将楼玄流放到越南。与此同时，孙皓还给越南将领张奕下旨，让他暗中处死楼玄。贺邵的命运比楼玄更惨，他后来中了风，不能说话。但孙皓认为他是在装哑，派人拷打他，最后将他的头颅锯了下来。孙皓不但胡乱杀人，还热衷于各种稀奇古怪的杀人手法。他"激水入宫，宫人有不合意者，辄杀流之。或剥人之面，或凿人之眼"，并以此为乐。孙皓行为之残暴，在三国君主中是十分罕见的。东吴在孙皓的残暴统治下，民不堪命，险象环生。只是当时赖有陆抗、陆凯、陆胤、施绩、范慎、丁奉、钟离斐、孟宗、丁固、楼玄、贺邵等文武大臣匡辅军政，还能支撑一时。

西晋灭吴

孙皓的荒淫暴虐，使吴国上下离心，伐吴的条陈，就时时在晋朝廷上提出来。晋武帝咸宁五年即吴天纪三年（279），益州刺史王濬上疏："臣数参访吴、楚同异。孙皓荒淫凶逆，荆、扬贤愚莫不嗟怨。且观时运，宜速征伐，若今不伐，天变难预。令皓卒死，更立贤主，文武各得其所，则强敌也。臣作船七年，日有朽败。臣年已七十，死亡无日。三者一乖，则难图也。诚愿陛下无失事机。"

晋武帝深许之。贾充等以为不可伐吴，固争。司马炎大怒，贾充被迫免冠谢罪。

冬十一月，晋国大举伐吴。兵分六路：镇东大将军司马伷向涂中，安东将军王浑向江西，建威将军王戎向武昌，平南将军胡奋向夏口，镇南将军杜预向江陵，龙骧将军王濬、巴东监军唐彬下巴、蜀。以贾充持节、假黄钺、大都督，总统六路，冠军将军杨济副之。东西3000余里的战线上，总兵力共20余万。贾充固陈伐吴不利，自言衰老，不堪元帅之任。晋武帝诏曰："君若不行，吾便自出。"贾充不得已，乃受节、钺，将中军（步万人、骑2000，及鼓吹），为诸军节度。

晋咸宁六年即吴天纪四年（280）春正月，王濬、唐彬从成都率大军出发。吴国在峡谷中建有国防工程：在江东要害之处以铁锁横截，并以长达丈余的铁锥暗置江底。然而，这些国防工程缺乏守军配合。王濬做大筏数十，装满草，灌以麻油，令善水者以筏先行，遇锥则拖带拔起，遇锁则点燃大筏，烧熔而断之。大军因此顺利通过。二月初一日，王濬、唐彬击破吴丹阳督盛绩，星奔电驰而下。两天后即初三日，攻克西陵，吴西陵督留宪阵亡（可见西陵城中守军不满千人）。又过两天即初五日，攻克荆门、夷道二城，吴夷道监陆晏（陆抗长子）阵亡。吴军兵力过于单薄，守无可守，上游诸将只有站在岗位上殉国。

杜预遣牙门将周旨率八百奇兵泛舟夜渡长江，袭击乐乡，多张旗帜，火起巴山。吴乐乡督孙歆写信给吴江陵督伍延说："北来诸军，乃飞渡江也。"

王濬率蜀中水军迅速杀至江陵，与杜预步军势合。杜预猛攻江陵，王濬则与吴水军激战。吴水军督陆景（陆抗次子）兵力虽少，仍恪尽职守，在危急中于初八日与王濬战，阵亡于军中。二月十七日，杜预攻克江陵，吴江陵督伍延阵亡。杜预攻克江陵比徐晃攻克孟达的房陵用时更短，由此可知江陵守军数量之少。

王濬顺流继续前进。吴乐乡督孙歆率军出战，败归。晋将周旨率伏兵随吴国败兵进入城内，直至帐下，虏孙歆而还。

吴国上游军事重镇西陵、江陵等转瞬间相继失守，吴武昌等地的驻军根本来不及增援。此后，王濬率水军直扑向夏口，杜预则率步军攻占长沙。在长沙，杜预分兵向衡阳（即汉末长沙郡湘水以东地盘，郡治在今湖南省湘潭市西），传檄桂阳、零陵，劝降。沅、湘以南，接于交、广，一片糜烂，土崩瓦解。

吴丞相张悌奉吴后主孙皓的命令，督护军孙震、丹阳太守沈莹、副军师诸葛靓等，率3万精兵迎敌。至牛渚，张悌下令渡江。

三月，悌等渡江，围王浑部将张乔于杨荷桥（在今安徽和县东南二十里）。乔众才7000，闭栅请降，诸葛靓欲屠之，悌曰："强敌在前，不宜先事其小，且杀降不祥。"靓曰："此属以救兵未至，力少不敌，故且伪降以缓我，非真伏也，若舍之而前，必为后患。"悌不从，进前与晋扬州刺史周浚结阵相对。沈莹率丹阳锐卒刀楯5000，三冲晋兵，不动。莹引退，其众乱，晋军因其乱而乘之，吴兵奔溃，将帅不能止。张乔自后击之，大败吴兵于版桥（今安徽含山县北）。诸葛靓率数百人遁，悌为晋兵所杀，孙震、沈莹等亦阵亡，吴人大震。

王濬长驱东进，而王浑、司马伷等在江北却止步不前，并令王濬暂时停止前进。王濬称："风利，不得泊也。"三月十五日，王濬鼓噪冲至石头城。吴后主面缚、舆榇，诣军门降。王濬解缚，焚榇，延请相见。收其图册，得州四、郡四十三、户五十二万三千、吏三万二千、兵二十三万、男女口二百三十万、米谷二百八十万斛、舟船五千余艘、后宫五千余人。自大皇帝黄龙元年（229）起，凡阅五十二年。自魏黄初三年（222）孙权接受魏文帝曹丕册封为吴王起，吴立国凡阅 59 年。吴自孙策于汉献帝兴平二年（195）始入江东，据有丹阳、吴郡，至此（280）历 86 年而亡。石头城六朝至此暂中断 37 年。

孙皓举家西迁洛阳，封归命侯。应了占筮之言："庚子岁，青盖当入洛阳。"于是天下暂时一统。

特别说明

　　《汉末三国大变局》是"王朝拐点"系列丛书（共十部）之一，是一部以"东汉末年分三国，三国混战不休"为历史背景的社科类普及读物，记述了中国古代封建社会前期 100 年间的历史，核心部分包括东汉中后期外戚宦官乱政及黄巾起义爆发的原因，军阀割据争夺地盘的惨烈现状，曹操、孙权、刘备三分天下的根本成因，三国鼎立期间三家斗法的强弱起伏，魏国灭蜀汉、司马篡魏和西晋灭吴统一全国等真实的历史片段。但鉴于《三国演义》对后世人的巨大影响，为了活跃书中气氛，本书除了用历史的语言讲述那段英雄辈出、战火纷飞的历史之外，还适当加入了一些演义的成分，如三顾茅庐、蒋干中计等并不影响历史大局还符合故事逻辑的细节，只是希望读者能在遨游中国历史长河中还能感受一种阅读的快感。该种写法在此说明，望读者体谅。